前　言

为全面贯彻党的教育方针，深入落实习近平总书记关于教育的重要论述特别是在学校思想政治理论课教师座谈会上的重要讲话精神，贯彻落实中共中央办公厅、国务院办公厅印发的《关于深化新时代学校思想政治理论课改革创新的若干意见》精神，用习近平新时代中国特色社会主义思想铸魂育人，解决好培养什么人、怎样培养人、为谁培养人这个根本问题，武汉科技大学依托教育部高校示范马克思主义学院和优秀教学科研团队建设项目(重点选题)“习近平总书记系列重要讲话精神和治国理政新理念新思想新战略进思想政治理论课有效机制研究(2017JDSZK042)”、湖北省教育科学规划重点课题“新时代高校思想政治理论课实践教学创新研究(2018GA025)”，围绕思想政治理论课程实践教学进行了一系列探索和实践。

武汉科技大学在学科体系、教学体系、教材体系、管理体系等方面采取多种举措推动社会实践综合改革，落实实践教学“三定”(定大纲、定任务、定成果)、“四到位”(学时学分、教学内容、指导教师、专项经费)要求。围绕“扎根中国大地办教育，同生产劳动和社会实践相结合”，打造“行走的思政课”，注重引导学生从读“有字书”到“无字书”，从“小课堂”到“大课堂”。结合学生思想的疑点、难点和兴趣点，着重从6个方面“下功夫”，即在“要在坚定理想信念上下功夫”“要在厚植爱国主义情怀上下功夫”“要在加强品德修养上下功夫”“要在增长知识见识上下功夫”“要在培养奋斗精神上下功夫”“要在增强综合素质上下功夫”，积极探索社会实践、课堂实践和科研实践等形式多样的思想政治理论课实践教学新途径和新办法。注重实践成果的提升和转化，更好服务学生服务社会。人民网推出了“武汉科技大学：‘行走’的思政课让学生心动”长篇报道；“青马扶贫讲习云服务”团队赴西柏坡参加“青年红色筑梦之旅”全国现场对接活动；9 项社会实践成果获领导批示、采纳，实践成果引起社会对思想政治理论课教学改革深度关注。

整合社会各类实践资源、构建实践教学支撑基地是实现高质量实践教学的重要保障。通过整合实践资源，拓展实践平台，建立了稳定的教学实践基地仙桃“理论热点面对面”省级示范点、保康县黄堡镇寨湾村、武汉市洪山区红霞村、江岸区百步亭社区等 5 个基地。不仅如此，我们将教学和游学相互结合。每年春天利用周末，到武昌昙华林、汉阳归元寺、阳逻云深书院，读经典、穿汉服、学礼仪，实地考察和体验传统文化。每年暑假的大学生社会实践，有意识地安排大学生了解当地人文历史、名胜古迹，接受祖国传统文化教育，如到荆州，寻访关公的事迹，加深对忠、义、仁、勇的中华传统美德的认识。

科学规划教学方案、协同实施教学活动是实现高质量实践教学的重要保证。四门思政课实践育人方式方法各有不同，各有特色。在实践教学过程中，需要注重一体化规划教学，既突出各位课程的特点，又形成相互支撑、相互衔接的有机整体。《马克思主义基本原理》课，注重开展研读经典、对话研讨、论文撰写等教学实践活动。《中国近代史纲要》课注重寻访历史如“抗战时期的武汉”“毛泽东在武汉的足迹”“武汉近代教育”“辛亥革命”；注重阅读历史如《天朝的崩溃》《南京大屠杀》《苦难辉煌》《重返五四现场》，打造知行合一的课堂。《思想道德修养与法律基础》课，主要以公益活动进行社会实践，建设一批品牌化的校园实践项目，重视其参与者责任心的培养，设计了与课程相关书报的读后感、感动中国道德模范等视频的观后感、“做文明市民”宣传活动、志愿服务活动、社会调查报告等，几年来坚持组织学生就“校园十大不文明现象调查”开展社会实践、撰写调查报告，积累了能够反映我校不文明现象变化趋势的纵向调查成果，还开展以“我的价值观、我的中国梦”为主题的“六个一”社会实践活动，包括开展“我的价值观、我的中国梦”主题征文活动、“微言点赞中国梦 · 博语共鸣价值观”微博大赛、“我为核心价值观代一次言”活动、“好人 · 善行”交流活动、社会公益活动、承诺改掉一个陋习活动等。《毛泽东思想和中国特色社会主义理论体系概论》考虑到学生具备一定的理论层面知识，需要对社情、国情有直观的了解与深刻的理解，采取社会调查等方式进行社会实践，培养学生创新精神与团队精神，编写实践教学大纲选定实践课题，将学生组织成实践学习小组进行社会调查、社会服务、科学研究等活动，最后以研究报告、专题论文的形式进行评估和考核，涉及小品剧场、访谈节目、辩论赛等多种形式，内容丰富多样，所评出的优秀社会实践研究报告和专题论文由党委宣传部、马克思主义学院认定并颁发证书，其成绩也纳入概论课期末总成绩内。总之，构建四门思政课实践育人一体化体系，坚持理论教育与实践养成相结合，整合各类实践资源，突出4门思政课不同的实践特色，丰富实践内容，创新实践形式，拓展实践平台，使实践教学系统化、日常化、规范化和不断深化，真正提高高校思想政治理论课实践教学的针对性和实效性，贴近实际、贴近生活、贴近学生，让科学理论更加“看得见”“摸得着”“信得过”“用得上”，教育引导师生在亲身参与中增强实践能力，确立正确的世界观、价值观和人生观，实现“育智”和“育德”双重效果。

在不断的理论研究和实践探索中，形成了《新时代高校思想政治理论课实践教学创新研究》最终研究成果，由上、中、下3篇组成。

上篇为社会实践教学的总体设计和实施安排。包括六个部分：“毛泽东思想和中国特色社会主义理论体系概论”课程社会实践大纲；社会实践调查报告参考选题；社会实践时间进度安排；调查实践步骤“十步调查法”；社会实践调查报告格式；社会实践调查报告评优办法。

中篇为研究论文。研究论文收集了部分教师对实践教学的研究或对重要理论观点的研究。

下篇为武汉科技大学“毛泽东思想与中国特色社会主义理论体系概论”课程社会调查获特等奖的15篇优秀实践报告。本轮教学共收到全校“概论”课社会实践调查报告732份。经严格评审和公示，最终获奖结果为：特等奖16组、一等奖26组、二等奖85组、三等奖125组。调查报告整体上呈现出鲜明特点，将新思想新理论新方法与实践教学有机融合，习近平新时代中国特色社会主义思想成为学生社会实践选题的关注热点。在获奖的252组报告中，报告题目中直接包含十九大、两会、新时代、四个自信、四个全面、人类命运共同体、绿色、共享、精准扶贫等核心词的报告有42组，占比16.7%；加上包含创新、安全、法治、信仰等关键词，这一比例高达40%。从报告选题来看，实践教学较好融入了习近平新时代中国特色社会主义思想，将党的方针政策宣传、理论学习与实践探索融为一体。

怎样不断推进新时代高校思想政治理论课实践教学创新研究，是一个常新的话题，我们将继续和全国高校思政课教师进行不懈努力和探索。

目　录

上　篇

中　篇

下　篇

上篇

《毛泽东思想和中国特色社会主义理论体系概论》课程社会调查(实践)大纲

一、课程基本情况

课程中文名称：毛泽东思想和中国特色社会主义理论体系概论社会调查

课程英文名称：Social Survey of the Introduction to Mao Zedong Thought and the Theoretical System of Socialism with Chinese Characteristics

课程编码：0603001

课程类别：通识教育平台课程

课程性质：必修

总 学 时：实践学时 32 学时

授课对象：全校各专业本科生

前导课程：《思想道德修养与法律基础》《中国近现代史纲要》《马克思主义基本原理概论》

课程简介："毛泽东思想和中国特色社会主义理论体系概论"课程是我国高校本专科学生都必修的一门思想政治理论课程。该课程着重讲授中国共产党把马克思主义基本原理与中国实际相结合的历史进程，充分反映马克思主义中国化的理论成果，帮助学生系统掌握毛泽东思想和中国特色社会主义理论体系，坚定在党的领导下走中国特色社会主义道路的理想信念。"毛泽东思想和中国特色社会主义理论体系概论"调查实践的主要任务和目的是通过生动活泼的社会实践活动，为学生学习《毛泽东思想和中国特色社会主义理论体系概论》提供重要的感性知识，加深对课程思想和理论的理解，并最终达到入脑入心的效果。

二、社会调查(实践)教学目标

(1)在对学生进行课堂理论知识教育的前提下，通过各种实践性的手段，提高学生理论联系实际、观察问题、发现问题、分析问题和解决问题的能力

(2)针对特定专题进行资料收集与理论学习，根据社会调查实践指导进行系统的社会调查规划并实施，掌握调查、分析的基本方法和技能，提升了解社会、接触实际和服务社会的能力。

(3)在实践中提高学生的政治理论素养，加深学生对党的基本理论、基本经验和基本要求的认识和理解，增强学生对党的路线方针政策的理解和认同，不断增强中国特色社会主义道路自信、理论自信、制度自信和文化自信，坚定在党的领导下走中国特色社会主义道路的理想信念。

三、社会调查(实践)基本要求

(1)调查实践以小组形势展开。小组的组建以学生自愿组合为原则，人数6至8人为宜。各小组组长对参与调查的成员进行科学而严格的分工，做到“各尽其能、各扬其长、任务清晰、职责明确”。

(2)选题原则和要求：调查实践要求围绕某一明确主题展开。所选调查主题要体现时代特点和创新性，关注和捕捉那些新事实、新经验、新问题、新情况，新课题，选择不宜过大过宽，宜小题大做，并要考虑可行性；结合当地实际情况，要实事求是，不弄虚作假。

(3)调研对象的选择：可以到高校调查；到某个市场或社区调查；到农村调查；也可到社会各行业内部进行调查。

(4)实践教学成果要求：要求每组学生就所选取主题，共同完成一篇3000字左右的调查报告。社会调查报告书的格式及要求。

(5)指导教师应根据各小组社会实践及调研情况及时进行总结、分

析、评价，以深化学生对调研取得结果、问题的认识。调查进度按指导教师要求具体推进，要求符合本学期课程教学计划的总体安排。

四、课程内容与学时分配

第1部分　布置调研题目及实施方法

1.1　调研概论：目的、意义
1.2　调研方法及流程
1.3　调查重点环节
1.4　选题

基本要求：

了解社会调查实践目的及意义；了解调查研究中基本概念，如数据收集、调研流程、分工、成本控制、调研风险；熟悉社会调查实践主要方法及实施流程；熟悉调查实践重要环节及其要领；了解当前社会热点，确定调查研究的主题。

重　点：

(1)明确调研目的与意义；
(2)掌握调研方法及流程；
(3)把握选题原则及要求。

难　点：

明确调研目的

第2部分　指导拟订调研大纲

2.1　调研大纲设计概论
2.2　调研大纲制订
2.3　调研大纲调整与优化

基本要求：

了解调研大纲基本概念、重要作用；熟悉调研大纲主要内容框架；掌握调研大纲设计要领，初步形成调查方案设计能力；

重　点：

(1)依据调研目的确立调研成果目标；

(2)调查方式选择；

(3)调研流程设计。

难　点：

如何从整体层面谋划调研各个环节和风险控制，设计系统完整的调查方案。

第3部分　指导调研实施

3.1　调研实施概论

3.2　调研问卷设计

3.3　收发问卷与互动

基本要求：

收集调研主题相关资料，梳理相关研究成果及主要观点；根据整理资料结果，提炼研究主要内容框架；掌握问卷设计基本技巧，围绕调查目的，科学设计问卷问题及选择项，初步形成问卷设计能力；熟悉收发问卷与互动基本要领与风险防范，初步形成调查研究实施及控制能力；

重　点：

(1)收集研究主题相关资料，并研读；

(2)提炼研究主要内容框架与问题设计；

(3)结合调查目的科学设计调研问卷。

难　点：

(1)问卷主要内容框架及问题的设计；

(2)问卷质量控制；

(3)调查实施过程中信息收集质量的保证。

第4部分　指导调研资料的整理与分析

4.1　资料整理与分工

4.2　分析方法与工具

4.3　调查数据的多层次统计分析

4.4　研究发现提炼

基本要求:

了解资料整理与分析基本要求;熟悉成员分工要求,完成相应整理与分析工作;熟悉分析方法与工具,掌握本项目具体运用分析方法和工具;根据整理分析的数据所提示的现象或特征,提炼本项目的研究发现;通过数据的整理与分析,初步形成问题分析与研讨能力。

重　点:

(1)分析方法与工具选择;

(2)调查数据的多层次统计分析;

(3)数据分析推理,提炼研究发现。

难　点:

(1)把握调查数据、分析方法及调查发现的协同性。

第5部分　指导调查报告的撰写与完善

5.1　调查报告的撰写

5.2　调查报告的完善

基本要求:

了解调查报告撰写的基本要求;熟悉调查报告主要内容框架,了解调查报告撰写相关技巧。

重　点:

(1)对数据分析阶段的研究发现进行系统梳理,提炼调研报告研究结论;

(2)按要求撰写正规调查研究报告。

难　点：

(1)梳理研究发现，提炼调研报告研究结论；

(2)构建相关对策或政策建议。

课程内容与学时分配表

内容		总学时	理论学时	实践学时
第 1 部分	布置调研题目及实施方法	2	2	
第 2 部分	指导拟订调研大纲	4		4
第 3 部分	指导进行调研	10		10
第 4 部分	指导调研资料的整理与分析	8		8
第 5 部分	指导调查报告的撰写与完善	8		8
合计		32	2	30

五、课程教学方式与考核

1. 教学方式

社会调查(专题调查)、现场教学以及网上实践教学等。

2. 课程考核材料

(1)每组提交一份社会实践调查报告。

(2)每组随调查报告一起提交的还必须有两个附件：一是每个小组成员在报告撰写过程中的表现和作用；二是小组成员在阅读和查找资料时认为最有益的书目、原始调查表及感想收获等。

3. 成绩评定

每组成绩根据撰写的社会实践调查报告质量和附件资料综合评定。

小组成绩评定：按优、良、合格及不合格四个等级评定。每个小组成员的成绩可适当有所差别。其中，被评为“优秀”等级的调研小组，将在学院网页公示并荣获奖状。

注：凡从网上下载文章、没有自己的观察和感受，该组的实践调查报告不及格；凡提交的材料中没有两个附件或相关内容的报告，不能评为优秀等级。

六、教材与参考资源

教材

[1]本书编写组．毛泽东思想和中国特色社会主义理论体系概论(2015年修订版)[M]．北京：高等教育出版社，2015年.

[2]本书编写组．毛泽东思想和中国特色社会主义理论体系概论[M]．北京：高等教育出版社，2018年.

参考资源

[1]毛泽东选集[M]．北京：人民出版社，1991年6月，共4卷。

[2]邓小平文选[M]．北京：人民出版社，1993年、1994年。

[3]江泽民文选[M]．北京：人民出版社，2006年8月，共3卷。

[4]胡锦涛文选[M]．北京：人民出版社，2016年9月，共3卷。

[5]习近平谈治国理政．北京：外文出版社，2014年9月。

习近平谈治国理政(第二卷)．北京：外文出版社，2017年。

[6]高校思想政治理论课程网站 http：//www.sxz.edu.cn/portal/home.htm? type=0。

[7]武汉科技大学马克思主义学院“精品课程”网 http：//my.wust.edu.cn/。

[8]马克思主义研究网 http：//myy.cass.cn/。

[9]中国政府网：http：//www.gov.cn。

[10]社会调查中的问卷设计(第三版)，风笑天著，中国人民大学出版社，2014年。

[illegible]

六、教材与参考资源

文本

（1）[illegible]（2015年版）[M]. 北京：高等教育出版社，2015年.

（2）[illegible]，2018年.

参考资源

[illegible]

[illegible] Ethics [illegible]

[illegible]

《毛泽东思想和中国特色社会主义理论体系概论》课程

2018 年社会实践调查报告选题

第一章　马克思主义中国化两大理论成果

1. 习近平新时代中国特色社会主义思想认知调查
2. 新时代“四个全面”战略布局认知调查
3. 访谈革命老人、劳动模范、普通百姓，了解他们对革命、社会主义及改革开放、国家统一、党的领导等等方面问题的认识；
4. 武汉普通居民对本地房价的态度及住房需求调查；（要求结合具体城市的人口资料分析，选取某个街道、某个社区，加上实际案例观察和家庭访谈）。
5. 十八大召开以来，你的居住地在构建社会主义和谐社会中的重大举措。
6. 调查分析武汉或某个村镇（社区）构建和谐村镇（社区）的经验与存在的问题。
7. 科学发展观与我的家乡建设。
8. 2007 年以来武汉市城市建设对于本地原有环境影响调查报告。
9. 武汉市××湖泊、湿地（比如东湖、沙湖等）保护状况调查

第二章　新民主主义革命理论

1. 湖北省革命传统教育基地发展状况调查
2. 武汉市革命传统教育基地发展现状及前景分析调查
3. 关于党内民主建设的历史考察
4. 当代中国社会阶层分析
5. 当代中国农村人力资源结构的调查

第三章　社会主义改造理论 1. 结合史实，查阅文献，分析社会主义改造的必要性 2. 某地区农村土地流转的现状调查 3. 某城中村改造中的土地所有权改制问题分析
第四章　社会主义建设道路初步探索的理论成果 1. 武汉市民营企业成长环境调查 2. 武汉钢铁公司工业化道路发展历程调研 3. “三代人”眼中的家乡变化(自行拟定变化的视角) 4. 从信访制度看中国的民主渠道 5. 新时代对新中国宏观经济发展速度的理性思考
第五章　建设中国特色社会主义总依据 1. 本地区区情调查(结合社会主义初级阶段理论) 2. 本地区坚持党的基本路线的调查 3. 当前人民群众精神文化需求的新特点新变化的调查 4. 居住地居民幸福感调查 5. 居民社会安全感现状和原因调查分析
第六章　社会主义本质和建设中国特色社会主义总任务 1. 改革开放以来人们生活满意度的调查分析 2. 城市居民生活幸福指数调查与分析 3. 城乡贫富差距的调查 4. 青年学生群体对“中国梦”的认同现状调研 5. 农民群体对“中国梦”的认同现状调研 6. 青年学生对“中国梦”的理解和看法调查分析 7. 关于依靠科技走向富裕的现状调研

第七章　社会主义改革开放理论

1. 论国有企业改革对推动我国改革开放的作用
2. 家乡民众对今后农村土地改革的看法与期待
3. 家乡民营企业对当地经济发展的作用
4. 社会的贫富差距现象对大学生对于改革开放政策认同度的影响
5. 农村留守儿童现象与农村经济发展之间的关系

第八章　建设中国特色社会主义总布局

一、建设中国特色社会主义经济

1. 新常态与经济领域改革深化认知调查
2. 老百姓对基层公务员涨工资以及“高薪养廉”的看法
3. 中小企业融资障碍问题调查
4. 政府引导大学生创业的有效措施调查
5. “绿色 GDP”理念与实践——以某地区或企业为例
6. 小城镇建设如何带动农民收入提高调查

二、建设中国特色社会主义政治

1. 职工代表大会制度建设调查，重点考察工会依照法律规定通过职工代表大会或者其他形式，组织职工参与本单位的民主决策、民主管理和民主监督的情况，了解其中存在的问题及其原因，并提出相应的对策；
2. 社区民主政治建设调查，重点考察公众维权意识、维权遇到的问题，相应对策；
3. 新时期农村村民自治制度实施情况的调查，选择当地一至两个村进行调查，重点考察农村干部的选举产生过程中村民的作用以及选举环节的民主性、法制性，了解其中存在的问题及其原因，并提出相应的对策；

4. 城乡居民法律意识、维权意识调查，了解、分析当地居民法律意识、维权意识状况，分析近几年来普法教育的成绩和存在问题，并思考对策；
5. 政治体制改革实效性调查，选择当地政府在行政管理体制改革方面取得的成效，也可以到当地行政服务中心或集中办事大厅调查了解这方面改革的成效、存在问题等，并思考对策；
6. 对人大代表或政协委员的提案进行评价。谈中国怎样切实选拔出足以代表人民的代表。

三、建设中国特色社会主义文化

1. 历史和文化古迹保护调查，对当地的历史遗产、文化古迹状况和保护问题进行实地采访和调查；
2. 非物质文化遗产的传承和保护调查，对当地的独特的风俗习惯、地方戏曲、地方传统艺技、地方传统小吃制作工艺、方言等的传承和保护情况进行实地采访和调查；
3. 百姓文明素质调查，选择当地农村或社区调查百姓在待人接物、遵守交通规则、社会秩序等方面的素质；
4. 当地文化产业发展情况调查，选择当地一两个文化媒体方面的企业，如剧团、电视台、电台、体育艺术演出团体、照相馆、婚庆公司等，调查了解其发展情况及存在问题；
5. 社会主义核心价值体系的社会认知度调查。

四、构建社会主义和谐社会

1. 调查我省各地不同社会成员间存在的收入分配差距情况，调查当地不同社会成员间存在的收入分配差距情况及发展趋势，分析其中的原因，提出规范收入分配秩序，缩小分配差距，实现共同富裕的途径和对策；
2. 和谐社会建设调查，了解当地在构建社会主义和谐社会方面的举措和取得的成绩，可以某个较为典型的城乡社区为例，也可以直接调查你所在的社区；

3. 食品安全问题调查，调查和了解家乡食品安全问题，调查当地人民群众食品安全意识、各地和相关企业的对策，并提出自己的看法和建议。

五、建设社会主义生态文明

1. 各地环境变化情况调查，调查了解各地近年来环境变化情况开展调查，分析个中原因，提出应对对策，写出调查报告，供各地各部门参考；
2. “保护母亲河”活动，利用假期积极参加家乡“保护母亲河”等环保活动，运用科学发展观对各地环境生态变化情况进行调查，分析近年来各地环境生态变化的原因，提出改善的对策，为国家和地方的经济社会环境可持续发展作出贡献。

第九章　实现祖国完全统一的理论

1. 百姓港澳台知识调查，设计一份有关港澳台方面知识的问卷，选择一、两个农村或城市社区进行调查；
2. 居民对实现祖国统一的看法调查，通过问卷和走访，调查老百姓对实现祖国实现最终完全统一的看法及期待等。
3. 谈谈你对祖国统一的设想。
4. 祖国完全统一存在哪些障碍。
5. 大学生的祖国统一观调查。
6. 当代大学生对“一国两制”认知的调查。
7. 人们对两岸关系的变迁与互动的看法调查。
8. 当代大学生对台湾认知的调查。

第十章　中国特色社会主义外交和国际政策

1. 从外交角度你是如何来理解“中国梦”的？
2. 中国倡导的新型大国关系是怎样的？
3. 新形势下的中美关系。

4. 新形势下的中俄关系
5. 新形势下中国和东南亚的关系
6. 中国外交新布局

第十一章　中国特色社会主义的根本目的和依靠力量

1. 本地区个体私营企业主的社会地位及在群众中的认同度调查
2. 本地区知识分子的社会声望与社会地位的调查
3. 本地区农民工对城市建设贡献的相关调查
4. 湖北省农村青年劳动力就业取向与行为调查
5. 关于社会转型期新社会阶层相关情况的调查
6. 马克思主义群众观与创新群众路线教育实践活动的有效载体的调查

第十二章　建设中国特色社会主义的领导核心

1. 大学生对全面从严治党的认知调查
2. 党中央反腐行动的社会效应调查
3. 当代大学生人生追求及信仰的调查
4. 党的领导、人民民主和依法治国内在有机统一的社会认同调查
5. 党员在构建和谐社会中的作用调查
6. 企业基层党组织促进企业发展和和谐社会建设的功能调查
7. 基层党组织的执政能力建设、先进性和纯洁性建设发展状况调查

社会实践课程时间安排(建议)

(1)第1—2周：布置任务，学生选题。各班将选题及分组成员名单交给任课老师(各班统一整理负责把学生的姓名、班级、联系方式、任务等各项情况汇总，标示小组组长)。

(2)第3—4周：查找资料，完成调查报告计划书。

(3)第5—6周：调研问卷的设计及完善。

(4)第7—8周：利用设计问卷，针对调研对象完成实地调研或访谈工作。

(5)第9—12周：调研报告初稿撰写工作。

(6)第13—14周：调研报告完善。

(7)第15—17周：各位任课教师推荐、系部进行调研报告评优。

社会实践课程调查实践步骤

根据社会调查实践相关理论及要求，将概论课程调查实践环节及步骤概括为“十步法”。“十步法”，即从选题、分组、查阅资料、调研策划、问卷设计、预调研、正式调研、撰写调查报告、调研成果展示、评定这十个环节。

第一步：分组

根据各自意愿自行分组，也可按选题进行分组，6—8人一组，由小组成员自行选定组长。为了充分保证每一位同学的积极参与，要求每一位同学都要准备一个记录本，记录自己参与社会实践的过程、思考和感想。

第二步：选题

认识社会实践的重要性及意义，从提供的社会实践调查的备选选题中自愿选题，或自拟调查主题及题目。所选调查主题要体现时代特点和创新性，关注和捕捉那些新事实、新经验、新问题、新情况，新课题，选择不宜过大过宽，宜小题大做，并要考虑可行性。选择主题时，应注意综合考虑自身的知识积累和专业特点。

第三步：查阅资料

团队成员需要分头寻找和阅读相关资料，每人先围绕选题泛读，列出多篇有参考价值的文章，然后小组开会，围绕选题阐述各自感兴趣的问题，再带着不同的问题进行分工阅读整理。在总结交流中组长汇总梳理出当前研究成果及主流观点。

第四步：拟订调研策划(方案)

在组长的协调下，通过小组讨论做好调研方案设计，并对组员进行明确的分工。小组成员要在个人记录本上详细记录个人分工的原因及打算。任课教师检查个人记录本及评阅策划书，提出修改意见。

第五步：问卷设计

设计问卷过程中要综合考虑问卷内容结构及选择项设置，比如为什么要设计这些问题、这些问题要对应支撑调查报告的哪部分内容、问题的设计是否简洁明了有针对性、题量是否合适、问卷回收效果如何，带着这些问题，小组要经历个人单独设计、小组汇总筛选、预调研、讨论修改。问卷设计应先由小组成员每人围绕选题设计多个问题，记录在个人记录本上，然后通过小组开会集体商议，由数百个个人问卷形成一份团队问卷。提交问卷，教师审阅问卷，提出修改意见。小组优化问卷。建议问卷中问题总数量不多于20个。

第六步：预调研

调查问卷质量从根本上决定着调查研究的整体质量。要求各组将设计好问卷进行预调研。总结初步调查情况，小组成员再开会碰撞讨论修改完善问卷。

第七步，正式调研

调查方式可包括发放问卷和采访。调查对象选择要有针对性、典型性、可操作性，有助于加深对我国现代化建设的所在地区情况的认识。结合当地实际情况，要实事求是，不弄虚作假。发放问卷有实地发放和网络问卷两种形式。采访也包括实地采访和网络形式的问答。要求拍照记录调查的过程，并在个人记录本上记下个人参与其中的细节、感想和收获。

第八步，撰写调查报告

小组成员分工协作，汇总调查问卷，统计调查数据，整理采访记录，按照老师要求的规范格式撰写调查报告。团队每位成员按分工提供撰写报告的基本资料，“凑成”的初稿。在组长的协调下，讨论并理顺报告思路，建构报告主体内容框架，突出重点问题分析，提炼研究发现，形成有效对策。报告要求按格式撰写，语言表达凝练。

第九步，调研成果展示

在《毛泽东思想和中国特色社会主义理论体系概论》翻转课堂，每一小组利用多种生动活泼的形式进行调研过程及成果的汇报展示，每位同学发表一分钟左右的参与社会实践感言。

第十步：调研报告及相关资料提交。

《毛泽东思想和中国特色社会主义理论体系概论》社会实践调查报告书

武汉科技大学2018年度

《毛泽东思想和中国特色社会主义理论体系概论》

社 会 实 践 调 查 报 告 书

题目________________________________

专业________________________________

班级________________________________

姓名	学号	成绩表序号

年　　月　　日

调查报告书的结构说明(参考)
前言 本选题的意义 一、调查情况简介 　　包括：调查时间、调查对象、调查方式、发放回收问卷的数量等。 二、调查结果及统计情况 　　包括：调查数据的统计；对数据进行分析并附数据分析图，如柱状图、饼状图等。 　　如果有采访的，需附上采访内容(如下)： 　　关于大学生就业问题我们采访了外国语学院程宏老师。 　　问：你认为学生具有哪些能力对以后就业是比较有利的？ 　　答：据我了解…… 　　**注意**：如果数据统计分析或访谈内容较长较多，可以在报告正文中仅仅引用其中**最有代表性的内容**，有重点和针对性地进行分析，将数据统计或访谈内容的大部分内容作为附件附在调查报告的最后。 三、存在的主要问题 　　围绕调研访谈提炼问题或经验成绩等，要求作出的分析结论须来自于实际调查。 四、建议及对策 　　此部分内容即解决问题。 五、总结 　　此部分内容为调研的收获和心得体会。要求：小组每一位成员都写一份自己的心得体会，在这一部分汇总。 附录： 　　(一)参考资料(注明查阅资料的出处：参考书籍、文章、数据等刊登于哪里，或出自的具体网址) 　　(二)本小组的调查问卷样表、调查结果完整统计数据或访谈记录。

调查报告的成绩评定
1. 评语：   2. 等级：   3. 指导教师签名：______________________ 年　　月　　日

《毛泽东思想和中国特色社会主义理论体系概论》社会实践调查报告评优办法

为深入推进我校“毛泽东思想和中国特色社会主义理论体系概论”课程实践教学之社会调查的开展，提升对实践调查的重视程度，我系拟对社会实践调查优秀成果给予一定肯定，特制定本评优办法。

一、奖项设置

本年度概论课社会调查实践活动设置四个奖项：特等奖、一等奖、二等奖、三等奖。

各任课教师按教学班推荐一等奖(1 名)、二等奖(2 名)、三等奖(不超过 3 名)优秀报告。

从各任课教师推荐的一等奖和二等奖报告中，按评优办法再综合评出本年度概论课社会实践活动特等调研报告奖。

二、评选程序

(1)每位任课老师根据所任教学班级报告的质量，按每个教学班(课堂)推荐一等奖(1 名)、二等奖(2 名)、三等奖(不超过 3 名)优秀报告。其中，各奖项的分值要求：1、同一小组成员评分可适度区分；2、一般组长评分最高，其他成员按贡献及表现评分；3、原则上，每份报告最高分应符合以下要求：一等奖≥95 分，95>二等奖≥90 分，90>三等奖≥85。特殊情况，指导教师可按公平公正原则给小组及成员评分。

(2)由系部成立评优小组，从各任课教师推荐的一等奖和二等奖报告中，按评优办法再综合评出本年度概论课社会实践活动特等调研报告奖，并汇编成集。

说明：(1)特等奖数量由系部评优小组综合考虑报告质量、汇编成集等多种因素，参考历年经验酌情而定；(2)评优不按班级和老师设置比例。(3)原则上，每位任课老师推荐的一等奖、二等奖优秀报告数量可在所带的教学班中自主分配。

三、评奖标准

社会实践优秀调查报告具体评价(评奖)参考以下几点：

(1)选题具有积极的意义，文字表述明确。(10分)

(2)报告真实，能够清晰地阐述某一社会现象或课题，提出问题，对此进行分析、讨论并得出结论。(30分)

(3)结构严谨、逻辑性强，在分析过程中运用了一定的分析方法，数据详实、格式规范、条理清晰，并能提出一定建设性政策建议。(30分)

(4)报告整洁美观；除去正文中图表、个人总结和附录部分，报告正文不少于3000字。(10分)

(5)实践报告必须具有原创性，不得有大篇幅复制或抄袭行为。(10分)

(6)调查小组充分合作，报告是团队合作的成果。(10分)

注：原则上要求优秀报告查重提供证明，特等报告必须提供查重证明(知网查重，重复率一般不得超过20%)，并按要求编辑、补充和完善相关报告资料。

四、奖励办法

对社会实践取得优秀成果的团队将给予适当奖励，具体表彰办法根据当年情况决定。

五、资料汇总

(1)在评奖过程中，由指导教师将推荐评优的报告电子版及纸质版收齐，发给马克思主义中国化系相关负责老师(2018年春季学期的负责教师是卢佐冬和唐建军)。评奖结束后，请相关负责老师将纸质版返回给任课教师、电子版整理归档保存(文件夹注明“2016级优秀调查报告”)。

(2)所有实践调查报告，都必须留存。其中，纸质版报告，请任课教师认真批改并自己保存，以备评估抽查；电子版报告，请以文件夹发至QQ群汇总(文件夹注明“教师姓名-合班”)。

中篇

高校思想政治理论课实践教学一体化组织探析

卢佐冬

高等学校思想政治理论课（以下简称高校思政课）是对大学生进行思想政治教育的主渠道，是加强高校意识形态建设和思想政治工作的主阵地。高校思想政治理论课担负着引导学生“树立正确世界观、人生观、价值观，坚定对马克思主义的信仰，坚定对社会主义和共产主义的信念，增强中国特色社会主义道路自信、理论自信、制度自信、文化自信，厚植爱国主义情怀”[1]的重任。党中央历来对思想政治教育工作高度重视，强调把办好思政课“要放在世界百年未有之大变局、党和国家事业发展全局中来看待，要从坚持和发展中国特色社会主义、建设社会主义现代化强国、实现中华民族伟大复兴的高度来对待。思政课建设只能加强、不能削弱。”[1]

“思想政治教育学是一门应用科学，具有强烈的实践性特征。从理论形态上看，它不是思辨的产物，也不是推理的结果，而是建立在对思想政治教育丰富的实践经验材料分析研究基础之上的。”[2]“实践的观点是马克思主义主义首要的和基本的观点。”[7]“坚持开门办思政课，推动思政课实践教学与学生社会实践活动、志愿服务活动结合，思政小课堂和社会大课堂结合，鼓励党政机关、企事业单位等就近与高校对接，挂牌建立思政课实践教学基地，完善思政课实践教学机制。”[1]由此可见，高校思想政治理论课不仅要注重对思想理论教学，而且也要非常重视实践教学。在当前高校思政课教学过程中，不仅有理论教学课时，而且有很大比例的实践教学课时，比如毛泽东思想和中国特色社会主义理论体系概论课中理论 64 课时，课外实践 32 课时。在实际教学过程中，实践教学环节普遍被视作理论课程中的重要组成部分，对落实理论课教学任务，实现教学目标起起着重要作用。

高校思想政治理论实践教学从开设至今，已取得了巨大成绩，立德树人成效显著。根据实践教学研究成果来看，实践教学目前还存在一些诸如教学效果、计划安排、时间安排、教学组织、方案实施机制、教学内容及形式、教学主体参与度等方面的不足(戴钢书等 2015)。这些问题阻碍了实践教学改革创新，制约着教学质量的进一步提升。2005 年《中共中央宣传部教育部关于进一步加强和改进高等学校思想政治理论课的意见》(以下简称 05 方案)强调，高等学校思想政治理论课所有课程都要加强实践环节。思想政治理论课实践教学成为研究的重要议题。梳理当前研究成果，学者从不同角度或环节对实践教学进行了论述，如实践教学内涵、实践教学功能、实践教学内容、实践教学组织实施、实践教学形式，取得了一系列有益成果。这些研究成果提升了我们对实践教学内涵、形式、组织的认识水平，提升了思想政治理论课建设水平。但同时在实践教学组织过程也存在缺乏系统性设计、可操作性不强、缺乏有效创新等不足。本文针对当前高校政治理论课实践教学存在的不足，依据习近平总书记在学校思想政治理论课教师座谈会上的重要讲话精神和中央《关于深化新时代学校思想政治理论课改革创新的若干意见》的指导精神，从探析高校思想政治理论课实践教学内涵入手，阐述高校思想政治理论课实践教学一体化设计方案，并在学校层面构建实施体系。

一、高校思想政治理论课实践教学内涵探析

自从高校开设思想政治理论课以来，思想政治理论课建设改革不断深化，先后在 1978 年、1985 年、1993 年、1998 年、2005 年、2011 年、2019 年制订多个促进思想政治理论课建设的指导方案，极大的促进了高校思想政治工作的发展，提升了大学生的思想政治素养，立德树人方面取得了巨大成绩。

当前，思想政治理论课也存在进一步提升教学效果的需要。“05方案”明确强调，“要通过形式多样的实践教学活动，提高学生思想政治理论素养和观察分析社会现象的能力，深化教育教学的效果。”实践教学要“解决好为什么实践、实践什么、怎样实践这个基本问题”。实际上，无论是管理机构还是具体一线教师、学者都将思想政治理论课划分为理论教学和实践教学两个有机联系的教学部分。马克思主义认为，社会生活本质上是实践的。实践教学在提升理论教学效果，深化理论认识水平，树立正确世界观、人生观、价值观等方面有巨大作用。厘清两者的关系，精准把握实践教学的内涵，对于促进思想政治理论课建设，提升思想政治理论效果，科学高质量开展实践教学，是一项极有价值的工作。

实践教学内涵通常决定了教学内容及开展形式，科学开展实践教学要以准确把握理论和实践教学的关系作为基础。高校思政课以立德树人作为根本任务，是一门科学性和政治性高度统一的理论课程。一方面，全面阐述社会建设最新发展成果，形成科学的社会发展规律认知体系。通过对马克思主义科学基本原理及方法、优秀历史文化、现代社会科学通识和中国特色社会主义理论，尤其是习近平新时代中国特色社会主义思想的科学阐述，引导学生树立正确世界观、人生观、价值观，坚定对马克思主义的信仰，坚定对社会主义和共产主义的信念，增强中国特色社会主义道路自信、理论自信、制度自信、文化自信。另一方面，厚植爱国主义情怀，把爱国情、强国志、报国行自觉融入坚持和发展中国特色社会主义事业、建设社会主义现代化强国、实现中华民族伟大复兴的奋斗之中。增强新时代大学物使命担当，坚定矢志不渝听党话跟党走的信念。”[1]理论教学侧重于科学阐述理论，教学内容主要是中国化的马克思主义和马克思主义基本原理，尤其是习近平新时代中国特色社会主义思想。实践教学侧重于以生动鲜活的生活事件和多变人性化的场境为背景，将理论教学内容的再现、强化、补充和延伸，在感性认识过程中，升华理论教学内容，提升学生思想政治理论素养，实现对中国特色社会主义和共产主义理想的知、情、意、行的统一。在教学过程中，从内容上来讲，课堂理论教学引领实践教学，据此确定实践教学主题、内容及形式，更好打通理论教学和实践教学，形成相互联系，相互支撑的有机整体。实践教学作为解析“教学内容中的社会实践问题”的教学活动，教学宗旨、目标和内容上应高度统一，区别与理论教学的关键在于是否以现实客观社会为背景、以学生为主体、以鲜活事件为载体开展教学，解决实践教学的“在社会”问题。

马克思主义认为，实践是人类有目的的能动的认识和改造世界的客观物质活动。思想政治理论课实践教学是以马克思主义中国化理论成果和基本原理为核心内容、以思想价值体系塑造和能力发展为目标的教学活动，是一种主观见之于客观、主客观辩证统一的客观物质活动。具体来讲，思想政治理论课实践教学以教材体系中社会历史知识和中国化马克思主义理论成果，尤其是习近平新时代中国特色社会主义思想为内容，以情景相融的现实场景为背景，激发大学生主体能动性为媒介，引导学生积极参与，理论联系实际，知、情、意、行相统一的探索和改造世界的过程。

科学认识实践教学的内涵，要把握住实践教学的主要特性。在《关于费尔巴哈的提纲》中，马克思认为实践是感性的、对象性的物质活动。实践具有物质性、自觉能动性和社会历史性等基本特征。这是指导科学理解实践教学内涵的理论基础。本文认为，要更好地开展实践教学，在实践教学过程中，必须深入理解三个方面的基本特性。一是实践教学的目的性。实践教学是课堂理论教学的重要组成部分，其教学定位应是“要通过形式多样的实践教学活动，提高学生思想政治理论素养和观察分析社会现象的能力，深化教育教学的效果”，服务于思想政治理论课立德树人根本任务的落实，服务于“努力培养担当民族复兴大任的时代新人，培养德智体美劳全面发展的社会主义建设者和接班人”》[1]现实需要。因此，目的性是高校思想政治理论课实践教学的基本特性。二是实践教学的社会性。从内容上来讲，实践教学的目标之一是以社会作为研究重要对象，阐述社会发展内在规律，引导学生立德成人，立志成才。从实施上来讲，实践教学的开展离不开一定的社会环境，离不开社会条件下实践主体之间，以及主体和社会、自然环境之间的作用与反作用。真正的实践教学必然具有“在社会”性。三是实践教学的主体性。

一方面，科学发挥实践教学指导者的引导作用。实践教学作为思想政治理论课的重要组成部分，是一个有特定教学目的和内容的教学过程，自然离不开科学的规划与实施。而这都需要组织者科学的统筹规划和引导，在实践教学过程中，将教学内容与社会背景、教学场景有机联系起来，精心组织和引导实践高质量开展，使学生高度融入教学过程，并在丰富多彩的实践活动和主题鲜明、氛围浓郁的场景中产生心灵震撼和思绪激荡，在思考中深刻生动的理解教学内容的科学性，从而构建特定的认知框架和价值体系，实现教学目标。另一方面，是发挥受教者的参与的主动性。马克思主义认为，人始终是主体。习近平新时代中国特色社会主义思想始终强调以人为本的行为导向。实践教学归根到底服务于学生成长的需要。要培养学生的思想政治素养，不仅要让学生系统深入学习课程内容，正确树立三观，更重要的是激发学生对此发自内心的认同和自觉践行。因此，实践教学不仅需要科学规划、积极引导，更需要学生高度的融入教学场景，深度参与教学活动，积极探索内在规律，发展科学认知体系和构建中国特色社会主义德行价值准则。实践教学成效的好坏取决于学生的积极参与和主体性发挥程度。

二、高校思想政治理论课实践教学一体化模式设计

实践教学体系是一个多场域多形式的复杂有机系统。科学规划实践教学方案是高质量开展实践教学的前提。实践教学水平的提升，需要坚持问题导向和目标导向相结合，注重推动思政课实践教学内涵式发展，科学选择的教学方式，构建有机协同的实施保障体系。我们对实践教学的内涵的把握很大程度上决定了教学方式的选取。依据实践教学开展的时空变化，本文将实践教学构建为以课堂实践教学、校内实践教学和社会实践教学为一体的教学体系。如此划分，主要考虑时空是影响实践教学全程各个环节的重要因素；三者各自特点鲜明，既有区别，又能通过组织形成有机联系，产生协同效应。

课堂实践教学是在课堂教学中，将现实社会及典型事件与教学内容结合起来，使教学更具现实性和生活性。课堂教学氛围浓厚，主题鲜

明，教师易于引导，学生主体性和能动性易于有机结合，教学成本小。这种课堂实践教学方式既能解决教学过程中的“在社会”问题，又能使教学活动更加生动活泼，促进教学效果提升。无论是从教学效应还是执行成本来讲，课堂实践教学都是一种相对较优的实践教学方式。同一主题教学内容可采取多种方式开展教学活动。常见的课堂实践教学方式有新闻播报、翻转课堂、案例教学、情景教学、专题研讨、课堂辩论等。这些教学方式可根据教学具体内容灵活采用。在教学过程中，教师可充分引导学生发挥主体性和能动性，将教学内容和丰富多彩的“社会大课堂”有机结合起来，激发学生共鸣，让学生在感性体验和理性思辨中加深对教学内容的理解，把握理论实质，领悟思想精髓，促进理论思想向个体内在认知需求和精神信仰转化，进而实现知、情、意、行有机统一。

社会实践教学是学生脱离常规课堂和校园教学场所，直接深入现实社会的一种教学活动。社会实践教学是一种基本的实践教学方式，以更加深入对接社会、场景新奇多变、行动自主性强等优点为大家所熟知和认可。社会实践教学要以思想政治理论课相关思想理论为主题、以社会为课堂、以特定场域为场景、以学生主体性发挥为动能，寓教于行，高效开展教学。社会实践教学可采用参观访问、社会公益服务、社会调查、主题采访等形式开展。社会实践教学要取得良好教学效果关键是要利用好各种教学资源和学生认知规律，充分发挥学生的主体性，激发学生参与实践的能动性和创造性，提升对国情的认知和思想理论的理解，构建良好的思想道德认知体系，增强“四个意识”，坚定“四个自信”，厚植爱国主义情怀。

校内实践教学是指课堂教学之外进行的一系列与思想政治教育相联系的校园主题活动。校内实践教学常见的方式有专题讲座、先进事迹报告会、调查报告评优汇报会等各种形式的校内公共活动。校内实践教学具有众多优点。与课堂实践教学相比，具有教学条件完善、对象辐射广、易于参与等优点；与社会实践教学相比，易于组织和管理，需要投入资源少成本低。开展校内实践教学要注重服务与引导并重，将思想引导寓于服务之中，用服务促进引导效果提升，利用校园良好的氛围和条件，增强教学的社会效应。

高质量的开展实践教学，确保良好的教学效果，需要科学规划教学实践活动，合理选取合适的教学方式。三种实践教学方式各自有各自的优势。在实践教学过程中，需要在马克思主义实践观的指导下，深入把握实践教学的内涵，充分发挥各种方式的优势，综合利用。其中，随着认识的提升和信息技术的发展，课内实践发展成效较好。课外实践由于各种客观条件制约，发展困境短期内难有质的提升。当前关键是发展和利用好校内实践教学，将其同校外实践和课堂实践结合起来，使一项实践教学的成果及效应与另外两种教学协同起来，推动实践教学创新发展。

三、高校思想政治理论课实践教学一体化实施保障体系构建

当前，实践教学改革不断深化，取得了巨大发展成绩。但总体来看，依然存在“重理论、轻实践”、实践教学资源的拓展创新和系统开发利用缺乏有效抓手、实践教学的顶层设计和实施组织缺乏一体化保障体系及机制等现象。这些不合理的因素导致了实践教学异化成了为完成学校规定动作、拿到学分的“任务式教学”，背离了思想政治理论课实践教学的目标定位和真实价值，严重制约了新时代实践教学创新式发展和教学功能的发挥。这些不良问题的存在，既有认识方面的原因，也有各种客观条件制约的因素。从实践教学实施环节来看，解决措施主要可从几个方面着手：系统规划教学方案体系、建立校院、院系二级实施保障体系、建立制度化规范化的实施评价体系。

提高实践教学质量，需要系统规划实践教学方案。实践教学开展是个系统工程，需要科学规划整体教学方案，明确教学目标、内容、形式、环节，处理好组织过程中的人财物时等协调问题。不仅需要科学设计各门高校思想政治理论课实践教学各自方案，而且要协调好课程之间、高校思想政治理论课与其他实践之间的关系，将思想政治理论课实践教学的使命和功能融入其他各类实践，使大学阶段开展的各类实践协

同起来，产生“和合”效应。

提高实践教学质量，需要构建校院、院系二级实施保障体系。科学的实践教学规划仅仅是高质量开展的第一步，还需要有强健有力、高效协调的实施保障体系。在高校院校两级改革大背景下，实践教学的实施保障体系可从学校和部院两个层级进行构建。在学校层面，构建由校级领导挂帅、各部门学院领导参与的指导委员会，领导实践教学顶层设计和协调实施。在学院级层面，马克思主义学院进行规划设计具体教学方案和实践教学实施，并在其他部门学院的实践活动中给与教学资源的指导和支持，保障立德树人根本任务的全方位立体化的落实。在实践教学实施过程中，实践资源的统一配置、基地资源的跨部门的综合利用、实践教学时间和课堂教学时间的协调等问题的解决都离不开校院两级管理保障体系的高效支撑。

提高实践教学质量，建立制度化规范化的实施评价体系。对于高质量实践教学开展来讲，事后控制同样重要。实践教学流于“任务式教学”很重要的原因是没有建立科学的实践教学实施评价体系，教学活动的开展及效果评价缺乏制度化规范化。科学的实践教学实施评价体系既是控制实践教学效果的基础，也是高质量开展实践教学的指导书。实践教学实施评价体系可由定量和定性指标构成，既要设置参加时数、出勤率、教学场次、成果数量等硬性量化指标，也要设置满意度类体现教学质量的软性指标；既要考核学生主体，也要考核各组织部门和指导人员。评价结果可与各层面激励措施结合起来。

◎参考文献

[1]中共中央办公厅国务院办公厅印发《关于深化新时代学校思想政治理论课改革创新的若干意见》[N]．新华网，2019-08-14.

[2]陈万柏，张耀灿．思想政治教育学原理[M]．武汉：华中师范大学出版社，2009.

[3]戴钢书等．高校思想政治理论课实践教学论[M]．北京：中国人民大学出版社，2015.

[4]钱惠英．高校思想政治理论课实践教学的内涵与机制创新[J]．思想政治教育研究．2013(3)：55-57.
[5]杨志超．高校思想政治理论课混合式教学模式的建构路径探析[J]．思想教育研究．2016(6)：69-73.
[6]赵鸣．系统论视域下思想政治理论课实践教学模式的构建[J]．思想理论教育导刊．2014(3)：69-72.
[7]张彦．新时代高校思想政治理论课实践教学的三大追问[J]．思想政治教育研究．2019(3)：55-59.

以社会实践调查报告为主要形式的概论课程实践教学尝试

肖　震

根据2015年9月中华人民共和国教育部印发《高等学校思想政治理论课建设标准》(下简称为《标准》)的要求，实践教学已成为高校思政课程必须包含的教学内容，本教学环节在《标准》中的具体要求是“实践教学纳入教学计划，统筹思想政治理论课各门课的实践教学、落实学分(本科2学分，专科1学分)、教学内容、指导教师和专项经费。实践教学覆盖全体学生，建立相对稳定的校外实践教学基地。”[1]《毛泽东思想和中国特色社会主义理论体系概论》(下简称《概论》)在整个高校思想政治理论课课程体系中无疑占据着极为重要的地位。怎样将这门主干思政课程讲好、“入脑”“入心”？本门课程的教学改革在实践教学环节的改革势在必行。近些年以来大多数高校在《概论》课教学过程中基本形成了一套约定俗成的教学模式的同时，很多高校都进行了一些有意义而且卓有成效的改革尝试，提出了一些有意义的实践教学改进建议。例如要求思政课教学应该注重“理论教学”和“实践教学”之间的良性循环，[2]从实践教学选材入手强调要“关注当下的社会热点理论问题”，[3]建议思政课教学能够和专业课教学之间做到“互相融合、你中有我、我中有你”[4]等。本文旨在讨论笔者所在学校近年来采用的以社会实践调查报告为主要形式的《概论》课程实践实施方案，讨论本方案的特点及优缺点，希望能够对本课程的社会实践环节的实施途径提供一定的参考。

1　以撰写社会实践调查报告为主要形式的《概论》课程实践教学成果综述

以笔者所在学校开设的《概论》课程为例，早在教育部发布本课程需要增加实践环节之前，就增加了以社会实践调查报告为主要实现形式的实践教学环节。这种形式截至今年之前，已经实施了将近 8 年的时间。就笔者看来，从实际执行效果来看，本校所推行的以社会实践报告为主要形式的《概论》课程社会实践环节是比较成功的，可以和课堂的理论教学实现良性的互补。总体来说，这种社会实践形式所取得的成功经验可以概括为以下几点：

1.1　让学生逐步增强《概论》课程所需要培养的实践性能力

开设《概论》课程的基本目的，就是为了“使大学生对马克思主义中国化进程中形成的理论成果有更加准确的把握……对运用马克思主义立场、观点和方法认识问题、分析问题和解决问题能力的提升有更加切实的帮助。”[5]所以说，本门课程的学习过程在某种程度上可以理解为：理论性学习只是过程，最终能否用所学习到的理论武器帮助我们认识问题、分析问题和解决问题才是学习的重要目的。当前我国正处于“中国特色社会主义新时代”这个特殊的历史时期，在这个新时代，中国人民正处于全面建成小康社会的冲刺阶段，国内、国际形势日益复杂，各种来源的思想、观念对人们传统意识形态和价值观念的冲击越来越剧烈。《概论》课程课堂上的受众面多为 90 后、00 后的年轻人，在面对当今纷繁复杂的社会现象、社会事件、外部影响时，如何帮助学生们运用《概论》课堂上学习的理论知识理性看待、正确分辨，将是开设这门思想政治理论课的重要实践意义所在。学生们只有发现通过课堂上理论知识的学习，具备了一定的认识问题、分析问题和解决实际问题的能力，才会真正从心底接受所学习到的知识，这种能力就是学生们学习《概论》课程所需要培养的实践性能力。

通过本校多年以来在《概论》课程里要求学生的实践环节完成社会

实践调查报告，发现参与者这方面的能力有着不同程度的提升。例如，要想完成这篇报告，学生必须首先完成选题环节。选题的首要要求就是要求具备时代性、现实性，按照“五新”(即新事实、新经验、新问题、新情况，新课题)的标准选择本小组的调查研究方向。多年来，大多数学生都能紧贴时事要求选取大家比较关心的、发生在身边的现象、事件开展调查讨论。从大家实际提交的调查报告内容来看，虽说不见得所有的报告都能达到较高的理论性、学术性水平，但是都能不同程度的达到了最初设想的“理论指导实践”的初衷。

1.2 提出了一整套规范、行之有效的社会实践调查报告撰写流程

整份社会实践调查报告的完成过程并不是完全放手让学生自己做，毕竟大多数学生很有可能是第一次亲身经历编写类似调查报告。为了方便大多数学生能够顺利完成，《概论》课程教研部编写了详尽的报告撰写流程、步骤、要求、格式范本等，帮助学生依照规范，按时、保质的完成，整个过程指导教师全程协助参与。本教研部设计的调查报告制作流程大致分为以下十步：

第一步：分组；

第二步：选题；

第三步：查阅资料；

第四步：拟订调研策划(方案)；

第五步：问卷设计；

第六步：预调研；

第七步，正式调研；

第八步，撰写调查报告；

第九步，调研成果展示；

第十步：调研报告及相关资料提交。

从上面列出的十个步骤可以看到，在授课教师的积极指导下，学生依据报告撰写要求，按部就班，团队分工合作，是可以按时、保质保量的完成相关实践调查任务的。不光如此，本《概论》课程教研部拟定的

“调查实践步骤规范”具有细致、规范、操作性强等特点，比较适合本课程类似实践教学模式的学习以及推广的尝试。

1.3 一定程度提高了学生的学术研究能力

从前面的介绍可以知道，尽管最后生成的是一份“调查报告”，但实际上《概论》课程所要求的社会实践环节实际上是要求学生参与撰写一篇带有一定学术研究目的的论文。从最初的选题，到之后的可行性研究、查阅资料、策划调研方案、设计问卷、分发问卷、收集问卷、收集整理及分析调研数据，直到最后阶段的分工撰写调查报告。整个过程和完成一篇合格、规范的学术报告并没有太大的区别。虽然说整个过程是采取团队合作、分工完成的方式，并不是所有人员都会参与最后成文论文的撰写。但是不可否认的是，所有的团队成员，只要是真正参与了整个社会调查实践环节，都会或多或少的从中了解，甚至熟悉如何进行初步的学术研究，乃至最后写出一篇合乎学术规范论文的基本方法。这一能力，是作为一名合格的高校学生在大学整个学习期间必须逐步掌握的一项基本技能。就笔者观察，经过指导教师每个学期长达 3 个多月的对每个实践小组的专业培训，加上团队合作时，小组成员之间的互相扶持、相互促进、查漏补缺、取长补短，大多数参与《概论》课程社会实践环节的同学对于如何开展规范的学术研究、乃至撰写学术研究报告都有了初步的认识。这一经历对于今后的其他专业课程学习及研究过程无疑是一项十分宝贵的财富。

1.4 完善了《概论》课程的成绩评定体系

传统的《概论》课程成绩的评定模式比较单一化，一般都是由期末的考试成绩和平时成绩按一定比例加权平均得出，考试成绩在最后的成绩构成比例中往往很大。传统的这种成绩评定方法对于平时认真听讲、积极主动学习、但是不太重视死记硬背的学生确实有欠公平。因此近几年以来，本课程教研部一直致力于《概论》课程成绩评定体系的改革。特别是引入了社会实践调查环节后，“多样化”《概论》课程的成绩评定体系成了改革的大方向。这里的“多样化”主要是体现在两个方面：一方面，在降低考试成绩权重，提高平时成绩比例的同时，“多样化”课程的平时成绩构成，使之能够从更多的维度体现学生学习的表现，比如平时成绩=考勤+课堂提问+课堂作业+社会实践调查报告等；另一方面，在社会实践调查报告的成绩评定上也要体现“多样化”，报告最终成绩不仅仅取决于指导教师对本小组最终提交论文的成绩，由于报告是小组集体完成，报告在生成时要附上小组每位成员在整个社会实践过程中完成的工作、工作的效果、自己的心得体会，指导教师可以根据这些内容为小组内每位成员量化最终的实践报告成绩。这种“多样化”的成绩评定体系虽然不一定能完全体现每位同学在学习《概论》课程的所有表现，但是毕竟是一个积极的进步。

2　以撰写社会实践调查报告为主要形式的《概论》课程实践教学改进建议

应该承认的是，尽管《概论》课程的社会实践环节已经取得了上述成果，笔者还是发现这种实践教学形式仍存在着一定的改善的空间。

2.1　社会实践经费和场所的缺乏

既然课程开展的是社会实践，最好的实践场所当然是能够走出校园，走进社会。但是据笔者所知，绝大多数学校，包括笔者所在学校，在思政课程的社会实践环节能够投入的经费少之又少，甚至完全没有。毕竟，大量大学生出去开展社会调查，仅仅交通、餐饮甚至住宿就需要大量的经费。不光如此，现在很多对外开放、允许学校组织人员参观的场所均要收取一定的费用，就算人均费用不高，但是对于每一届庞大的学生群体而言，确实是一笔不小的开支。除了经费缺乏，可供学生开展课程社会实践的场所普遍很少，很多学校连基本的理工科生产实践基地都不一定能全部提供，何况是供思想政治理论课程进行社会实践的实习基地。以至于很多时候，为了应付社会实践的开展需要，不得不选择很多不需要门票的“红色景点”，但是由于没有交通经费等，只能由学生自掏腰包出行。由于经费和社会实践场所的缺乏，直接导致很多学生可以选择的社会实践的范围普遍比较窄，基本都是一些不需要走出学校、不需要花很长时间、不需要花费很多精力就能获得的。就算这样，在完成社会实践调查报告过程中有些必须的经费还不得不由学生自己筹集，例如设计打印大量的调查问卷、打印调查报告等。实践经费的缺乏，长此以往，必将严重影响《概论》课程社会实践的开展。

2.2 助教人员的缺乏

助教人员的缺乏并不仅仅是存在于《概论》课程的社会实践教学环节，而是伴随于本课程的整个教学流程。由于众所周知的原因，现今大多数学校从事思想政治理论课教学的教师都比较少。教育部的要求是："本科院校思想政治理论课专职教师按师生比 1：350—400 配备，专科院校思想政治理论课专职教师按师生比 1：550—600 配备。"[1]但绝大多数学校都达不到上述标准。每名《概论》课授课教师平均每人至少要负责 3 个课堂，不少于 330 名学生的授课工作，能够尽职尽责保质保量的完成课堂教学任务就已经是捉襟见肘了。在增加了社会实践环节后，大大增加了每位老师的时间和精力的支出。如果不能为老师们配备足够的助教人员，就难以保证本课程保质保量的进行。

2.3 学校相关职能部门配合

尽管《概论》课程的开课部门是各校的马克思主义学院，但是由于本课程属于全校所有专业的学生都必修的一门基础的思想政治理论课，每次本课程开课面对的学生群体动辄达数千人。单凭一个学院的一个教研部明显是无法胜任本门课程的所有工作的，特别是对于这种需要大规模组织和动员学生参与的社会实践活动。2015 年教育部在下发《标准》的时候明确要求"实践教学需要学校教务处、财务处、学生处、团委、思政课教学科研机构等责任部门协同配合，共同参与实施"。[1]但是在实际操作过程中，往往却难以做到多部门的"协同作战"。本课程的社会实践环节未来能否在教务处负责统筹教学计划、时间大纲、财务处负责实践经费的及时划拨、学生处和团委等部门积极配合任课老师完成学生组织、调度等工作的情况下协调推进，将是《概论》课程社会实践环节能否顺利完成的重要条件。

综上所述，《概论》课程的社会实践环节是本门课程教学内容中十分重要、不可或缺的一环。能否顺利开展，取得实效，对于巩固本课程的课堂教学效果、提升学生对于思政课程的学习兴趣、科学合理推进《概论》课教学改革都有着十分重要的作用。未来各高校的相关主管部门，应该群策群力，为《概论》课程为首的各门思政课程的社会实践环节创造良好的人、财、物等条件，按照教育部《标准》的要求，保证课程的各项教学、实践工作真正落到实处，取得良好的效果。

◎参考文献

[1]中华人民共和国教育部．教育部关于印发《高等学校思想政治理论课建设标准》的通知．教社科〔2015〕3 号，2015 年 9 月 16 日．

[2]华秀梅，罗本琦．大学生社会实践成果“回归”理论课堂——高校思想政治理论课理论教学与实践教学良性循环的一种模式[J]．本科思想政治理论课教学，2018(10)．

[3]张宏伟．“关注理论热点，共话社会建设”实践教学模式构建研究——“以毛泽东思想和中国特色社会主义理论体系概论”课为例[J]．北京教育(德育)，2019(7)．

[4]汪琼枝．思想政治教育全过程融入专业社会实践协同育人模式初探[J]．思想政治教育研究，2019(8)．

[5]本书编写组．毛泽东思想和中国特色社会主义理论体系概论[M]．北京：高等教育出版社，2018．

混合式教学模式下开展高校思想政治课实践教学路径研究

尹宁波

混合式教学模式是与传统班级教学模式相对的教学模式。自 17 世纪捷克教育家夸美纽斯提出以教师为中心的班级教学模式以来已经有 300 多年的历史，这种模式强调教师的主体地位，学生为受教对象，用课堂灌输的方式传授知识。在人类前工业化和工业化时期这种模式适合当时的社会经济状况，这种模式对人类的技术和文明进步产生过重大的作用。但是随着经济全球化和互联网技术的发展，人类社会的自然科学和社会科学发展的范式都发生了巨大的变化，尤其是信息技术的飞速发展对现代教育提出了更高的要求。混合式教学含义就是混合式学习或结合式学习，即各种学习方式的结合，如运用视听媒体(幻灯投影、录音录像)的学习方式与运用粉笔、黑板的传统学习方式相结合，计算机辅助学习方式与传统学习方式相结合，自主学习方式与协作学习方式相结合等。这种模式发端于 20 世纪 50 年代，兴盛于互联网技术成熟阶段。

我国高校思想政治理论课担负着引导大学生价值观发展方向、宣传党和国家的政策方针和塑造中国特色社会主义建设接班人的任务，尤其需要与时俱进、积极适应方兴未艾的混合式教学模式，不仅要将混合式教学模式应用于高校思想政治课课堂教学中，还要积极地应用于高校思想政治课实践教学过程中去。混合式教学模式不受限于时间、地点，因而更适合思想政治理论课实践教学的需求。目前，各大高校都在研究如何推进混合式教学模式在思想政治理论课中的应用，以期改变思想政治理论课课堂呆板枯燥、学生被动学习和教学效果不理想的现状。

一、混合式教学模式在高校思想政治课中的应用和意义

当代大学生几乎人手一台电脑或一部智能手机，他们思想活跃，信息来源广泛，因此，“要运用新媒体新技术使工作活起来，推动思想政治工作传统优势同信息技术高度融合，增强时代感 和吸引力”[2]。混合式教学模式在高校思想政治课中的应用已经逐步展开，并且表现出与当代大学生的思维方式和生活习惯较为适应的特点。

1. 混合式教学模式在高校思想政治课中的应用

目前，国内高校思想政治课混合式教学模式主要指线上和线下混合模式。在坚持提高课堂教学质量即线下模式的基础上，大多数高校已经或正在结合以下几种线上教学模式强化思想政治理论课的教学效果：

(1)MOOC：大规模开放式在线课程，中文译名“慕课”。许多院校和思政课教师在以慕课为基础的混合式教学上花费了大量的时间和金钱来进行视频的拍摄和在线测试项目的制作。以武汉地区的高校为例，武大华科等985高校已经完成全部思想政治理论课的慕课拍摄，并且已经应用于教学实践中；除此之外大部分211高校和一些普通高校例如武汉科技大学近年来也在积极进行慕课的拍摄、制作和推广，取得了不俗的成绩。北大清华等财力和师资力量雄厚的顶尖高校在完成思想政治理论课的慕课制作后，允许国内其他高校共享资源，因此以慕课为基础的混合式教学模式具备了在全国遍地开花的条件。

(2)“翻转课堂”：翻转课堂完全改变了传统思想政治理论课教学的顺序，即翻转课堂以学生在线上自学为主，学生自行完成作业，而线下班级课堂时间则是扩展、讨论、答疑和查漏补缺的时间。教师在教学过程中首先进行本次课程的设计，包括并不限于：目标、任务、阶段性成果、视频的拍摄、基础知识的作业和测试等等，并且对学生不仅提出要求还引导学生提出疑问；其次通过利用班级线下课堂的机会组织学生讨论，激发学生深入思考的意愿和能力，力争在这个阶段解决大部分学习疑问；最后师生保持互动，教师对本次课堂结果进行测评或数据评估，

学生进一步巩固知识。

(3)微课：是指运用信息技术按照认知规律，呈现碎片化学习内容、过程及扩展素材的结构化数字资源。微课容量小、针对性强、制作相对简单、方式灵活，特别适用于大学生对思想政治理论中的热点和基本概念的学习。许多地区已经由教育部门创建了微课平台，这对提升教师素质和激发学生的学习自主性有极大的促进作用。

2. 混合式教学模式在高校思想政治课中的意义

单一的传统班级授课模式教师占主动地位，学生被动接受，课程理论性强，教材内容枯燥繁多，导致思想政治课教学效果差强人意。混合式教学模式将是今后高校思想政治课教学的必要模式，它不但能促进学生在教学活动中地位的转变，在学生的学习氛围、资源环境和获得知识方式等方面发生革命性的变化，而且因为混合式教学模式很适合网络时代碎片化阅读习惯和思想政治理论知识的专题教授形式，使得学生对知识的掌握更加主动、深入和完善，更有利于学生将课程理论知识内化成自己的价值观和世界观。另外，混合式教学模式线上线下传播，师生际和生际传播十分频繁和便利，有利于师生之间和学生之间的情感和知识交流，在传播马克思主义世界观的同时提高了学生的协作水平和优势互补能力。

二、高校思想政治课实践教学的现状与成因

1. 高校思想政治课实践教学的现状

对大学生来说思想政治理论课在当今时代面临着许多亟待解决的问题：内容枯燥乏味、授课形式单调、理论脱离实际、学校重视不够、部门资金配套不到位、教学资源不足、学生兴趣缺乏等，形成鲜明对比和严峻挑战却是大学生面对丰富多彩的社会生活，海量信息的互联网，良莠不齐的西方思想的涌入……与此同时国家教委对思政课的要求是：针对性与时效性的统一、理论与实践的统一、知识传播与塑造主流价值观

的统一。为了弥补传统班级教学模式的不足，实现以上三个统一，许多高校思政课教师使出浑身解数，纷纷在课堂理论灌输为主的前提下引入实践教学环节，主要内容有：分组进行社会调查，最后形成社会实践调查报告或论文；寻访老革命家，做成寻访日志；建立红色实践基地，感受红色文化；观看红色电影写影评等。大学生在这些实践活动中了解了中国国情，知道了中国共产党奋斗的历史，学会了从多角度观察社会现象，提高了分析能力和写作能力。但是，大部分高校在开展实践教学活动时出现了以下几个方面的问题：实践教学活动没有持续性；不能保证每个学生实践教学活动的真正参与；对实践教学成果没有形成有效的评价机制；实践教学形式单一。这些问题在一定程度上影响了思想政治课的教学质量。

2. 高校思想政治课实践教学现状之成因

思想政治课实践教学是富含“社会实践性内涵”的教学，把握和判定思想政治理论课的实践教学的课程标准，主要不是教学场所是否在社会，而是教学内容是否在社会，即是否富含“社会实践性内涵”。思想政治课实践教学未能取得理想效果，从认识上、思想意识上和制度政策上来看有以下几个方面的原因：

(1)对思想政治课实践教学的认识有偏差。部分高校对实践教学过于重视实践，因此将实践教学变成了单纯的实践活动。思想政治课实践教学这个词语中“教学”一词是中心词汇，意味着进行社会实践的过程必须也是一个教学的过程，“教”和“学”都是必不可少的环节。作为思想政治课实践教学不仅仅是写调查报告、寻访老革命家、去革命老区寻幽探胜等活动，而是在上述活动中探寻思政课实践教学各种问题的破解路径，探索思政课实践规律，推进思政课实践向规范化、标准化、实效化发展。

(2)学校有关部门重视不够。这种状况在一些理工科院校明显存在，具体表现在压缩实践学时，对思想政治课实践教学的支持仅限于口头上，缺乏长期的政策支持，在资金资源上短缺，党建工作与思想政治课失去应有的紧密联系。

(3)对四门思想政治课实践教学既没有专门的教材，也没有做出专业的区分，常常混为一谈。《马克思主义哲学原理》、《大学生思想修养与法律基础》、《近代史纲要》和《毛泽东思想和中国特色社会主义理论体系概论》是紧密联系但又很不相同的四门课程，它们承担的任务和产生的作用不同，四门课程的实践教学目的、方式等也应该各不同。但是大多数高校在带领学生进行假期社会实践时，把同一个实践活动与四门课程同时配套，这显然极不合理。

三、开展高校思想政治课实践教学的路径

“思想政治理论课实践教学是一种教学活动，实践是这一教学活动的根本特性，大学生是实践的主体，社会是实践的对象，思想政治教育性是实践的目的所在”。

1. 确立高校思想政治课实践教学的双主体地位

以教师为唯一主体的思想政治课，学生的被动的填鸭式的学习不仅是枯燥的，而且是令人疲倦的。混合式教学模式保留了传统班级授课模式的优点，同时具备传统授课模式不可能具备的优势，它的引入确立了课堂和实践教学活动中授课教师与学生的双主体地位。在互联网技术成熟和信息大爆炸的今天，学生从课堂授课中了解基本知识，在网上和生际交流中得到知识的扩展，提高了大学生学习的积极性与主动性，增强了大学生的学习乐趣和自由度。

2. 教育部门对高校思想政治课实践教学的制度供给

教育部《2017 年高校思想政治理论课教学质量年专项工作总体方案》中提出：要“打一场提高高校思政课质量和水平攻坚战，切实增强大学生对思政课的获得感”。思想政治课实践教学作为全校性的基础课，班级大、学生多、耗资巨、任务重，要做到一个都不落下是一件艰巨的任务，许多高校因而对思想政治课实践教学的重视仅停留在口头上。面对全国各大高校在实践教学中的种种不尽如人意之处和思想政治理论课面临的严峻挑战，各级教育部门必须高度重视，加强顶层设计，对实践教学资金、资源和政策提供明确的制度性的支持。

3. 加强高校思想政治课专兼职教师、党委、政工、学工口的联动

思想政治课由十分特殊的四门课程组成，四门课程各有侧重，功能互补，但相互之间不可替代。习近平总书记在2018年5月2日视察北京大学时指出，马克思主义是我们立党立国的根本指导思想，也是我国大学最鲜亮的底色；高校马克思主义学院和思政课教研部门应把充分发挥思想政治理论课的思想引领作用作为首要政治任务来抓好做实。也就是说思想政治理论课不仅是涵盖政治、经济和文化的交叉学科又是一项政治任务，因此，高校所有与思想政治教育相关的工作人员都应该成为且必须成为思想政治教研部门的组成部分。思政课专兼职教师、党委、政工口和学工口的联动应该常态化，不仅共同承担思政课课堂教学，还应该共同承担实践教学任务，几方结合共同推进，“把思想政治工作贯穿教育教学全过程”的要求真正落到实处。

4. 以混合式教学模式为基础创新开展高校思想政治课实践教学的模式

以“慕课”“翻转课堂”和“微课”为主要表现形式的混合式教学模式来势凶猛，在不久的将来，“将深刻改变现有学校和教育的面貌，被视为21世纪最重要的教育革命”。教室不再是唯一的教学场所，网络和各种平台为学生成为教学主体提供了条件。思想政治课实践教学需要大学生进行实践活动，走向社会，混合式教学模式从“教学互动—完成作业—深入讨论—完成教学任务”的过程与思政课实践教学过程天然吻合。运用混合式教学模式展开思政课实践教学是一种全新的理念，需要高校教育工作者深入思考、积极探索、充分发挥混合式教学模式的优势，真正实现高校思想政治课实践教学的深入改革，提高思政课教学效果。

◎参考文献

[1]何克抗．从 Blending Learning 看教育技术理论的新发展(上)[J]．电化教育研究，2004(3)：1.

[2]习近平．把思想政治工作贯穿教育教学全过程[EB/OL]．[2019-01-05]http：/ /www. moe. gov. cn/jyb_xwfb/ s6052 /moe_838 /201612

/t20161208_291306. html.
[3]孙魏．高校思想政治理论课实践教学改革探究．教改新论，2018年(14)：150.
[4]张正江．做事求真　做人求善　人生求美——真善美教育论纲[J]．教育理论与实践，2005(25)：50.
[5]中华人民共和国教育部．2017年高校思想政治理论课教学质量年专项工作总体方案[EB/OL]．[2018-12-05]．http：//www. cczu. edu. cn/2017/0614/c10362a160661/page. htm.
[6]苏蕾．教育开放和多元化新格局[J]．时事资料手册，2014(5)：27.

将价值观自信教育
有效融入本科生思政课教学研究①

张齐武

由于价值观念体系是一个国家或民族文化的核心，没有价值观自信也就难以形成文化自信，坚定价值观自信成为了建构和巩固文化自信的关键。然而，现有研究发现大学生的文化认同危机给核心价值观培育带来了困境。[1]不少师生对传统文化、革命文化的历史疏离和对社会主义先进文化的缺乏了解，也使得进一步培育价值观自信的校园氛围变得非常必要。高校设置思政课的核心目标之一就是通过理论讲授和社会实践不断增强大学生的“四个自信”，在统编教材中不但对社会主义核心价值体系和价值观进行了理论溯源和要素概述，其他章节的许多重要知识点及其理论内涵则都与核心价值观的倡导要求相互关联，因此如何利用好思政课堂推动高校进一步做好价值观自信教育非常关键。

1　教法思路

作为理想信念教育的重要组成和价值延伸，价值观自信教育既要遵循价值认同的规律，又要遵循青年身心发展的规律以及教育教学的客观规律。教育效果是教学过程结束后体现在学生身上“留下来的东西”，所以需要牢牢抓住“树人”这个根本目标，在具体教学中注重教育过程

① 新文科建设背景下全面提升人文社科类大学生数字素养研究(2020X55)；研究生科技安全教育教学研究(Yjg202012)。

的效率和活力，使得教学过程既简约朴实、富有成效，又体现出“有情有义、有滋有味”的特点。联想到当前思政课上屡见不鲜的“隐形逃课”问题，这既需要督促学生端正态度、有志有为，也要反思教学内容是否单调乏味，教学计划是否违反学习规律，教学手段是否现代实用。如果偏离目标，无效低效，就要进行改进。例如考虑到当代大学生具有思维活跃、接受能力强、习惯于“轻”阅读“微”浏览，偏好多媒体和互动教学的特点，如生硬地采用“经典诵读”或圈阅知识点的教学方法，效果往往差强人意。

在树立向善向上的价值观方面，由于教育者、教育对象和所处阶段的不同，高校德育和通常的社会教育、理论宣贯还是有区别的。具体表现为：一是高校教师自身在理论素质和人文素养上要特别过硬，做到“明道、信道”，力争具备“四有”——“有理想信念、有道德情操、有扎实知识、有仁爱之心”。具体到价值观自信的课堂教育，教师还需要对社会主义核心价值观的传统文化基础、价值哲学基础、根本目标、重大意义、理论源头、层级结构、倡导要素、践行抓手和典型案例比较熟悉，课堂上不能对着 24 个字照本宣科，更不能似是而非、囫囵吞枣，而应把核心价值观自信培育与现实问题的解析巧妙结合，使以词组呈现的、相对抽象的核心价值观理论和倡导要求“回到地上”“回到人间”，这样在讲授时就容易结合学生的感性认识抓住重点难点，能根据统编教材提炼出相关知识点和值得讨论的问题，也有利于避免讨论现实问题时难以回答或学生不愿回答的尴尬局面。二是注重以文化人、以文育人。思政工作“从根本上说是做人的工作”，人的价值理念和价值判断又是感性和理性的结合，因此同样是传道解惑，用谦和有礼、春风化雨、有理有据的融入方式，课堂效果就大不相同。三是授课老师在备课时既要注重备“教师怎样教”，也要从学生学习的角度出发备“学生怎么学”。这是一个站在学生角度开展工作、思考问题的方法。比如说在核心价值观自信教育中，就是要把教学对象——青年学生的总体思想状况和价值观念现状搞清楚。理论起点是什么？人文素养有什么？信息获取渠道是什么？价值相关理论学习能力的现状是什么，只有设身处地的思考，将教学目标和受众的现状结合起来，才能保证教学内容易于接受，启发思考有效果。实际上当代大学生对社会主义核心价值观的倡导要求并不陌生，对中国优秀传统文化和爱国主义经典故事也或多或少有所了解，在中学阶段普遍参加过升国旗、学雷锋等主题活动，对全国性的模范典型也大多知晓其精神和事迹。这些已有的知识和信息储备为深入开展价值观教育活动奠定了良好基础。在课堂教学中重温经典时尽量不要简单重复大众化信息，而应该在新时代新形势新文化中找新案例新故事新话语，尤其是应自觉结合十八大以来党中央新理念新思想新作为进行讲授。在内容上既不忘“老祖宗”，又多讲新话并具有鲜明的“中国风”，既与原有的青少年道德培养和信念教育一脉相承、互相衔接，又突出时代特色和高校教育特点。在讲授时注重问题意识和理性思辨能力培养，重点就某个价值观要素（如和谐、爱国、公正）讲深讲透讲通，使社会主义核心价值观融入课程理论体系和知识点，为培养合格可靠的社会主义事业建设者和接班人夯实思想和道德根基。

总之，以立德树人取得实效为根本标准，以培育正确而崇高的价值观为教学目标，综合采用理论讲授、案例讨论、网络讲座、翻转课堂、公益微课、人文熏陶和实践养成相结合的立体教学方法，引入案例分析、角色扮演、情景体验、组织自学小组、开展学生讲堂、加强社会实践、组织宣讲竞赛等提升学生自主学习兴趣的多元化教学活动，可以将思政核心课程中的价值观教育条理化、生动化、具体化、形象化，有助于引导大学生坚定理想信念，增强四个自信，使社会主义核心价值观能成为在校大学生的群体意识和共同行动，为将来自我圆梦、为善社会，建设社会主义祖国提供强大精神动力。

2 教学内容和过程的融入

2.1 融入优秀传统文化和社会主义革命文化

毛泽东等老一辈革命家政治家的重要论述中蕴含着精妙的中国传统智慧和感人至深、催人奋进的革命文化，本身是融入价值观自信教育的宝贵文化资源。例如对实事求是思想路线的形成和发展，就可以结合

“实事求是”一词的历史典故和文化渊源，讲述毛泽东同志在六届六中全会、延安整风时期和建国后对“实事求是”词语内涵的创新性发展。重点结合习近平总书记系列重要讲话中体现的新发展和新要求，把实事求是思想路线传承与发展的脉络讲清楚，把思想路线所坚持的“以人民为中心”的人民至上价值观凸显出来，把马克思主义理论是科学性与价值性的完美结合和有机统一讲明白。要重视文化的熏陶、文化的力量，可以结合毛泽东诗词《七律·长征》的创作背景，对长征故事和长征精神进行生动的介绍和诠释，结合诗词《水调歌头·游泳》等对建国初期开展的大规模社会主义建设进行鲜活地描述，让思政课不再“骨感”而充满文学趣味和感染力。通过以文化人、以文育人，善用今昔对比、中西对比，运用文化的力量推动学生更加积极地参与到教学活动中，在增长人文知识、提升人文素养的同时，感受到红色年代革命文化的熏陶和激励，掌握到社会主义先进文化的形成过程和实践效果。“立志是一切开始的前提”[2]，在价值观自信的建构上，着重以“立志”教育为核心，从建党以来党领导人民取得的若干历史性飞跃，从改革开放以来取得的丰功伟绩和十八大以来取得的新的历史性贡献中，引导青年学生树立共产主义远大理想，坚定跟党走的“初心”，坚定为中国特色社会主义共同理想和中国梦奋斗的自信自觉。

2.2 融入“五位一体”总布局理论的讲授

社会主义核心价值观的哲学基础来源于中国化的马克思主义哲学[3]，其本身是契合和支撑中国特色社会主义道路、理论体系和制度的价值观，因此文化自信必须落实到中国特色社会主义建设上，一定要转化为民族自强、发展自强[4]。社会主义核心价值观关于国家和社会的倡导要求体现了“五位一体”总体布局的宏伟目标，所以将其融入总布局理论的讲授之中十分贴切自然。具体而言，一是在社会主义文化建设一章中，可结合对社会主义核心价值体系的基本内容，可以指出其与核心价值观的关系，说明两者的产生条件和理论功能的差异。二是在建设社会主义文化强国一节中，指出将“民主、自由、平等、法治”等词语解释为产生于西方是不全面的，它包含着对中华优秀传统文化和中国特色社会主义先进文化的吸收和运用，如以改革创新为核心的时代精神本身就蕴含着倡导“自由、平等”的巨大生命力。应向大学生说明，党集中集体智慧凝练提出社会主义核心价值观是创造了中国特色社会主义的新文化，是对马克思主义价值观的新发展。以爱国主义为核心的民族精神则与核心价值观在国家层面和公民个人层面的倡导目标在内涵上完全统一。从提升国家文化软实力和培养高度文化自觉自信的角度，可指出只有进一步弘扬核心价值观才能面向世界、面向未来讲好中国故事、讲出中国气派、展现大国风采。

在“建设中国特色社会主义经济”和“建设社会主义和谐社会”内容中，许多当前在经济、社会建设领域的改革措施都体现了社会主义核心价值观所倡导的价值目标和价值追求。例如围绕“富强”可以从理解社会主义的本质属性与内在要求、中国梦的内涵、我国所处的社会主义历史阶段及发展特征等多角度引入和言说。围绕“自由、平等”可从如何对待非公经济、推进服务型政府建设、设立自贸区、开展负面清单管理、鼓励大众创业和自由创新等进行联想说明。在全面深化改革方面，如“四个有利于”、给予各经济主体平等市场地位、坚持“两个毫不动摇”和推进全民医保；在社会治理方面如有案必立、公车改革、养老并轨、精准扶贫等措施实际上都体现了公正、民主对日常生活的影响和融入。

在“建设中国特色社会主义政治”内容中，可结合建设“法治中国”目标，阐述自律与他律的关系，法治与德治的关系，自由与秩序的关系，解读法治对民主、自由、平等、公正的保障功能，强调法治建设在迈向现代化文明国家中的关键作用。通过举例说明我国政治体制改革的主要任务包含了推进协商民主和发展基层民主，这些新理念集中体现了核心价值观的倡导要求。在建设生态文明理论中，指出“文明”不仅包含文明出行、文明就餐、文明旅游这些个人事项，也包含追求政治文明、生态文明这样的公共事务，提倡人与社会、人与自然和谐相处。“善作魂、俭养德”，可结合课程内容，指出“友善”不仅包括人与人之间的友善，也包括与世界、与环境、与资源、与野生动植物的友好相处。节约资源和保护环境本身是一种道德选择，体现了公民的价值观和社会责任等。

2.3 融入“四个全面”战略布局理论的学习

“四个全面”战略布局理论与中国特色社会主义理论中的总任务理论、改革开放理论、总布局理论和领导核心理论等相辅相成、互相贯通，“四个全面”的实施可以说直接关乎青年人未来的工作和生活，很容易和大学生们在思想和追求上产生共鸣。在介绍相关理论时，一是可指出实现中国梦和贯彻四个全面战略部署都必须坚持中国道路、弘扬中国精神、凝聚中国力量，这需要社会主义核心价值体系为之提供巨大的精神动力和道德支持。青年需要核心价值观，核心价值观的落地生根也需要青年。作为未来中国的建设者和社会主义事业的接班人，青年学生必须始终保持和弘扬核心价值观所倡导的精神目标和行动方向，同时核心价值观也只有得到广大有志有为青年的积极响应和自觉践行，才有可能转化为实现中国梦的现实力量。二是要注意“四个全面”战略部署与社会主义核心价值观均具有系统性和完整性，国家、社会、公民三个层面虽各有侧重但相互联系，因此在践行方面要防止碎片化认同、片面认同、表层认同、假性认同，应避免因抱有国家和社会状态与自己无关的错误认识而形成认同偏差或虚无产义价值观，着力唤醒大学生的家国情怀和培养高度的社会责任感。三是结合形势与政策发展，阐述在核心价值观的指引下各方面战略的推进和落实情况，使大学生获得理性认同，实际上教学中也只有借助文化意义上的理性认同才能最终取得价值共识。在具体教学中可以联系高校教学体制改革进行讲授，如优化考试制度，完善奖助学金制度，改革人才培养方式，鼓励大学生科技创新和自主创业等。由于这些改革举措与大学生息息相关，体现了建设现代化社会主义大学，走向社会主义文化强国的制度安排和道路选择，会自然而然带来大学生群体的情感共鸣。可大力总结阐述倡导社会主义核心价值观与协调推进“四个全面”战略布局取得新成就的关联，这样既推进了大学生对改革举措的认同拥护又无形中增强了“四个自信”。

2.4 融入实践教学环节

思政课的一个重要目标是教会学生用马克思主义的立场、观点、方法去观察、分析、思考和解决问题，以树立正确的世界观、人生观、价值观。实践教学是实现这一教学目的的好办法，它有着理论教学无法替代的作用。例如在“概论”课教学中，通常实践环节成绩占总成绩的40%左右，同学们比较重视，而且提交实践报告或大作业也是大学生比较欢迎的考核方式。在教学中可参照一般科研项目的做法，采用发布选题指南、鼓励自由申报、讲解实践流程、讲授调研方法、指导团队分工、办好报告开题、随时答疑解惑，提供智力支持、检查最终成果、公开考核评分、优秀团队展示、获奖论文结集印刷的工作流程，让大学生既全方位接触了社会也体验了一次严谨的科研过程。其中编制《选题指南》和传授科研方法非常重要，既保障了教学目的又培养了科研能力。例如有不少小组选择了《大学生对社会主义核心价值观的认同调查》《青年学生对中国梦的理解与看法》《网络空间中的文化价值观调查》《传统节日应该怎么过》《大学生消费观调查》等题目，在教师指导下自己搜集素材并进行问卷调查和实地访谈，按照通用学术规范撰写了实践报告。许多报告不但结构完整、内容详实、统计规范、逻辑自洽，在政策建议上也有一定创新。更为关键的是在教师的引导和要求下，同学们在实践中贯彻实事求是的思想路线，在样本统计和搜集素材时以诚信为本，不胡乱拼凑和伪造数据，在外出调研时体现集体主义精神，文明出行、友善互助、积极向上。报告结论和政策建议方向正确、崇实求真。在整个社会实践活动中，由于处处都体现了对核心价值观的贯彻和落实，时时都感受到核心价值观的感召和魅力，本身就是学习和弘扬核心价值观的过程。

3 正面典型事例教学法

思政类教学在坚持正确政治原则的同时也可保持一定的开放性，但教学中应偏重正面激励和正确引导，要注意在讨论和陈述过程中，让真知灼见得到凸显、让公平正义的能量迸发、让真理的光辉闪耀。针对社会意识形态的多样化表现和围绕价值观的竞争与冲突进行事例讨论，不但能吸引学生的注意力，提高参与感和活跃程度，更为关键的是借助典型事例可以引导个体价值靠近主流价值，影响个体对国家和社会的看法，在潜移默化中获得情感和思想的熏陶，使立德树人在一种既严肃又活泼的气氛中悄然推进。例如与核心价值观中"诚信""友善"直接相关的典型案例，既可通过播放"感动中国"节目中孝老爱亲、恪守信义的正面故事弘扬道德与文明，也可通过讲述老一辈革命家的红色家风、红色家训故事来激励青年学子。另一方面，通过播放来源权威可靠的反映现实问题的新闻短片，引导学生对身边曾经发生的缺乏诚信问题、食品安全问题和社会上出现的不敢扶倒地老人、不文明开车、不文明旅行现象提出自己的看法，依据这些问题或现象的成因，探讨以何种方式或行动才能减少这些"假恶丑"的发生，教育学生认识到依法治国与以德治国相结合的重要性，体会到应从自己做起，从小事做起，认识到"己所不欲勿施于人"，只有先"立己"才能"达人"，大家一起不懈努力，核心价值观才能落地生根，大家也才能享受到文明国家和和谐社会带来的幸福。

◎参考文献

[1]罗迪．文化认同视角下的大学生社会主义核心价值观教育[J]．思想教育研究，2014(2)：106-110.

[2]杜尚泽．习近平考察中国政法大学：青年要立志做大事．[EB/OL] http：//politics. people. com. cn/n1/2017/0503/c1024-29252233-2. html，2017-05-03.

[3]何萍．社会主义核心价值观的哲学基础只能是中国化马克思主义哲学[N]．中国社会科学报，2015-05-28.

[4]陈先达．文化自信与民族自强[N]．人民日报，2016-12-05：16.

下 篇

当代大学生与父母沟通状态调查研究

成员：乃吉甫·努尔买买提　黄世勤　杨晓越　刘婷婷　张帅
指导教师：唐忠义

一、引　　言

（一）本选题的背景

十八大报告中提出，扎实推进社会主义文化强国建设，强调文化是民族的血脉，是人民的精神家园。在全面建设小康社会宏伟目标中，必须全面提高公民道德教育，加强社会公德、职业道德、家庭美德、个人品德教育，弘扬中华传统美德，弘扬时代新风。家庭美德教育是道德教育的重要组成部分，而“孝道”教育是家庭美德教育的核心。

改革开放以来，经济迅猛发展，当代大学生在物质上被给予了优厚的待遇。但父母“望子成龙，望女成凤”的迫切心情，以及学生面临的巨大的学习压力和就业压力，使得在校大学生与父母之间形成“代沟”，阻碍并影响着双方的情感交流。大学生是中华民族的希望和未来，是中华传统文化的传承者，担负着中华民族伟大复兴的历史责任和重担。

本调查本着理论与实践相结合的思想，按照“理论论述——调查研究——问题分析——对策思考”的思路展开。通过问卷调查的方法对当代大学生与父母沟通现状进行实证研究，发现当代大学生在孝道方面主流是积极、健康、向上的，但同时也存在一定程度 的孝道缺失现象，比如缺少对父母的关心照顾和尊重。当代大学生与父母沟通现状的形成原因既有内因即自身的心理不成熟和抗压能力力差，也有外因即社会、学校和家庭的共同影响。

(二) 目的

为了了解并解决大学生与父母沟通状况，我们进行了一次在校大学生与父母的情感沟通情况及感情现状的调查。围绕与父母的感情交流这一中心问题，我们就与父母的联系状况、对父母的了解和关心程度以及如何增进与父母之间的感情等方面进行调查研究。

二、本调查基本情况介绍

调查时间：

2018 年 4 月至 2018 年 5 月 24 日

调查对象：

武汉科技大学大学生为主，其他学校大学生为辅

调查方式：

1. 网上问卷调查
2. 线下问卷调查
3. 街边采访

发放回收问卷的数量：

1. 电子调查问卷 280 张
2. 纸质调查问卷 80 张
3. 采访调查 10 位

三、调查数据

(一)调查数据的统计

当代大学生与父母沟通情况调查问卷

1. 你父母居住地和目前上学所在地空间地理位置？[单选题]

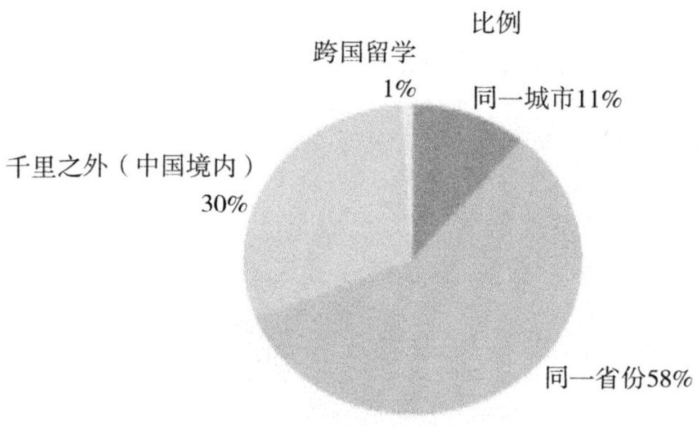

在空间地理位置上，58%的子女上学所在地和父母居住地位于同一省份，即使不在同一省份，异国留学的概率在本调查结果中显示为1%，扩大到普遍高校学生中的情况来看也极为少见，并且位于同一城市的概率更是达到11%。

2. 在校期间，你多久跟父母联系一次？[单选题]

在联系频率上，高达70%的大学生与父母大约每周一次联系，5%的每天一次，其余的基本上是频率不确定变数较大。整体而言，双方沟通频率较为稳定，说明当代大学生与父母的沟通情况在客观形势上相对乐观，并且在一定程度上克服了地理空间障碍。

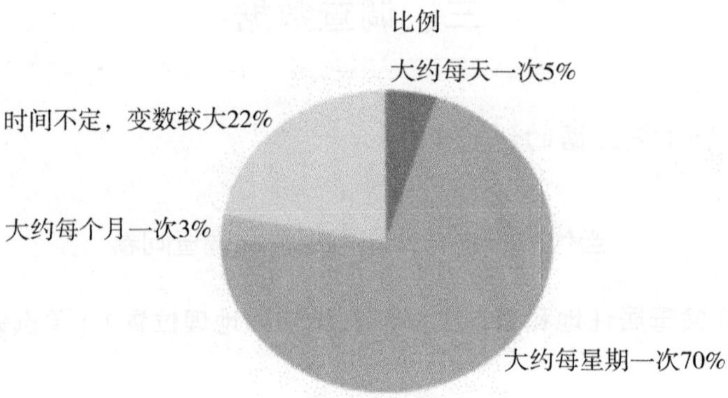

3. 在家经常与父母聊天吗？[单选题]

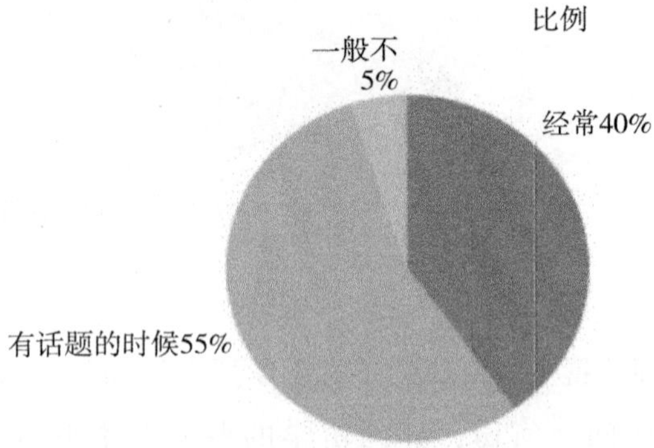

大学生在家中与父母聊天频率时，发现55%的大学生只是在有话题的时候才会和家长聊天，40%的大学生会经常性地聊天，而5%的大学生在一般情况下不会和家长聊天。40%里经常聊天的人只有5%每天和父母联系，剩余的转为每周联系。而55%中有话题会去和父母聊天的人在学习时会保持在每周或者每天的联系状况。

4. 一般跟父母聊天内容的范围，[单选题]

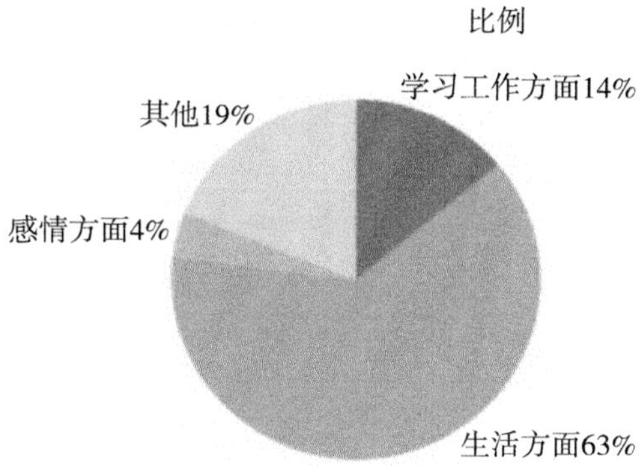

在聊天内容上，绝大多数被调查者选择生活、学习或者工作方面的话题，几乎不会聊及情感方面的情况。

5. 是否了解父母喜好、生日、鞋的尺寸等一系列问题？[单选题]

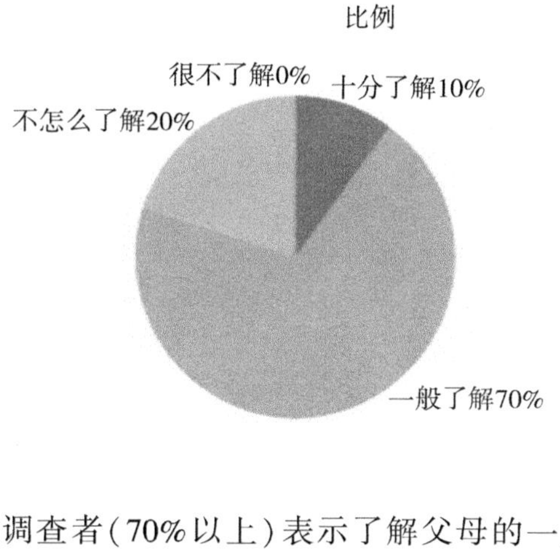

大部分的被调查者（70%以上）表示了解父母的一系列基本信息，包括喜好、生日、鞋的尺寸等，20%的人不怎么了解。

6. 在你心中父母所扮演的角色？[单选题]

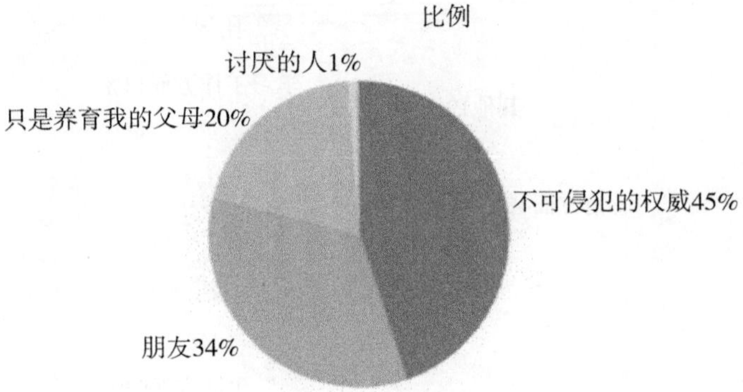

对于父母角色认知的调查，结果显示，45%的大学生认为父母是不可侵犯的权威，34%的大学生认为父母是一种朋友，20%的大学生认为其只是养育我的父母，没有调查者认为父母是自己讨厌的人。

7. 你不喜欢与父母谈及什么方面的话题？[单选题]

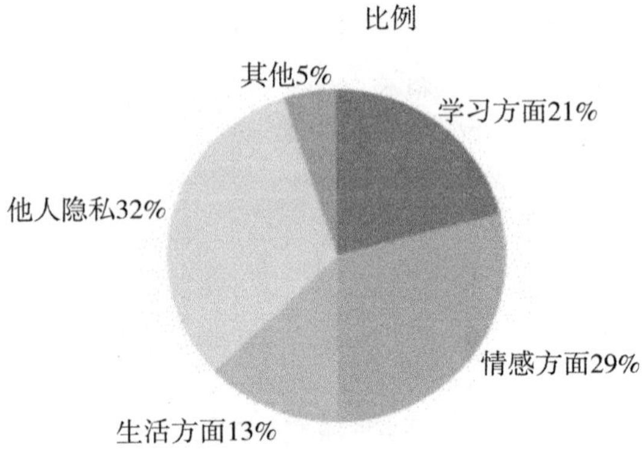

对于不喜欢父母谈及什么问题的调查结果，比重最多的是各占29%的情感问题和他人隐私，其次依次为学习方面(21%)和生活方面(13%)。情感问题成为双方沟通之中较为敏感的区域。

8. 上大学后，一般是谁主动打电话？[单选题]

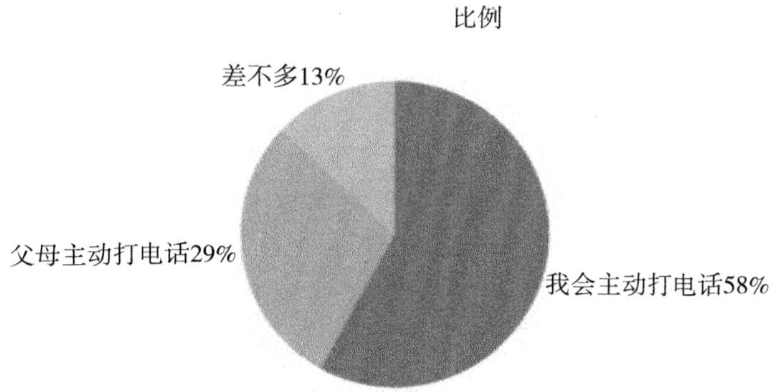

在沟通的主动性上，58%的大学生会主动打电话，29%的父母主动打电话，13%的双方持平，说明大部分大学生在与父母的沟通交流上表现得较为主动和积极，也是促进双方沟通的有利因素。

9. 您和父母发生沟通不良时，会采取何种方式？[单选题]

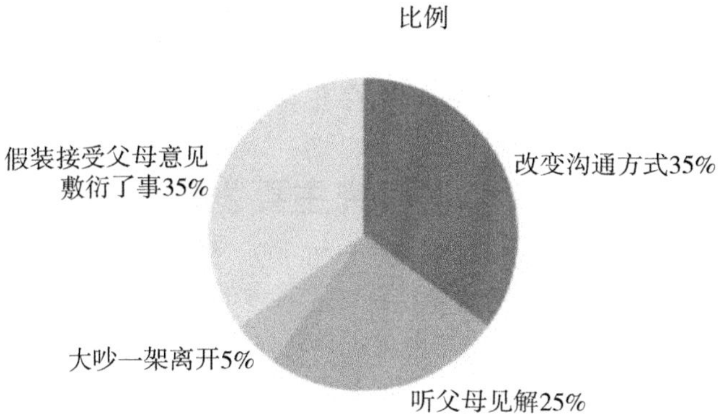

在沟通不良的解决方式上，35%的大学生选择改变沟通方式，25%的大学生选择听取父母意见，35%的大学生假装接受父母意见敷衍了事，5%的大学生大吵一架离开，表明有一半以上的大学生都会采取积

极的方式解决沟通过程中所遇到的问题，将近一半的大学生选择较为消极甚至极端的方式。

10. 您通常因为什么与父母发生争执？[多选题]

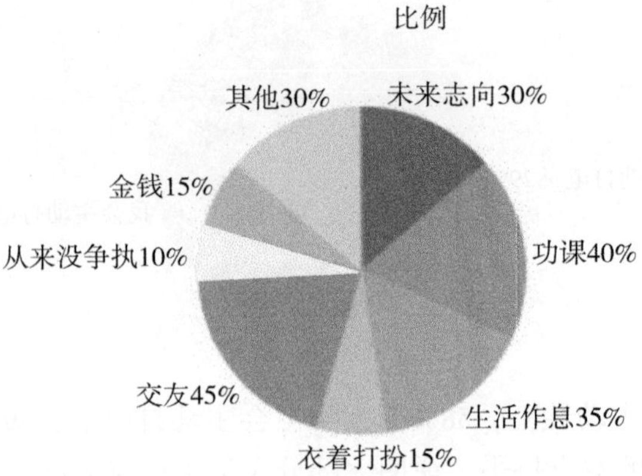

与父母发生争执的因素调查中，比例从高往低依次是交友、功课、生活作息、未来志向、金钱和衣着打扮，以及10%的双方从来没有产生争执，可见双方的价值观具有一定程度的偏差，子女的交友和学习成为父母最容易产生意见的两个方面，也是子女最容易使父母产生不满的两个方面，说明父母对于在校学生存在有不安全感和不确定感。

四、本研究主要发现

本次调查结果显示，当代大学生与父母的关系比较疏远，父母与子女相互的了解程度不深，究其主要原因，主要是父母与子女之间由于性格、沟通技巧、空间和时间(排列有先后)限制等因素，导致两者之间缺少沟通，使得信息交流不通畅。

(一)客观因素阻碍沟通，但并不在很大程度上影响沟通

在空间地理位置上，58%的子女上学所在地和父母居住地位于同一

省份，即使不在同一省份，异国留学的发生概率在本调查结果中显示为1%，扩大到普遍高校学生中的情况来看也极为少见，并且位于同一城市的概率更是达到11%，空间位置的遥远在一定程度上阻碍了当代大学生和家长的沟通交流，但由数据结果来看，大部分当代大学生上学所在地和父母居住地的距离并不能成为阻碍交流的绝对因素，因为在当代交通便利、信息交流手段快捷多样的社会条件下，在一般的家庭条件中同一省份的子女拥有可以为了见父母陪父母而高频率回家的条件，但仍然有高达31%的学生与父母处在不同省份，这时空间距离就成为阻碍双方主动沟通相对比较重要的因素之一。我们可以设想，身居天南海北的子女和父母双方，来回的车程、精力经济消耗都不太允许双方在半年内可以经常性地在现实生活中交流相处从而增进沟通和情感。

(二)沟通双方较为主动，但缺乏话题的导向性

在联系频率上，高达70%的大学生与父母大约每周一次联系，5%的每天一次，其余的基本上是频率不确定变数较大。显而易见，大部分大学生和父母保持着较为密切和频繁的联系，一周一次的沟通不管是什么形式，都可以将双方一周的想要分享的日常或者是关心的内容相对较为完整地表达，并且有极少部分大学生选择和父母每天进行沟通，而小部分的沟通联系频率不确定，可能由于客观因素如大学生校园活动考试等事件扰乱了频率或者是由于双方的主观因素，没有及时的在一段时间内主动联系对方，这种情况对于双方的沟通并不利，好像联系父母是一件可有可无的事情，没有纳入自己身在他乡的一种日常性活动中去。整体而言，双方沟通频率较为稳定，说明当代大学生与父母的沟通情况在客观形势上相对乐观，并且在一定程度上克服了地理空间障碍。

(三)沟通覆盖面较为狭窄，心理层面交流甚为匮乏

在聊天内容上，绝大多数被调查者选择生活、学习或者工作方面的话题，几乎没有聊及情感方面的情况出现，双方缺乏情感方面的交流沟通成为当代大学生与父母沟通问题的一个重要方面。对于生活学习等的沟通可以促使双方更好地了解对方的现状，及时确认对方的生活学习状

态，作为父母可以放心，对于子女可以在聊天过程中及时纠正自己的生活轨迹亦或是解决生活学生上的烦恼，有效地提升优化双方的生活状态。而对比不喜欢父母谈及什么问题的调查结果，比重最多的是各占29%的情感问题和他人隐私，其次依次为学习方面(21%)和生活方面(13%)。情感问题依然首当其冲，成为双方沟通之中较为敏感的区域。这个结果依然显示当代大学生和父母之间的沟通不是特别乐观的现状导致因素中，沟通内容的选择和涉及占有比较重要的比重。

(四)沟通双方对彼此的了解程度不具平衡性

大部分的被调查者(70%以上)表示了解父母的一系列基本信息，包括喜好、生日、鞋的尺寸等，20%的人不怎么了解，虽然前者占有相当大的比重，但作为父母与子女的亲密关系而言仍然是不够的，说明子女对父母的主动关心程度在一定范围上影响了双方的情感交流和沟通的主动性，子女对父母缺乏了解阻碍双方的沟通，相反，对父母较为了解和关心的大学生也在沟通和交流上具备很大的自觉性和积极性，而作为成年人的大学生应当具备这种自觉性和积极性。

(五)子女对父母的角色认知存在一定偏差

对于父母角色认知的调查，结果显示，45%的大学生认为父母是不可侵犯的权威，34%的认为父母是一种朋友，20%的大学生认为其只是养育我的父母，没有调查者认为父母是自己讨厌的人。在沟通的主动性上，58%的大学生会主动打电话，29%的父母主动打电话，13%的双方持平，说明大部分大学生在与父母的沟通交流上表现得较为主动和积极，也是促进双方沟通的有利因素。由于在校生活的忙碌性或者活动安排的不合理，致使子女可能没有办法对父母的联系产生及时的应答，这种情况下，就需要子女在空闲的时间里主动联系父母，增强沟通频率提高沟通质量。

(六)矛盾因素较多并且缺乏积极有效的解决方法

与父母发生争执的因素调查中，比例从高往低依次是交友、功课、生活作息、未来志向、金钱和衣着打扮，以及10%的双方从来没有产生争执，可见双方的价值观具有一定程度的偏差，子女的交友和学习成为父母最容易产生意见的两个方面，也是子女最容易使父母产生不满的两个方面，说明父母对于在校学生存在有不安全感和不确定感。在沟通不良的解决方式上，35%的大学生选择改变沟通方式，25%的大学生选择听取父母意见，35%的大学生假装接受父母意见敷衍了事，5%的大学生大吵一架离开，表明有一半以上的大学生都会采取积极的方式解决沟通过程中所遇到的问题，将近一半的大学生选择较为消极甚至极端的方式，并没有解决问题反而阻碍双方的有效合理沟通。

五、建议及对策

我们有句古话叫做“工欲善其事，必先利其器”。让我们了解双方，学习先进的教育理念，才能建立良好的家长与大学生之间的关系。

(一)父母的信心与鼓励成就孩子的信心

现在的大学生，心理问题突出，自杀现象时常出现，其实很主要的一个原因就是自卑这颗定时炸弹引爆了，对自己缺乏自信，对未来缺乏信心，觉得自己做什么都做不好，受到父母的责备，所以才选择结束自己的人生。当代的大学生面对学业、人际关系、找工作等很多压力，如果父母不是采取继续施加压力，责备孩子怎么怎么样，而是采取发现孩子的长处，激发孩子的自信，帮助孩子面对与处理压力，或许孩子的选择就不一样了。

(二)态度决定一切

不同类型的父母同孩子交往，将会从根本上塑造不同的孩子自我的类型。因此父母必须保持正确的态度。但同样的，在我们此次的家长的问卷与访谈调查中发现，子女的性格对父母的态度也有影响，由于大学生已成人，性格基本形成，有时候对待事情有自己的想法，父母也无法改变，于是选择顺从或纵容的态度。在对家长的访谈中，很多父母都表示孩子都上大学了，很多事情根本就不听父母的意见，做家长的很多时候也无可奈何。子女常常抱怨父母不应该怎样做，却很少考虑自己的态度是否也刺激了父母，自己是否也有不对的地方。我们建议大学生们在抱怨父母的不理解之前要先以正确的态度与父母沟通。

下面是在一次调查中研究人员总结出的父母态度对孩子人格影响的结果，或许可以给父母们与大学生们-些提示。

父母态度	孩子人格
支配的	消极的、缺乏自主性的、依赖的、顺从的
干涉的	神经质、被动的、幼稚的
娇宠的	任性、放肆、幼稚、神经质、温和
拒绝的	自我显示、冷淡、乱暴的
不关心的	攻击的、情绪不安定的、冷酷的、自立的
专横的	反抗的、情绪不安定的、依赖的、服从的
民主的	合作的、独立的、坦率的、社交的等

(三)沟通是关键

在我们的日常生活中常常会遇到这样的事：孩子不说话，我们以为他同意了，但他很有可能正在思考如何回答，或是正在默默抗议呢。孩子顶嘴，我们以为他目无尊长，其实他只是情绪不好，想发泄一下。同样的，孩子也常会误会父母的意思，而做出强烈的情绪反应。父母太忙，孩子以为父母不爱我，他们不关心我。这些在生活里常常发生的阴差阳错，其实都是沟通不良惹的祸。子女的敏锐程度，常常超出父母的想象，他们可以知道父母是否是出自于真心抑或敷衍了事，一个表情、赞美、或眼神，都可以让孩子察觉出父母对他的看法，所以父母亲要注意，要用真诚来面对孩子。

请记住，父母要抱着厚望去教育孩子，而不是抱着欲望或野心，这样才能把孩子教好。当父母精心呵护孩子已有的兴趣，尽力激发和培养对孩子成长有利的新兴趣，让兴趣成为孩子最好的老师和最大的动力时，才能真正做到对孩子抱以发自爱心的厚望。

（四）正确的善待孩子

成长为一名大学生，子女们已进入到一个“小社会”，不在是家里受尽爱宠的宝贝。在这个特殊的时期，父母的善待不再是一味的保护，而应转变为体谅、尊重、锻炼。善待孩子，就是要体谅孩子，给予孩子自信，帮助孩子建立自己的尊严；善待孩子，就是要尊重孩子，在尊重中长大的孩子才懂得尊重别人；善待孩子，就是要锻炼孩子，教会孩子给自己鼓励，把孩子培养成敢于迎接困难和挫折的挑战者。通过平等的沟通、合理的引导来激励孩子乐观向上、健康成长，要让孩子了解到，他的感受对我们很重要，我们愿意倾听，更愿意去试着理解，我们是真的爱他、关心他。

（五）培养孩子适应生活的能力

1. 让感情成为行动的源泉

父母与孩子之间的亲情是一种积极的，充满深情的感情联系，它会让孩子产生安全感，有了这种安全感，孩子就能在陌生的环境中克服焦虑或恐惧，从而去探索周围的新鲜事物，并尝试与陌生环境接触，这样就可以使孩子扩大视野，他们的认知能力、智力都会得到快速发展。大学时期，是一般孩子第一次长期离开家庭生活，面对压力，也焦虑毕业后 要进入社会，如果有一个稳固的家庭，与家长间有深厚的亲情，那么孩子就会感到自己的背后有家庭这个强大的后盾与港湾，那么孩子就在大学更愿意尝试新鲜事物，更培养社交能力，面对挫折的时候也更从容。

2. 培养坚毅的性格，失败同样重要

意志品质主要在实践行动中培养，适当而道理足必安时，关键是实践。挫折教育无论是数量还是质量，都不应该超过必要的限度。在我看来，大学里，经受过多挫折的孩子大有人在，而大多数都人都不知道如何正确面对挫折。有的学生面对学业挂科、英语过不了级、宿舍成员不和等问题。家庭对子女进行理想教育时，要注意孩子的特点，要从爱护他们的自尊心入手。在这里，还要特别提醒家长注意一点，对子女不能放纵、溺爱。很多现实生活中的事实都说明；家庭优裕的生活，反而可能使孩子胸无大志，进取心不强。

3. 消除孩子心中的沮丧

大学生在远离家庭，承担压力时，往往容易情绪化。很多大学生在面对挫折时产生沮丧情绪。情绪，能够在几小时、几天甚至几个星期内控制和影响人的心境和感受。遇到不如意的事情时会出现心情沮丧，当人的情绪低落时，就会变得懒散、消极、闷闷不乐、丧失主动性，阻碍智慧与才能的正常发挥。这时候，如果一味地沉溺于沮丧中而不能自拔，便会影响身心健康。所以，当人误入情绪的低谷时，应努力尽早走出。

我们建议大学生在心情沮丧时多参加运动。研究表明，运动可以促进人体内生物化学反应变化、能提高心跳频率、促进血液循环。在所有自我控制情绪的手段中，运动是最有效的一种。

六、总　　结

成员一：

我们与父母亲两代人生长的社会背景是截然不同的。父母亲一代的思想相对单纯，思考问题的角度也深深印上了那一个时代的烙印。但是到了我们这一代，物质水平丰富了，精神生活也逐渐多了起来，独生子女的提倡更是让我们成为了父母亲手中的掌上明珠。我们很少能做到父母亲那一代人的艰苦作风，我们也很少能体验到长期吃不饱穿不暖的滋味。而且有父母亲的呵护，不需要承担挣钱养家的责任。同时我们面临的烦恼是新的问题，如何处理人际关系，如何面对严峻的就业形势，如何去识别外来信息的好坏，甚至如何去赶上这个世界变化的步伐。两个时代的人社会经历截然不同，所关注的事情重心也就不同，所担忧的事情也就不一样了。我们还发现男生被寄于厚望的比率比女生要高，但男生与父母沟通的时间、范围比女生要弱得多。虽然家长对子女期望过高的情况不算很严重，但是双方之间的沟通还是不足，子女对行业的选择很大程度上受着父母的左右的，在这方面，若子女的选择是父母不喜欢的，要尝试多些与父母沟通，解开他们的心结。而父母也应该从子女的角度出发，耐心听取子女喜欢的理由，从而帮助他分析好坏，不可以自己的观念强加在子女身上。再者父母充当万能者的角色也不利于子女的成长，一方面说明了父母讨分溺爱自己的子女，为子女包办一切。

成员二：

在学习工作和生活方面，彼此的交流基本不会存在太大的问题，然而在感情方面，在大学时期，父母与孩子在情感方面的沟通存在问题，大部分家长不能成为孩子情感高分期的倾诉对象，使得部分价值观具有缺陷的孩子，在遇到感情挫折时，容易出现跳楼轻生的极端现象，或者容有部分大学生对与父母沟通有烦躁心理，因此喜爱产生敷衍了事的心理。

成员三：

家长和子女之间存在代沟是在所难免的现象，但是这一正常的现象绝不能成为沟通不良的不正常现象的主导因素。双方应当增加对彼此性格、想法的容纳性而保持自身追求的相对独立性，子女应当去换位思考，接受父母的关心和保护，父母应当给予信心和宽容，成为其在求学乃至今后的工作、婚姻生活中不懈的精神支柱。

成员四：

百善孝为先，是中国自古以来的古训。那么，当代大学生该如何报答父母呢？成绩、常联系、报喜不报忧，我们不必想的那么高大，只要想想如何好好的对待世界上对我们最好的人，如何让他们开心，如何让他们觉得我们长大了不用再担心了，这就是我们对父母的最大的报答。

成员五：

父母在子女人生中应该充当怎样的角色，很多父母都有自己的意见。当子女做得不够好时，绝大多数家长会首先跟子女分析原因，而不是进行指责。现阶段的大学生与父母的沟通现状虽然仍然有所欠缺，但较以前来说也有了改善，双方都在学习进步，更多的交流，更多的理解与包容是家庭关系和睦的基础。

◎参考文献

[1]杨倩：农村与城市女大学生父母教养方式的研究.

[2]杨云云，佘翠花，张利萍．儿童青少年父母教养方式的城乡比较[J]. 山东师范大学学报(人文社会科学版)，2005(06).

[3]钱铭怡，肖广兰．青少年心理健康水平、自我效能、自尊与父母养育方式的相关研究[J]. 心理科学，1998(06).

[4]张运红．大学生心理弹性与父母养育方式的相关分析[J]. 中国中医药现代远程教育，2012(07).

[5]刘恋，葛喜平．大学生心理弹性与心理健康的相关研究[J]. 边疆经济与文化，2012(02).

[6]吴国平，普建文，马敬芝，段斌．儿童智力变化与父母养育方式的关系[J]. 临床医药文献电子杂志，2014(04).

[7]刘明波，李淑臻．大学生心理弹性与心理健康的关系研究[J]. 思想理论教育，2011(09).

[8]张运红．大学生心理弹性与父母养育方式的相关分析[J]. 中国中医药现代远程教育，2012(07).

[9]熊艳，曾婷．大学生与父母情感联系的调查分析[J]. 当代教育理论与实践，2015(08).

五位一体推进乡村振兴调研报告

成员：柯鹄　雷盼　周游　张维
指导老师：李敏

一、引　　言

1. 调研背景

“三农”发展举世瞩目，乡村振兴任重道远！党的十九大报告提出必须始终把解决好“三农”问题作为全党工作重中之重，实施乡村振兴战略，为新时代“三农”发展指明了方向，提供了遵循。十年来尤其是党的十八大以来，农业支持保护政策体系不断完善，强农惠农富农政策力度不断加大，为决胜全面建成小康社会和实施乡村振兴战略奠定了坚实基础。

2. 调研意义

实施乡村振兴战略，要有机结合贯彻“五位一体”发展思路。从农业现代化到农业农村现代化，“三农”工作的重心由经济发展拓展到经济、政治、文化、社会、生态各领域的发展，突出体现了“五位一体”的发展思路。通过此次深入农村，与农民深入交谈，了解农村在乡村振兴战略下发生的变化。联系切身实际体验，更好地学习思政课。

二、本调查基本情况介绍

（一）调查目标

以湖北省内多个农村地区为调研区域，尤其是组员的家乡以及周边农村，了解在乡村振兴战略下，各地农村联系“五位一体”进行建设的现状，并与本地以前状况进行对比。了解农村协调统筹经济、社会、政治、文化、生态五方面推进成果，结合农民自身实际情况对乡村振兴战略的看法，分析遇到的问题和解决的办法。

(二)调查时间表

调查工作的时间如表1所示。

表1

时间日期	工作推进
2018年4月18日	建立小组，确定负责人
2018年4月20日	每人给出选题建议并进行选题讨论
2018年4月21日	确定选题，讨论调查思路
2018年4月23日	确定调查思路，进行调查思路设计
2018年4月25日	确定分工并开会讨论调查采访的问题走向 以及问卷题目的设计思路
2018年4月26日	第二次讨论调查采访和调查问卷的设计思路
2018年4月27日	确定调查采访和调查问卷的问题设计，确定分工
2018年4月29日	小组成员提出方案微修改并集体讨论完善调查方案
2018年5月1日	各小组成员深入各自家乡农村进行调查采访和问卷调查
2018年5月3日	各小组成员整理各自采访记录和调查问卷
2018年5月5日	小组开会整合所有采访资料和问卷
2018年5月8日	负责人进行数据分析确定结论
2018年5月13日	小组开会讨论结果，分配论文撰写任务
2018年5月20日	小组进行论文汇总整合
2018年5月25日	小组开会讨论论文欠完善之处并提出修改意见
2018年5月29日	小组第二次开会完善论文，完成论文

（三）调查对象

湖北省武汉市金台村、江夏区金口街、大悟县石山村、竹山县宝丰镇小堰村、大冶市灵乡镇红峰村、南畈村六个地方乡村的农民。

（四）调查方式

采取问卷调查和面对面提问采访两种形式相结合的方式，了解问题及答案背后的真实想法及原因。

（五）调查整体数据统计

本次调查共发放问卷52份，回收52份，回收率为100%；有效问卷52份，有效率为100%。

（六）访谈记录

为了详细地了解新农村建设的现状，我们组从“五位一体”的总布局出发，从五个方面调查农民对新农村建设的看法。以下是从五个方面调查的记录：

①政治方面

为了解联系“五位一体”中的政治建设，我们采访了大悟县石山村村民张孝红，访谈记录如下：

问：你关注农村政策变化吗？

答：政策方面很关心，毕竟跟我们都有关系，现在国家好了，老百姓日子好过，肯定也想政策越来越好。多了解一下国家政策，看看有没有关系到我们生活的。这些年政策也发生了蛮大变化，没有了农业税，还倒给我们农业补贴，各方面补助也很多。

问：你觉得现在诸多政策里面对你影响最大的是什么？

答：那就是精准扶贫政策了，我家成为精准扶贫户已经有一年多了。精准扶贫确实让我家的日子改变了不少，最好的就是村里帮我家重新做了房子，我家养猪养鸡都给了补贴，读书的两个孩子每年学费减免，还会发钱给我们补助。每年村里都免费发油茶苗给我，政策还是非常好的。

问：你认为目前村委会还有村支部建设怎么样？

答：以前村里面有什么事情才会到湾里面通知一下。这两年就好了，每个村都有驻村工作组，经常有人到湾里来看一看，跟我们宣传政策。我们提建议也能听进去。我们也分不清村委会还有村支部，但是有一说一，现在农村村委会确实有很大进步。村委会也是我们自己选出来的，更民主了。

②经济方面

问：本村现在经济状况如何，较新农村建设以前是否有较大改观？

答：目前我们湾里有钱的也多，穷的也多，但是村民的日子都比以前好多了，家家户户有吃有喝。新农村建设确实好，我们这些没办法进城打工的人也落到了好处，最起码低保、精准扶贫起到了作用，让最穷的人日子也过得去了。

问：现在收入主要靠什么，在支出方面有变化吗？是否存在贷款呢？

答：主要是靠外出打工。支出方面肯定不一样，收入多了，有钱花，除了孩子读书和基本开销，很多钱都被用来搞生活，生病时虽然医保可以报销相当大部分，但花销还是很大。

③文化方面

此次调查了各个地方的农民关于社会主义新农村文化建设情况的了解和看法。

问：你对文化下乡了解多少？

答：这个以前就有，隔三差五的就有县里面的文工团下来给咱表演节目，那时候全村的人都会到村小学操场上聚起来。现在，表演的次数多了，节目好看，舞台也变美了，文工团还教一些舞蹈嘞。教了咱们一点东西，我们也能自娱自乐了。

问：村里面文化生活是怎样的？

答：也搞了一些形式，只有村委会有个图书室，哪个农民愿意跑十几里路去看书，这个搞得不实在。最多就是文化下乡到村里搞个电影看一看，再有就是过年时，村里组织一下花船，十五来个庙会。然而好多老手艺都基本失传了，比如说山歌、皮影，现在都看不到了。我觉得我们还是需要一些文化生活，在农闲时大家可以一起玩一玩，促进进一步交流。新时代的农民光会种地肯定不行，我们那时候是因为条件不好才没有读书，现在补一些回来也可以。

问：村里面的人受教育程度咋样？

答：这是大的变化，好多年前，村里人识字的不多，有文化的就更少。现在，国家对农村上学很重视。不仅如此，村里翻建了小学，都是新操场、新教室。前几年，我们村出了第一个大学生，可把我们高兴坏了。但是，我们这附近几个大村子，就只有一个小学，镇上也只有一个初中，除此之外，其他的都在城里。我们这初中的教育水平不行。

④社会方面

问：你对现在的农村医疗保险等社会保障其他方面的了解及看法？

答：医保的话，我们这片儿基本上都有。这当然离不开国家在这方面投入很大的财力、物力去建设。但是，当在大医院看病、做手术时，即使医保能报销一部分钱，但对于我们农民来说看病的总费用还是蛮高，并且乱收费现象还是很严重，而那些小药店纯粹是骗医保的钱。当然了，我对医保的看法是觉得还行，能报销就好。

问：你对留守儿童和空巢老人的看法，相对与以前有何改变？

答：造成留守儿童和空巢老人的原因主要是年轻人都去了外地打工他们一年也只回来个一两次，主要是春节，打电话也只是声音。现在好多了，许多五六十岁的回来在镇子旁的工厂上班，下班了也都是回农村家里；一些年轻人，尤其是年轻的父母，也都回到离农村较近的城市上班，每隔半个月或一个月回来几次。

问：你觉得这一片的“村风”怎么样？

答：除了有两家之前闹过纠纷外，我们村内部的风气总体上还是好的，经常这家窜那家的，过年的时候有时也会搞一次全村的团圆饭。相邻的村子之间多数也挺和睦的，除了那边有两个村子。本来两村之间的鱼塘和菜园被划分给了其中一个，但另一个村的人经常去捕鱼、偷菜，也因此两个村闹过很大的纠纷。我们这一片的人也都知道偷菜的那个村的风气确实不怎么好。

问：最近几年生产生活方式有变化吗？

答：肯定有啊，生产方式大进步。现在村里没有几头牛了，因为村村通公路，农业机械都可以直接进到田间地头，收稻谷小麦不用牛来碾了，都是收割机直接去田地里收，犁地、栽秧、种花生都可以用机械。至于生活，自然也是一年比一年好，家里吃肉不成问题，零食也多了，穿的用的新鲜玩意也多。

⑤生态方面

为深入了解农村农药使用情况、垃圾处理情况以及闲置荒地情况，我们对新农村居民个人进行访谈以得出更精准的结论，以下是对武汉市江夏区金口街某村居民进行访谈的节选内容。

问：你们村现在农药的使用情况怎么样，有没有什么污染？

答：以前农药用的多，对环境污染也蛮严重，水面上都是白色泡沫。现在好多地方都在搞生态种养殖，把鸡鸭赶到田地里，减少了农药的使用。

问：你们村里垃圾怎么处理的，有没有什么问题？

答：农村垃圾乱扔没办法，也没有集中处理的地方，多少年的习惯，就是堆在一起烧掉。讲究一点的就是装袋子送到远处扔掉，也没有说处理一下，这个还是要慢慢改变。

问：你们村有没有闲下来的荒地，都用来干什么了？

答：因为年轻人和中年人都外出打工上班，有的菜园、田地都荒了。现在有的家庭在荒地上种植一些经济类的树木，可以增加了一些收入。

访谈小结：新农村建设如火如荼进行，农民日子越过越好，这些得益于政策的变化。新农村政治建设虽然有进步，但是由于农村重点工作在于抓经济建设，因此忽略了思想政治建设，需要提高警惕。

三、关于五位一体乡村振兴的调查结果分析及统计情况

对问卷中有价值的问题进行选项的数据分析，附数据分析图(如条形图，饼状图等)。

调查对象基本信息的数据

调查问卷的性别比例：男性村民的人数占44%，女性村民的人数占56%，比较均衡。

(一)政治方面

问题一：你认为新农村现行各项政策好不好?

调查结果：

①政策好，落实到位：50%。②政策好，未落实到位：46.2%。③政策制定得不好：3.8%。

调查分析：以上结果表明农民对国家出台一系列惠农政策普遍满意，认为从其中落到了很多实处。但是与此同时也存在着问题，国家出台了政策，基层对于国家策略方针解读不到位，甚至是解读错误都将给农民带来困扰。有的政策因为村干部觉得执行过于麻烦，索性走形式甚至是不执行。

问题二：你觉得本村两委建设如何?

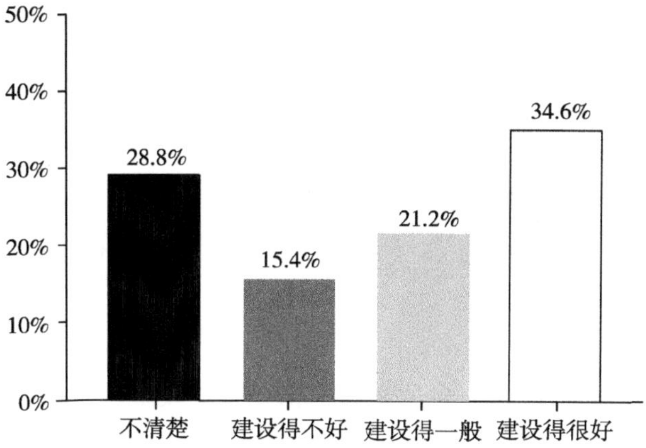

图1

调查分析：村民对农村两委建设不熟悉，从满意度来看只有小部分人对农村两委建设满意。从知晓情况来看，其中有相当部分群众不了解两委建设，说明农村两委建设以及宣传工作确实有待完善。

问题三：你平时喜欢关注政治吗？

没有这方面意识，因为不需要关心(51.9%)；有一点关心(38.5%)；很关心(9.6%)。

调查分析：农民普遍不关心政治，认为对于生活没有帮助，仅有少部分村民经常关心国家时政，觉得可以学习到或者是了解到一些信息。这一点与农民自身局限性有关，农民自古以来最关心的是自身温饱问题。

(二)经济方面

问题一：你对精准扶贫实施对农民经济的改善效果满意吗？

调查结果如图2所示：

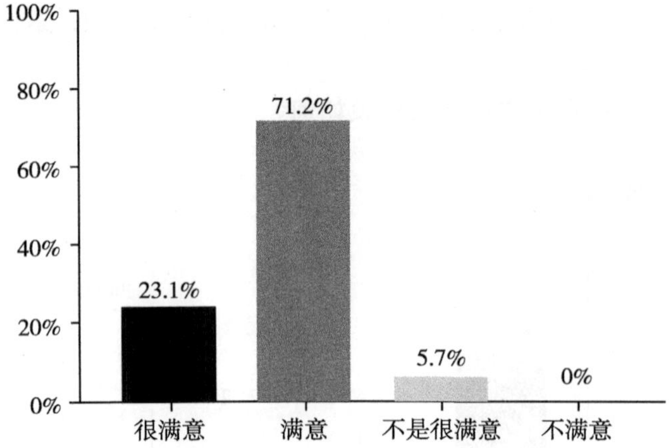

图2

调查分析：村民认为自从实施了精准扶贫政策后，扶贫的准确性和精准性都得到了很大的提高，更能够保障贫困户的生活保障，尤其是减轻了孩子上学的负担。在本次调查中村民对该政策的实施存在一定意见，其中表示主要还存在富裕家庭依然有领取国家补助的情况存在。

问题二：你的家庭存在贷款现象吗？你的贷款在于哪一方面？

否(9.6%)；是(90.4%)；房贷(53.2%)；车贷(14.9%)；教育贷

(21.3%)；创业贷(4.3%)；其他(6.3%)。

调查分析：具体表现为收入虽然提升了，并且家庭部分老人拥有退休金和养老金及家庭获得了土地补贴，但是各种物价上涨和开销增多，尤其在看病方面支出不定。各项因素致使纯正收入依旧没有太大的改善。此外农村存在很多的贷款现象，其中主要发生在家庭买房和读书贷款以及购车贷款上。

问题三：你对本村的各种生产改善有了解吗？有亲身投入过到本村的农业生产工业化建设当中吗？

了解：有(90.4%)；没有(9.6%)。投入：有过(57.7%)；未投入(42.3%)。

调查分析：大部分对本村一些生产方式的改善有很大的了解，但是只有一部分的人亲身投入到该村的生产建设中，集体表现在大家参与的积极性不高，对于结果的关注远远高于对建设过程的重视。

(三)文化方面

问题一：村里面的娱乐活动有哪些？

调查结果如图3所示：

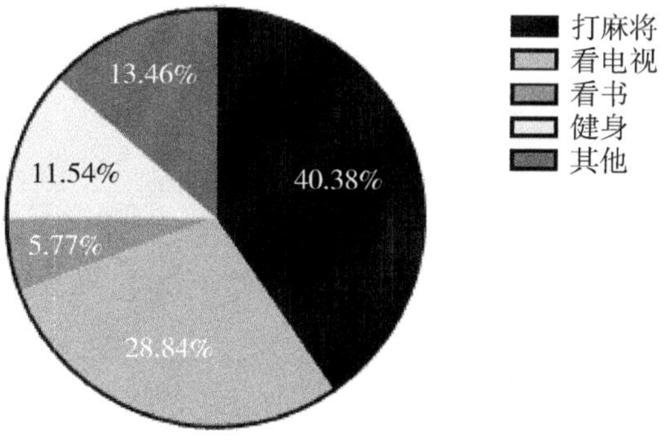

图3

调查分析：由调查结果显示，打麻将为主要活动，其次是看电视或电影，仅有少部分的人以看书、健身进行娱乐。可以看出，农民的文娱活动相对比较丰富，涵盖了各种方式。但是，大多数村民选择的看电视甚至打麻将的娱乐方式还是不健康的，此外，健身、看书等这些有益于身心健康的方式并未被大多数村民所使用，这其中仍存在较大问题。

问题二：村民参加文娱活动：一周2次以上(38.46%)，一周1次(28.85%)，半个月1次(28.85%)，一个月一次(3.85%)。

参加文娱活动的群体：10周岁以下（15.38%），11—18周岁（15.38%），19—30周岁(9.62%)，31—60周岁(53.85%)，60周岁以上(5.77%)。

调查分析：大多数的村民都能进行适当的文娱活动。与此同时，也存在着少部分的群体半个月甚至一个月才进行一次文化活动。而在文化活动的参与人群中，主体大多是中年人，其中又以妇女居多，由于村中的年轻人大多是上学或是外出打工，使得这部分人在乡村文化活动中的参与度不高，而60岁以上的老年人几乎都没有参加文化活动，这是亟待解决的问题，除去身体的原因，更为主要的是没有人带领他们进行活动。

问题三：村里面文化设施建设情况？

调查结果如图4所示：

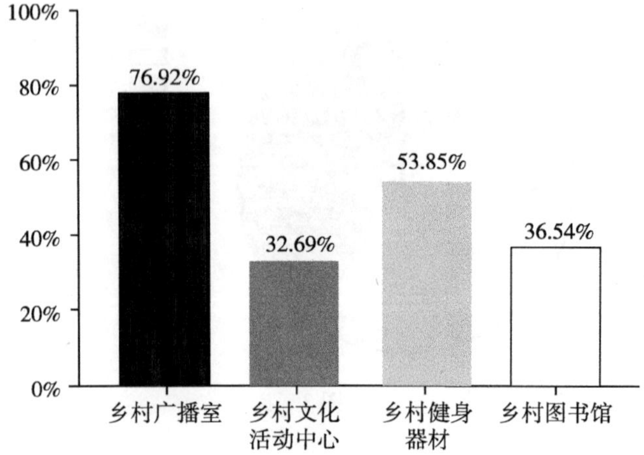

图4

调研分析：对于文化设施建设方面，我们发现在乡村广播室的建设上，各个乡村做的都很不错，而与农民们知识获取直接相关的文化活动中心以及乡村图书馆，情况不容乐观。仅有少部分的村子做到了建设，而更多的村子缺少这方面的投入，导致这方面问题持续存在。乡村健身设施做的中规中矩，但是仍需要尽快给没有配备相关资源的村子进行健身器材的配备。

(四)社会方面

问题一：你对医保等社会保障的满意度？

调查结果如下：很满意(9.61%)；满意(65.39%)；一般(21.15%)；不满意(3.85%)。

调研分析：大多数的农民对农村医保等社会保障有很高的满意度，他们认为在看病时可以报销一部分钱已经是很好了。有些农民表示一般。仅个别农民认为在大医院看病时报销前后没有多少区别，都是高费用，还有乱收费现象，而且有些医院和药店只是部分报销或者根本不报销，甚至有的纯粹是骗医保的钱。

问题二：你们村前几年外出上班，打工的人回家的次数？

调查结果如图5所示：

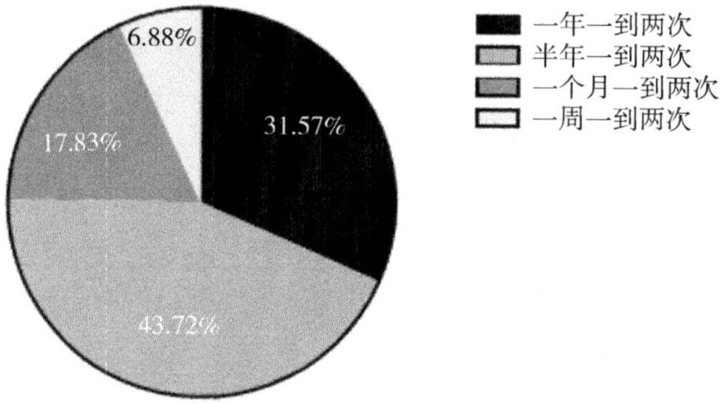

图5

问题三：你们村近几年外出上班，打工的人回家的次数？

调查结果如图 6 所示：

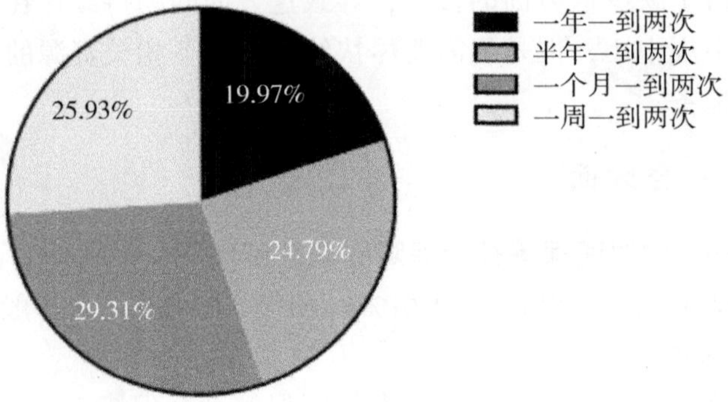

图 6

调研分析：随着整个社会的发展和新农村建设的推进，农村及其周边的经济相对于以前也在增长，更多的农村人选择在离农村较近的、有稳定收入并能照顾家里的城镇工作，因此回家的次数也就增多，意味着照顾老人和小孩的机会增多，减少了留守儿童和空巢老人出现的几率，亲人之间的沟通增多，家庭也就更稳定。

问题四：你对社会基础建设的满意度。

调查结果如下：很满意(32.69%)；满意(50%)；一般(11.54%)；不满意(5.77%)

问题五：你主要对哪些方面表示满意？

调查结果如下：水电(28.57%)；B 交通运输(20.15%)；通信网络(33.94)；运动设施(11.58%)；其他(5.76%)。

调查分析：大部分的农民对社会基础建设有较高的满意度，他们能够感受到新农村建设带来的许多惠利，农村的各个方面都在发展。在满意的主要方面，大多数农民表示对直接关系到生活的水电、交通、网线方面很看好，小部分农民则是在运动设施等其他方面。然而，有个别农民表示不满意，他们说道新农村建设虽好，但在建设中有的要拆掉原有的一些东西而造成不便(比如：电线路改造造成断电、马路改建重修导致道路变窄等)，并且建设的过程很缓慢，部分地区明显就是豆腐渣工程，这些已严重影响他们的生活。

(五)生态方面

问题一：你认为新农村建设以来，村民的环保意识有怎样的变化？

调查结果如图7所示：

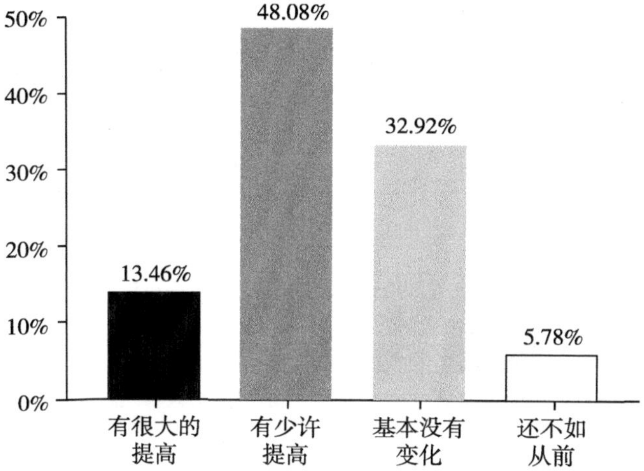

图7

调研分析：一方面说明新农村建设以来，农村居民环保意识还是有一定提高的，但另一方面也说明村民环保意识的提高还不够，有少许提高占大多数。

问题二：现在村里的农药使用情况比起以前怎么样？

调查结果如下：A. 比以前用的多了(0%)；B. 和以前一样(9.62%)；C. 比以前用的少了(71.15%)D. 已经不用了(19.23%)。

调研分析：现在农村农药使用量已大大下降，根据访谈情况，有部分新农村地区已经开始实施“稻鱼虾”一体化种植，杜绝了农药的使用。

问题三：你们村现在垃圾是怎样进行处理的？

调查结果如下：A. 直接不管（15.38%）；B. 集中焚烧（36.54%）；C. 垃圾车拖走（44.23%）；D. 集中填埋（3.85%）。

调研分析：虽然在大部分新农村地区已经实现垃圾现代化处理，但部分地区仍是采用集中焚烧的污染方法处理，这给新农村生态环境带了不好的影响。、

问题四：你们村闲置的荒地都用来干什么了？

调查结果如图 8 所示：

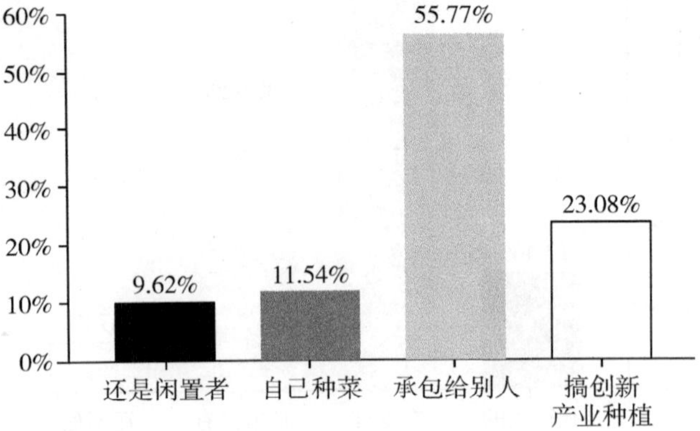

图 8

调研分析：大部分农村闲置田地都被用来承包给被人，有部分村民选择了创新产业种植。可见农村荒地问题亟待解决，只有坚持创新发展理念。

四、本调查所发现的问题

（一）政治方面

1. 干部队伍水平有限

农村地区当地选举出来的村级干部大都是当地原住民，虽然了解当

地情况，但是综合素质较低，不能用科学的眼光来看待问题、解决问题。对于上级所发布的文件及传达精神，不能很好掌握，在政策实施过程之中，不能灵活运用。

2. 农村两委建设状况不佳

部分农村党员干部认为基层干部就是上传下达，认为把要求完成的任务完成就是尽职尽责，从而忽略了学习的重要性，认为党的理论学习就是走形式，没有实质作用。甚至是把学习理论当作是一种负担。平时为学习举办的活动不能起到教育作用。农村党员干部基本都是来自于当地，其中有些将心思就主要放在私事上面，缺乏纪律观念。

(二)经济方面

1. 农民收入偏低，城乡居民收入仍差距明显

自我国改革开放以来，国家出台了很多扶农政策希望以此来缩小城乡贫富差距，但农村和城镇的发展依然呈现一种不平衡的现象，城市的各项收入远远高于农村，且随着时间的推移，其中的差距不断拉大。目前，我国农业相关产品大幅涨价，农业的低收益使得农村中大部分人口都迁入城镇，而农村发展正反馈减弱，发展差距进一步拉大。

2. 农民的积极参与度以及对新农村经济建设的政策关注度不够

大多数农民因为存在一定文化程度的限制，对政策相关问题不能有较深较全面的理解，不会对媒体有太多的接触，同时平时对政策实施农民一般只会了解实施效果，对于政策实施过程不会有太多的关注。对于参与度，农民积极性不高，具体表现在各干各的，自保自家的生产，满足现状。

3. 新农村建设范围广、对象复杂、难度大

我国大部分地区依然以农村存在，我国幅员辽阔，文化繁衍甚多，各个地区文化差距很大，进而演变成各种人性化生产发展进度和要求不同。我国在此需要更多的投机建设，虽然我国很多地方正在进行着各种农村发展建设，但由于差距太大，其发展程度和效果不甚很好。总之表现在地区差别太大建设不均匀。

（三）文化方面

1. 文化建设投入经费不足，文化基础设施薄弱

文化建设其实是五位一体建设中重要组成部分，可是很多村子却抱有错误的老观念——认为文化建设可搞可不搞，导致很多村的文化建设只是一些流于形式的东西，真正的在文化建设上的投入微乎其微。文化活动、文化设施的建设没法开展，农民的文化水平也和城市一步步拉开差距。

2. 农村文化工作队伍素质不高，管理体制落后

农村文化工作队伍的素质普遍不高，表现在其知识学历的低下、能力的欠缺，无法提供相关文化知识，更不能带领农民们开展符合新时代的文娱活动。结果就是农民们自娱自乐的活动，但是由于其缺乏创新，缺少吸引力，参与度也很低。

3. 文化发展程度不平衡，群众文化生活差异较大

在一部分经济发展较好的地区，能够进行一些有意义、符合新时代要求的好的文娱活动，这些地区的村民普遍能够参与到活动中，享受到新时代的新兴思想、文化。可是，在一些经济欠发达、偏远的山区，没有一定的人员组织，没有经费的投入，导致这些地区很少、甚至没有人进行文化活动。这种差距使得这两类地区人民的精神世界差距越来越大，文化发展也是天壤之别。

（四）社会方面

1. 农村医药资源分配不合理，建设力度不足

相比于城镇，农村的医药资源缺乏，医师不足，医疗水平较低。这导致了农村人得了小病就拖或是去小诊所，大点儿的病症就去远一些的城镇里的大医院治疗这一现象。而诊所的医生往往都是通过经验来给患病的农民看病，他们在疾病信息的更新这方面远不如城镇里的医生，因此有许多误诊的情况。

2. 新农村建设的进程缓慢，严重影响农村人民的生活

在道路重新修建过程中，由于原来的双股道变成单股道，加上建设进程的缓慢，经常造成堵车现象。以及有些是豆腐渣工程，修好后没过两年就被压坏，不能行车。另外，安装在道路一旁的路灯，部分也存在质量问题，经常闪灯，甚至不亮。有破损的运动器材也无人维修。

3. 新农村建设在教育方面也存在不足

农村一直都是教育资源匮乏的地区，学校数量少。对于由爷爷奶奶照顾的农村子女，他们和爷爷奶奶在书本知识上的交流存在断层，上学读书也只能去附近的镇子。有的在学校住宿，农村家里便只有爷爷奶奶或其中一方。这些农村子女虽然早当家，但文化知识的积累严重不足。

(五)生态方面

根据调研结果及相关资料整理，新农村生态建设中的主要问题来源于村民环保意识不够、垃圾处理方式落后、种植产业缺乏创新性等。

1. 村民环保意识没有根本性提高

提高环保意识是新农村生态建设重要内容，村民的环保意识落后。自然不会重视生态建设，导致垃圾处理仍采用焚烧方式，对农村生态造成严重污染，不利于可持续发展。

2. 种植产业缺乏根本创新性

现在大部分农村地区种植产品大多千篇一律，农民仅能够获得利润微薄，有时甚至面临亏本危险。久而久之，农民外出打工越来越多，荒地问题日渐严重。

五、建议及对策

(一)政治方面

(1)进一步加强对村级班子建设的重视和领导。

一是要有序科学指导农村基层干部队伍建设，党建工作是首位，只有支部建设好，才有辐射带动作用，要求党委书记负责制，他们是支部第一负责人，要起到带头作用。二是要完善制度，要把制度落实，就要不断完善制度。要求结合当地实际，制定出一系列科学的奖惩制度，值班制度，考核制度，始终把制度牢记在心。三是要营造村两委良好的工作环境，上级领导要大力支持基层干部，执法机构要保证村干部合法权益不受侵害，树立典型，并利用媒体向社会推广，营造良好的工作氛围。

(2)加强农村干部队伍培养和管理。

要不断发现和吸收农民中的优秀人员，为选拔培养村级干部做准备。要建立巡视考察制度，上级考查基层工作要成为常态，落实各项管理管理细则，强化监管措施，发现问题及时整改。明确细化各干部工作职责，保证权力正当行使。要充分发挥党校作用，定期对基层干部队伍进行培训并进行理论考核。

(3)提高村干部的经济待遇，激发基层干部干事创业的内在活力。

农村地区整体收入过低，两委也是来源于普通村民，之所以很多有能力的人不愿意出任两委，很大原因就在于收入过低，付出不能得到等价回报。因此改善基层干部待遇也尤为重要。要确保合理薪酬，让广大基层干部拥有充分的获得感。

(4)细化办法，加强基层党建工作考核力度。

要按照“细化、量化、科学化”的要求，合理确定乡镇党委和农村党支部承担的党建责任目标。要建立奖惩机制，对完成责任目标好的，给予物质和精神奖励；对于不能完成的，实行末位淘汰、黄牌警告、诫勉谈话等制度，并与工资待遇挂钩。

(二)经济方面

(1)增加农民工资性收入。

大力发展农村本地经济加强对村农民的技能和素质培训，提高其产业输出能力和工作效率，增大发展力度。同时政府加大投入力度，加强对农业生产的扶持，促进人才的农村回归，加强对经济发展的动力促进。增加农民收入，提高生活保障。在医疗保障和社会保障上增加其福利收入，解决部分经济支出问题。

(2)持续加大对“三农”的投入力度。

对农村种植产业和水养产业增大基础投入，为村民配用现代化机器生产模式，提高其产品输出量。鼓励农民配合进行乡村建设，包括学校教育，农村医疗，道路建设，环境建设，给与农民一定的保障和回报，激发农民参与热情。加大农村农村基础建设和公共建设的投入用以扶持现代化农业的生产。

(3)稳步提高农业综合生产能力。

生产人员上，主要对农民加强能力培训和提高要求；对于生产规模加强生产投入力度合身产规模的改建；在生产方式上，采用农业合作生产的方式，以小组为单位进行开展和任务分配，厂长带动组长，组长带动组员，逐渐扩大和完善生产规模；生产条件上，政府加大资金投入，为农业生产助力更高的工业水平，将农业建设成为更高规模的产业。

(4)坚持多业并举，兴办村办企业，增加集体收入。

积极引导乡村发展以市场建设为主，以经济效益为重点，充分发挥各地的发展优势，坚持多种工业共同合作发展，形成各具特色的发展道路。一是资源开发型。以当地资源建设沙石场、红砖厂、木材加工厂等，变资源优势为经济优势。二是加工增值型。以当地的产品优势和劳动力优势，实现农副产品加工增值。三是综合服务型。利用地理优势，兴办商贸工业、三产等综合服务企业，增加集体收入。

(三)文化方面

(1)大力发展农村群众文化，提高群众的参与程度。

人民是农村文化建设的核心，只有让群众享受的、觉得有意思的活动，才能真正吸引他们。比如广场舞，由年轻人带队，教中老年人跳舞，不仅仅使得广场舞美感上上升了一个大的层次，更重要的使得越来越多的人参与其中，发展了这项活动，也传播了积极、健康的思想。很多传统活动都可以像这样利用时代的便捷，改头换面、焕发全新活力。

(2)加大文化建设的资金投入，给农村文化建设更多政策支持。

资金投入不足是制约农村文化建设的最大问题。一方面，村中思想上的落后要求我们要改变村中原有的思想，把文化建设列到与经济建设同等的位置上，从根本上重视它。另一方面，文化建设光靠群众自己是很难组织和发展的，国家应加大对于这方面的投入，不仅仅要给予资金上的支持，更需要做的是专业知识人才的引进，让拥有先进文化的人深入乡村，传播文化，带领村民们扎实奋进。

(3)建设农村文化活动平台，借助各种载体，丰富农民文化生活。

由村或政府牵头，建设农村文化活动平台，组建相关的文化活动队并规律性的参与到文法活动当中，形成一支稳定的、有力量的队伍。同时，利用新媒体、新媒介等开展我们的新乡村文化活动，让村民们对创新的活动产生不一样的认识。此外，对传统文化进行创新，这是一种继承和发展，能让更多人参与其中，让村民们感受到文化的多样性带来的乐趣。

(四)社会方面

(1)调整医药、医师资源的分配，加大农村医疗资源的投入。

医药一直都是农民关心的一个重大问题。只有调整好医疗资源的分配，加大农村医疗资源的投入，农民才能够少花一些冤枉钱，也就能够切实地感受到医保带来的好处；也就没有了对患疾病的忍耐，减少了病情恶化的几率，不再对患病感到担心，从基础上提高了农民的生活质量。

(2)政府应加大对新农村建设的管理，定期检查与维修，并密切关注农村人民的生活。

管理力度的加大，能够使新农村建设在更有序、更有效、定期、不影响农村人民生活的基础上进行。定期检查与维修也是对新农村人民生活的一种“保质”。密切关注农村人民的生活，有助于政府能够及时得到农村人民生活的反应，实现双向沟通，互助进步，共同打造美丽的新农村。

(3)结合农村教育的状况，合理兴办学校，使农村子女都能够接受教育，从中受益。

文化教育也是农村人民关注的另一个重大问题。农村人民也希望自己的子女能够成才，有知识。因此，针对农村子女大多都是读幼儿园、小学的年龄，在农村合理地新办学校(尤其是幼儿园和小学)，在附近的城镇办中学，构建完整的教育体系，就能够使这一片的农村子女都能够接受到教育并从中受益。农村的人民也就会对此感到满意。

(五)生态方面

新农村生态建设最根本之道是提高农村居民环保意识。

①减少农药使用，现在不少新农村地区已经推行稻鱼虾一体化种植，既减少了农药化肥的使用，又最大限度的利用土地增加收入。

②采用现代化垃圾处理方式，就地焚烧垃圾对农村生态环境造成了严重污染，也不利于农村长久可持续发展。与现代化垃圾处理方式接轨，是新农村生态建设必不可少的部分。

③加强村民环保意识，采用集中宣讲的方式，为农民普及基本环保知识，得知环境污染的危害，从源头上加强新农村生态建设。也要辅以创新环保型发展策略。

六、如何实际作用于乡村振兴

农村地区建设问题不仅仅是一个地区的问题，需要全社会共同努力，将大学与乡村振兴相结合，为小康建设引入新的动力。大学学科专业团队结合当地实际精准设计，深入了解，针对脱贫致富的各个关键环节，逐步探索出“五位一体精准扶贫，协调推进乡村振兴”的可行模式，发挥“村+校”优势，携手努力共同建设社会主义新农村。

(一)“村+校”模式共建增值平台

没有实地考察，就没有话语权。每年学校都会组织社会实践活动，经过深入基层走访，已经逐步摸清了村里的“底细”：三农发展存在很多问题。大学生虽然缺乏实战经验，但是对于网络平台建设方面具有村干部不及的优势，可以携手驻村干部抓住“互联网+”新经济的发展机遇，利用学校产品设计、市场营销等学科优势，发现农村地区的资源，并通过网络销售等多种渠道进行致富。

(二)教育为先阻断贫困传递

贫困乡村的发展，长远来说，唯有依靠教育水平的整体提升，不断输出人才。农村教育底子差，而教育扶贫正是大学的优势所在。学校以村民教育为切入点，设立各项教育奖助学专项基金，鼓励和支持贫困学生努力完成学业，让下一代掌握更多知识技能。

(三)社会工作搭建支持网络

农村大量青壮年外出务工，老残病弱成为村里主要人员，也是脱贫攻坚战重点帮扶对象。帮助村民从思想观念转变、提升脱贫主动意识、强化脱贫内生力是大学扶贫首先要做的工作。

学校可以通过协助村民搭建“家庭—社区—政府—社会”的支持网络，推动贫困户依靠社会资源，自助组织力量发展，帮助贫困户实现本村就地就业，自力更生，从源头解决问题，增加贫困户收入，让更多的村民脱贫致富。

(四)大学生村官助力农村发展

根据国家出台的有关推进大学生村官建设的政策。不少大学毕业生回到了农村居委会工作，更加亲近农民，了解实际情况，积极思考策略，为农村增添新面貌，为其发展注入新动力。

七、总　　结

雷盼：本次和村民近距离一对一谈论农村发展问题，确实体验到了农民的不易远超我平时所见所想，农村工作难以开展，农村问题日益突出。国家富强了，农民日子自然好过了不少。但是城乡发展的不协调，也使贫富差距不断拉大，青年一代肩上担子很重，农民的孩子有责任通过自己的努力让农民的日子越过越好。

周游：从本次调查中，我发现农村的工业生产化得到了最大程度的发展和改变。但其中依然存在些许问题，解决“三农”经济问题仍然是一个长期且艰巨的任务。本次社会实践中我们直接面对农民进行交流。了解了当前新农村建设的一些具体情况。同时也锻炼了我们的合作能力。

任泉：此次调查，我们采取分工合作的方式，我们深入乡村，与村民们进行真诚地沟通。在这个过程中，我们真切的感受到了农民的淳朴与热情，也同时发现了他们的苦楚。谢谢这次活动，让我理解了团队合作的重要性。

柯鹄：这次的实践调查，使我对农村有了更深入的了解和更深刻的印象，对农村的各个方面有了一个大概的把握。随着国家着力大搞新农村建设，我的心里的确感到很高兴，也希望农村能够大力发展起来。

张维：这次"概论"的实践活动，真正深入到农村去实地调查，才发现农村的现状和自己的想象有很大出入。大部分田地都承包给别人，单纯种菜甚至养不活一家人等等现状，都让我认识到我国改革发展在农村地区的不全面和不均衡。唯有切身实践了，才能得到最真切的感受。

◎参考文献

[1]符开玉：《浅谈新农村经济建设问题》(中共遵义县委党校，贵州，遵义 563100)。

[2]唐任伍：《我国城镇化进程的演进轨迹与民生改善》，《改革》，2013 年第 6 期。

[3]韩长赋：《大力实施乡村振兴战略》，《党的十九大报告辅导读本》北京人民出版社，2017 年《三论乡村振兴》，《农民日报》，2018 年。

[4]习近平：2014，《习近平谈治国理政》，北京：外文出版社。

[5]习近平：2017，《习近平谈治国理政》(第二卷)，北京：外文出版社。

[6]赵永平、王浩：2017，《擘画新时代"三农"的壮美图卷——从乡村振兴战略展望我国农业农村现代化前景》，《人民日报》，2017 年。

[7]田小林：《从"五位一体"看乡村建设价值和思路》，《中国集体经济》，知网。

[8]王素斋：《五位一体战略布局下的农村调查研究》，《社科纵横》，2016 年。

附录

调查问卷样表

1. 你认为新农村现行各项政策好不好？
   A. 政策好，落实到位　　B. 政策好，未落实到位
   C. 政策制定得不好
2. 你觉得本村两委建设如何？
   A. 不清楚　　B. 建设得不好
   C. 建设得一般　　D. 建设得很好
3. 你平时喜欢关注政治吗
   A. 没有这方面意识，因为不需要关心
   B. 有一点关心　　C. 很关心

1. 你对精准扶贫实施对农民经济的改善效果满意吗？
   A. 很满意　　B. 满意
   C. 不是很满意　　D. 不满意
2. 新农村建设以来你对家庭的经济改善表示满意吗？
   A. 很满意　　B. 满意
   C. 不是很满意　　D. 不满意
3. 你的家庭存在贷款现象吗？你的贷款属于哪一方面？
   A. 房贷　　B. 车贷
   C. 教育贷　　D. 创业贷
   E. 其他

1. 村里面的娱乐活动有哪些？
   A. 打麻将　　B. 看电视或者看电影
   C. 看书　　D. 健身
   E. 其他
2. 村里面年轻人的受教育程度？

A. 小学　　　　B. 初中

C. 高中　　　　D. 大学及以上

3. 村里面文化设施建设情况？

A. 图书馆　　　　B. 广播室

C. 文化活动中心　　　　D. 健身器材

4. 对于传统文化的继承与发展的看法？

A. 担忧　　　　B. 乐观

C. 无关紧要

1. 你对医保等社会保障的满意度。

A 很满意　　　　B. 满意

C. 一般　　　　D. 不满意

2. 你对社会基础建设的满意度。

A 很满意　　　　B. 满意

C. 一般　　　　D. 不满意

3. 你们村前几年外出上班、打工的人回家的次数。

A. 一年一到两次　　　　B. 半年一到两次

C. 一个月一到两次　　　　D. 一周一到两次

4. 你们村近几年外出上班、打工的人回家的次数。

A. 一年一到两次　　　　B. 半年一到两次

C. 一个月一到两次　　　　D. 一周一到两次

5. 你主要对哪些方面表示满意？

A. 水电　　　　B. 交通运输

C. 通信网络　　　　D. 运动设施

E. 其他

1. 你认为新农村建设以来，村民的环保意识有怎样的变化？

A. 有很大的提高　　　　B. 有少许提高

C. 基本没有变化　　　　D. 还不如从前

2. 现在村里的农药使用情况比起以前怎么样？

A. 比以前用的多了　　B. 和以前一样
C. 比以前用的少了　　D. 已经不用了

3. 你们村现在垃圾是怎样进行处理的？

A. 直接不管　　B. 集中焚烧
C. 垃圾车拖走　　D. 集中填埋

大学生对高校思想政治理论课满意度的调查

成员：黄梦婷　李书白　郑升珲　易梦瑶　付尧飞
杜哲宇　王　茜　李文章　袁泽豪
指导老师：王晓曦

一、引　　言

（一）本选题的背景

高校思想政治理论课是以思想政治教育为客体的综合性应用学科，全国每所高校都开设了思想政治理论课，并将此门课程设置为基础学科、必修课程。思想政治理论课是高校思想政治教育的主渠道、主阵地，对高校大学生的发展具有极大的促进作用，主要体现在确立高校大学生正确的世界观、人生观、价值观，提高个人的知识储备量，提高个人的思想道德修养，提高个人社交能力和拓宽个人视野。[1]

（二）目的

正所谓育德为先，思想政治理论课是一门提高大学生理论水平，以及加强思想品德教育的重要学科。在校的大学生们对于思想政治理论课有着褒贬不一的看法，有热衷也有敷衍，因此，我们针对武汉科技大学在校大学生对思想政治理论课的态度满意度进行了调查，并将调查结果逐一分析对比，发现了目前思政课教学中存在的一些问题，以及主要存在的两个矛盾，并据此提出了一些提高大学生对高校思政课兴趣的方法与意见，增强思政课的课程效果，调动学生的学习兴趣，也希望通过本次调查结果，呼吁在校大学生能够加强思想政治理论课的学习，体会到政治理论课的重要性与必要性。

二、调查基本情况介绍

(一)调查对象

武汉科技大学在校学生。

(二)调查方式

借助“问卷星”网络调查平台，制作电子问卷，通过社会化媒体进行传播。

(三)发放回收问卷的数量

通过“问卷星”网络调查平台，共收获电子问卷256份。

(四)问卷展示(见附录)

通过对武汉科技大学在校学生的思想政治理论课的满意度进行调查研究，从学生对思想政治理论课的满意度总体现状以及可能造成学生满意度差异的成因(学生)进行了分析，并根据分析设置相应的问题进行调查。希望通过调查结果呼吁在校大学生能够足够重视政治理论课，体会到政治理论课的重要性与必要性。

三、调查数据分析

(一)学生基本情况调查

1. 您目前所处的年级为?(单选)

A. 大一(14.45%)；大二(79.38%)；大三(4.28%)；大四(0.78%)；研究生(1.17%)。

2. 您的性别是?(单选)

男(40.86%)；女(59.14%)。

3. 您所在的专业属于哪个学科门类？(单选)

哲学(1.56%)；经济学(6.61%)；法学(2.72%)；教育学(1.17%)；文学(2.33%)；历史学(0%)；理学(9.34%)；工学(34.63%)；农学(0.39%)；医学(4.28%)；管理学(36.58%)；军事学(0%)；艺术学(0.39%)。

4. 您的政治面貌为？(单选)

预备党员(7%)；共青团员(87.16%)；群众(5.06%)；正式党员(0.78%)。

5. 您是否为独生子女？(单选)

是(46.69%)；否(53.31%)。

(二)满意度情况调查

6. 您对已学或正在学习的思想政治理论课的感兴趣程度？(单选)

非常感兴趣(15.56%)；比较感兴趣(10.12%)；一般(40.86%)；比较不感兴趣(22.18%)；非常不感兴趣(11.28%)。

从调查数据可以发现有33.46%的学生对思政课的兴趣程度较低，25.78%的学生对思政课比较感兴趣，40.86%的学生对思政课的兴趣程度一般，总的来说，学生们对思政课的接受情况较好。据张焕庭在《教育辞典》中写道："学习兴趣是人对学习的一种积极的认识倾向与情绪状态。如果一个学生对某一学科有兴趣，他就会认真努力地去研究，从而提高学习效率。"在无其他条件影响的情况下，学生们会对课堂内容有更深刻的印象。

7. 您对教师教学方法的满意度？(单选)

非常满意(9.34%)；比较满意(14.01%)；一般(37.35%)；比较不满意(28.02%)；非常不满意(11.28%)。

从以上的数据可以看出，有39.3%的学生对于教师的教学方法的不是很满意，只有23.35%的学生认为教师的教学方法尚可，虽然有37.35%的学生觉得教师的教学方法一般，因此从总体数据上看，教师的教学方法无太大问题，但是必须考虑到中国人的中庸主义，教师的教学方法需要进行改善提高。

8. 您觉得这些课的实践活动有必要吗？(单选)

非常必要(14.01%)；比较必要(13.23%)；一般(26.85%)；没太大必要(26.46%)；完全不必要(19.46%)。

从以上数据可以看出，只有19.46%的学生认为思政课的实践活动毫无必要，其他学生认为思政课的实践活动有其一定价值，因此，需要将思政课的实践活动持续下去，引导学生们将理论联系实际，提高关注社会、关注现实的热情和能力，了解国情、社情、民情。

9. 您对已学习的思想政治理论课的教学效果的满意度？(单选)

非常满意(11.67%)；比较满意(13.62%)；一般(35.02%)；比较不满意(26.85%)；非常不满意(12.84%)。

从上可以看出，超过一半的大学生对思想政治理论课的教学效果还是比较满意的，虽然还是有39.69%的学生对思想政治理论课的教学效果有所否定，因此教师需要采取一定措施以加强思想政治理论课的教学效果。

10. 就您所上的高校思想政治课，您认为这些课程是否估计到了大学生的自身需求？(单选)

完全不符合(12.06%)；不符合(14.79%)；一般(33.46%)；比较符合(26.85%)；非常符合(12.84%)。

从上述数据中，大多数学生还是觉得高校思政课满足了他们的自身要求，对课程内容的安排还是觉得很合理的。

11. 您觉得哪门高校思想政治理论课对您的价值观影响最大？(单选)

思想道德修养与法律基础(26.85%)；中国近代史纲要(21.79%)；马克思主义基本原理(20.62%)；毛泽东思想与中国特色社会主义理论体系概论(30.74%)。

可以看出，大多数学生对毛泽东思想与中国特色社会主义理论体系概论这门课的认同度是最高的，可能是因为经过了前面三门课程的过渡，同学们在政治意识这方面有了一定程度的提高。

(三)教学情况调查

12. 您在理论课上是会对老师传授的知识全盘照收，还是会深入思考有自己不同的见解并且与老师交流？(单选)

全盘照收，书上的都是对的(3.5%)；有所思考，但会很快打消想法(40.08%)；有所思考并且与老师深入探讨与研究直至解决问题(25.29%)；无所谓，管它怎样，考试能过就行(26.46%)；其他(4.67%)。

以上数据表明，大多数学生在上思政课的时候还是会有所思考的，但是可能会随着课程结束而立即打消想法，也就是说，不考虑课堂学习过程中的思考，有70.04%的学生对老师传授的相关知识无动于衷。对于选项“其他”，本题设置了一个选填填空题，有人表示会有自己的思考，也给出了几种其他解决途径，比如说查阅资料、与同学讨论、坚持自己见解。分析可得思政课教师可以在课堂上增加讨论机会，让同学们自由讲出自己的思考并布置课下思考作业以促进学习。

13. 您在上了思想政治理论课后是否有感觉到受益？如果有，是哪些方面？(单选)

有受益，增强了自身的政治敏感性(25.68%)；有受益，增强了自身对国家发展的信心(22.57%)；有受益，帮助自己树立了正确的价值观(33.07%)；无感(16.73%)；其他(1.95%)。

对于选项“其他”，本题设置了一个选填填空题，有人表示经过学习后，会改变自己思考问题的方式。以上数据表明，在上完思政课收益方面上，同学们感到的收益点还是很平均的，在各方面都会感到收益，这是思政课的一个较好的趋势。

14. 您认为以下高校思想政治理论课的性质哪一项更加重要？(多选)

政治理论性(47.47%)；思想德育性(66.54%)；科学发展性(49.81%)；社会实践性(52.53%)；吸引力和感染力(59.92%)；其他(2.33%)。

本题设置的几个选项都有较高的支持率，其中最高的三项分别是思想德育性、吸引力和感染性和社会实践性。可见，学生们认为思政课的应用应高于其本身所代表的理论。

15. 您觉得思政教师在语言表述上是否存在以下问题？(多选)

理论性强，略显枯燥(64.98%)；语调单一，缺乏情感(40.86%)；语言平淡，照本宣科(36.19%)；缺乏幽默感，略显严肃(8.95%)；其他(8.95%)。

从调查结果来看，在语言表述这一问题上，大部分同学认为因为课程的理论性较高，教师在授课过程中存在语言枯燥的问题，也有同学觉得教师的讲述过于平淡。但是不能因此产生思政课老师语言表述的定式，对于选项“其他”，本题设置的选填填空题，有同学表示教师的语言表述不存在问题。因此，思政课教师可以在教学的时候理论结合实际，以鲜活的例子表达自己的思想观点，梳理清理论脉络，多促进课堂交流。

16. 您认为当下高校政治理论课的缺点是？(多选)

理念滞后与时代不接轨(28.79%)；教育方法单一(60.31%)；内容不完善(25.29%)；目标定位模糊、不能与实际结合(37.35%)；教育模式单一(50.19%)；思政教师个人魅力不足(30.74%)；其他(3.89%)。

结合以上调查数据可以发现，大部分的学生认为目前高校思政课的确定主要体现在教学方法和教学模式上，也有同学认为教学内容上存在问题。可见学生们对思政课教学改革的迫切，希望能接受其他形式的教学。

17. 如果对现有思想政治课进行改革，您认为以下哪一项比较重要？(多选)

联系学生的实际情况，灵活合理的运用现代化手段教学(64.59%)；加强实时新闻关注与社会调查的学习模式(66.93%)；在学校与老师的帮助下进行一定的社会活动，深入体会思想政治在社会中的运用(52.53%)；让学生自主学习(11.28%)；其他(2.33%)。

从以上调查数据可以发现，如果要对思政课的教学进行改革，学生们想要更加生动的、能联系学生实际情况的教学方法，并且希望在相应的情境中进行学习。

四、本研究主要发现

问卷调查发放之后，大家踊跃做答。在统计分析调查结果后，我们发现了在思政课教学过程中主要存在的两个矛盾：学生对思政课内容感兴趣，但是不愿意进行深入思考之间的矛盾，以及学生想要的教学形式与实际教课方式之间的矛盾。

问题一：学生对思政课内容感兴趣，但是不愿意进行深入思考

您对已学习的思想政治理论课的教学效果的满意度？结果：非常满意(11.67%)；比较满意(13.62%)；一般(35.02%)；比较不满意(26.85%)；非常不满意(12.84%)。

简析：虽然还是有39.69%的学生对思想政治理论课的教学效果有所否定，但是超过一半的大学生对思想政治理论课的教学效果还是比较满意的。

您对已学或正在学习的思想政治理论课的感兴趣程度？结果：非常感兴趣(15.56%)；比较感兴趣(10.12%)；一般(40.86%)；比较不感兴趣(22.18%)；非常不感兴趣(11.28%)。

简析：总的来说，学生们对思政课的接受情况较好，对于课堂教学内容比较感兴趣。

结合以上两个问题，以及张焕庭在《教育辞典》中写道的“学习兴趣是人对学习的一种积极的认识倾向与情绪状态。如果一个学生对某一学科有兴趣，他就会认真努力地去研究，从而提高学习效率”，可以猜想学生们在课下会研究课堂上老师提及较少或与老师见解不同的知识点，但是从下一问题的研究，可知事实并非如此。

您在理论课上是会对老师传授的知识全盘照收，还是会深入思考有自己不同的见解并且与老师交流？结果：全盘照收，书上的都是对的(3.5%)；有所思考，但会很快打消想法(40.08%)；有所思考并且与老师深入探讨与研究直至解决问题(25.29%)；无所谓，管它怎样，考

试能过就行(26.46%)；其他(4.67%)。

简析：大多数学生在上思政课的时候还是会有所思考的，但是可能会随着课程结束而立即打消想法，也就是说，不考虑课堂学习过程中的思考，有70.04%的学生对老师传授的相关知识无动于衷，很少进行独立的思考进而解决问题。

以上几个问题结合以来，不难发现，学生在思政课的学习中，虽然对思政课比较感兴趣，而且对教学效果也比较满意，但是很少会投入自己的精力进行深入研究，要么是全盘招收，对课堂内容根本就不加入自己的理解，要么是随着课程结束而立即打消想法，要么是坚持自己的想法。

问题二：学生想要的教学形式与实际教课方式之间的矛盾

您对教师教学方法的满意度？结果：非常满意(9.34%)；比较满意(14.01%)；一般(37.35%)；比较不满意(28.02%)；非常不满意(11.28%)

简析：大部分的同学都表示对于老师的教学方式感觉一般以及不太满意，授课教师在进行教学活动时需要采取一定的改善措施。

从思政课教学过程中存在的缺点出发，展开了以下问题的调查。

您觉得思政教师在语言表述上是否存在以下问题？结果：理论性强，略显枯燥(64.98%)；语调单一，缺乏情感(40.86%)；语言平淡，照本宣科(36.19%)；缺乏幽默感，略显严肃(8.95%)；其他(8.95%)。

简析：大部分同学认为因为课程的理论性较高，教师在授课过程中存在语言枯燥的问题，也有同学觉得教师的讲述方式过于平淡，这种情况必然影响了他们对课程的兴趣程度、以及对教学效果的满意程度。

您认为当下高校政治理论课的缺点是什么？结果理念滞后与时代不接轨(28.79%)；教育方法单一(60.31%)；内容不完善(25.29%)；目标定位模糊、不能与实际结合(37.35%)；教育模式单一(50.19%)；思政教师个人魅力不足(30.74%)；其他(3.89%)。

简析：大部分的学生认为目前高校思政课的缺点主要体现在教学方法和教学模式上，也有同学认为教学内容上存在问题。可见学生们对思政课教学改革的迫切，希望能接受其他形式的教学。

针对改革问题，有下面的调查。

如果对现有思想政治课进行改革，您认为以下哪一项比较重要？结果：

根据学生的实际情况，灵活合理地运用现代化手段教学(64.59%)；加强实时新闻关注与社会调查的学习模式(66.93%)；在学校与老师的帮助下进行一定的社会活动，深入体会思想政治在社会中的运用(52.53%)；让学生自主学习(11.28%)；其他(2.33%)。

简析：以上列举了一部分学生们希望的教育方式的改革，明显是对于现有的思政老师的教学方式的改变的渴望，学生们希望能借助现代化手段，在与实际生活更加贴切的情境中完成对思政课理论的构建。

综上几个问题可以看出，学生所期望的思政课的教学方式和老师现有的教学方式之间还存在较大的矛盾。

五、建议及对策

针对大学生对于高校思政课的满意度的调查，我们做出了以下建议和对策：

(1)引导大学生在思政课学习中进行思考。学生对思政课内容感兴趣，但是大多数学生在上思政课的时候还是会有所思考的，但是可能会随着课程结束而立即打消想法，也就是说，不考虑课堂学习过程中的思考，有70.04%的学生对老师传授的相关知识无动于衷。以上问题结合以来，不难发现，学生在思政课的学习中，虽然对思政课比较感兴趣，而且对教学效果也比较满意，但是很少会投入自己的精力进行深入研究，要么是全盘招收，对课堂内容根本就不加入自己的理解，要么是随着课程结束而立即打消想法，要么是坚持自己的想法。所以思政课中引导学生进行思考显得十分重要，老师应该在课堂中多向学生抛出问题，并且引导学生进行深层次的思考，提升课堂的参与度。

(2)大部分的同学都表示对于老师的教学方式感觉一般以及不太满意，授课教师在进行教学活动时需要采取一定的改善措施。部分同学认为因为课程的理论性较高，教师在授课过程中存在语言枯燥的问题，也有同学觉得教师的讲述方式过于平淡，这种情况必然影响了他们对课程的兴趣程度、以及对教学效果的满意程度。也有部分学生认为目前高校思政课的缺点主要体现在教学方法和教学模式上，还有同学认为教学内容上存在问题。可见学生们对思政课教学改革的迫切，希望能接受其他形式的教学。所以应较少教学中照本宣科情况的出现频率，提倡教师用生动切实的例子向学生传达课堂知识，使用灵活合理的运用现代化手段展开教学；加强实时新闻关注与社会调查的学习模式，提升学生的学习兴趣才能提高学生的学习效率。

六、交叉分析

(一)前人关于教学效果的交叉分析

在教学中常常会面临这样的问题：课程相同，教学计划相同，教学目标相同，但是最后出来的教学效果却有很大的差异。教学效果受到教师因素、学生因素、制度因素，以及客观教学环境和设施等因素的综合影响。[1]造成教学效果差异的原因有很多，本报告只对其中的某些因素进行介绍。

1. 教师的教学特征

将教学特征分为教学内容、教学方式、课堂组织、教学能力、教学态度和语言特征六个维度，课堂组织、教学能力以及教学态度均对学生思维和能力影响、学生整体能力的提高、学生理论知识的掌握以及学生学习态度具有显著的预测和影响作用，教学内容对学生理论知识的掌握有著的预测和影响作用，教学方式对学生思维和能力影响以及学生整体能力的提高有显著的预测和影响作用，语言特征对学生思维和能力影响有显著的预测和影响作用。

2. 教师的自身修养

教师的职业修养是加强教学效果的重要保证，教师能否认识到教育事业的重要性，对教育工作是否有责任感，是否具有乐业、敬业和奉献精神，等等，都从根本上影响着教育教学的质量。

赖安的研究表明，热情洋溢、善解人意、富有效率、富有想象力的教师的教学效果远比那些个性冷漠、散漫，行为轻率且单调乏味的教师的教学效果要好得多。另外，教师的思想观念、知识能力及其他相关能力等方面对教学效果存在影响。

3. 学生的心理状态

通过对学生的调查走访，发现学生的学习行为与学生的心理状态有直接的关系，此频段的学生心理资本不够强大。心理资本是一种积极的心理因素，支配着人的动机、态度、行为，影响着成效。即：心乃动力，行为之所驱也。不够强大的心理状态体现在：课堂教学中消极的心理动机（即学生学习态度不明确，没有明确的人生规划和远大理想），懒惰的认知能力（即课堂不认真听讲，课堂互动环节不与教师互动，教师提出的问题不动脑筋思考，课下不认真复习功课，作业不独立完成）、脆弱的意志能力（即急功近利，不求甚解，对所学知识囫囵吞枣，过分依赖考前复习；易于受挫，遇到一点困难，就不知所措，半途而废，不求进取；沉溺游戏，游戏人生、不能面对现实；自我控制力差，不能及时调整自己）、不和谐的人际关系（即学生与学生之间，部分学生互不认识、互不干涉；而师生之间存在学生不服教师管教，不尊重教师等现象），这些都是影响课程教学效果的因素。

4. 多媒体教学环境

在多媒体教学中，影响教学质量的因素分析与研究在国内外早已展开。有国外文献研究了小学教育中应用多媒体教学的各种模式，比如基于杜威“做中学”的模式，基于布鲁纳的“发现学习”模式，以及基于构建主义为基础的以探究学习为主的新的教学模式。国内也有文献研究了多媒体教学对教学质量影响的原因，比如有作者研究了在多媒体教学条件下学生英语学习的效果。研究表明：恰当的多媒体环境、学习内容、材料、学习内容的引入形式、学习者的能动发挥、学习者的前知识、教师教学水平等等都是影响教学效果的重要因素。

(二)本组关于学生因素的交叉分析

本组同学通过对在校学生的思想政治理论课满意度进行调查研究，从学生对思想政治理论课的满意度总体现状以及可能造成学生满意度差异的成因(学生)进行了分析，并根据分析设置相应的问题进行调查，以下则是本组同学的教学效果影响因素的研究。

1. 学科性质因素对于教学效果的满意度差异分析

假设：偏文科学科专业的学生对于思政课的满意程度较偏理科学科专业学生高。

猜测偏文科生在高中对思政理论课已经有初步接触，提前接受了思政课的教学思维和体系，会对老师教授的内容接受较快。而理科生在高中时并没有接受较系统的思政体系教育，理性思维突出，所以接受思政课兴趣会不怎么浓厚，内容接受较慢，由此导致对思政课满意程度较低。

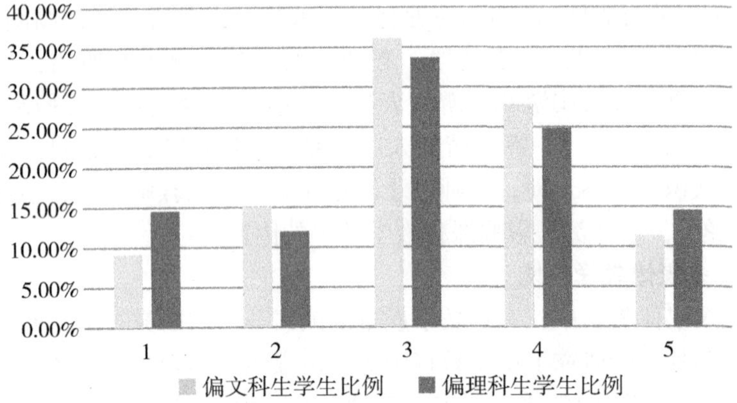

图 1　文理科学生对思政课的教学效果满意程度差异图

结论：假设不成立，如图 1 所示，理科生对思政课特别不满意(满意度为 1)的人数比例比文科生大，但是理科生对思政课特别满意(满意度为 5)的人数比例也比文科生大，这说明虽然对思政课特别不满意的理科生人数比例比文科大还是有对思政课感兴趣的理科生，兴趣决定他们的满意度。所以不能以偏概全，片面地说偏理科学科专业的学生对于思政课的满意程度较偏文科学科专业学生低

2. 性别因素对于教学效果的满意度差异分析

假设：女生整体上会对思政课有更高的满意度。

之所以产生这样的猜测，是因为女生的思维更加感性，对定性的概念接受程度更高，偏向于记忆性的东西；而男生的思维更加理性，对定量的知识接受程度更高，倾向于不太需要机械记忆的东西。对于思政课，需要记忆的概念较多，在不考虑其他因素干扰的情况下，女生对思政课教学效果的满意度整体上比男生更高。

收集到的数据进行的分析如下：

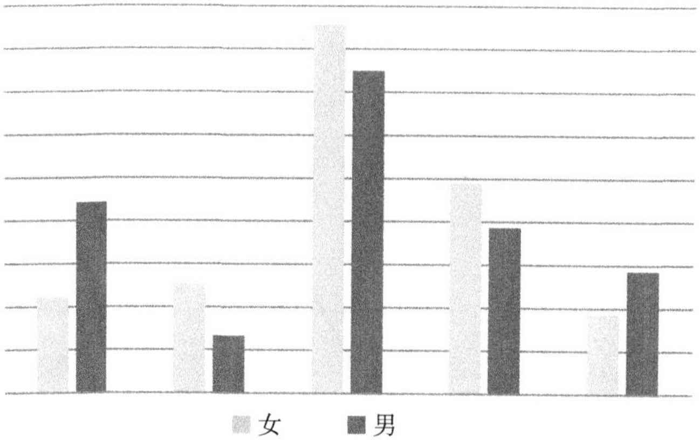

图 2　不同性别学生对思政课教学效果满意程度差异比较图

结论：调查结果与假设并不完全相同。从图 2 可以看出，66.34%的男生对思政课教学效果特别满意(满意值为 5)，比较满意(满意值为 4)，一般(满意值为 3)的学生中，66.44%的女生选择了相同的选项，可以发现男女生之间对思政课教学效果满意程度的差异并不明显。但是从比例上来看，男生对于思政课的满意度在 4 分以上的比例更高，可能

是因为男生对时事政治更加感兴趣，可以通过思政课的学习增强相关方面的了解，因此，男生对思政课教学效果的满意度也比较高。

3. 是否为独生子女因素对于教学效果的满意度差异分析

通过阅读林正的《高校思想政治理论课学生满意度调查研究》，从中找到“家庭结构差异”这一切入点进行分析。此处分析只限于是否为独生子女这一个差异因素。

假设： 非独生子女对于大学思政理论课程的满意度高于独生子女。

因为独生子女与非独生子女从小在家庭总的成长环境不同，独生子女更受家人、长辈的呵护与纵容，与非独生子女相比，更加容易产生自我主义的心理，而忽视外界和集体的存在与作用；反之，非独生子女从小的生长环境就如同一个小集体，他们既有竞争又有合作，可能更加具有集体意识。而我们的思政理论课中更多弘扬的是偏向于集体的思想，因此我们假设非独生子女对于大学思政理论课程的满意度高于独生子女。

调查结果图表如图所示：

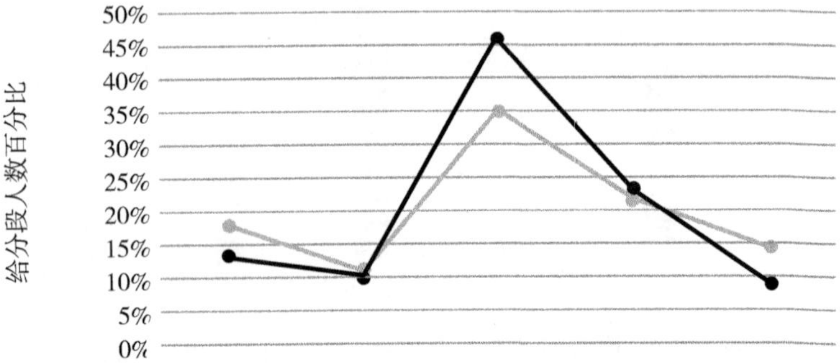

独生子女	18%	11%	35%	22%	14%
非独生子女	13%	10%	46%	23%	9%

图 3　学生是否为独生子女对思政课教学效果满意差异

本次问卷调查共有 256 个样本，其中 120 个对象为独生子女，136 个对象不是独生子女。由折线图我们可以看到，满意度在 3 分和 4 分的人数中，非独生子女要高于独生子女，但满意度为5分的人中独生子女人数确高于非独生子女。

结论：基本符合假设。在较满意程度上，非独生子女要高于独身子女，但是最满意(5分)程度上，独生子女人数有反超的情况，可能的原因是：随着基础教育的加强，独生子女从小在学校或其他集体中成长，也形成了良好的集体意识，因此在这方面与非独生子女产生了较小的差异。所以会有这样的情况。

七、总　　结

(一)调查形式总结

本组借助"问卷星"网络调查平台，制作电子问卷，通过社会化媒体进行传播来完成调查活动。通过初步模拟问卷，全员共同检查思考问卷存在的问题，加以修改完成。完成问卷后将问卷分发到各个在校大学生群组，并利用每个人员的联系加以推广问卷，获得更广泛更有说服力的调查结果。调查过程比较顺利，问卷完成量虽然较少但可以真实的反映出一些情况。

(二)小组调查内容总结

黄梦婷：通过对大学生对高校思想政治理论课满意度进行调查分析之后，我发现并不是所有同学都像我一样对教课老师的语言表述有很高的要求，而且还有一部分同学对思政课是非常感兴趣的，但是由于现有条件的约束，教师无法为学生提供一堂既具有政治理论性、思想德育性，又有科学发展性、社会实践性、和吸引力和感染力的思政课。我希望我们以后依靠自己的所学所思，能带来一场新的教学方式的改革，让我们的学弟学妹能结合实际与实践进行思政课的学习。

郑升珲：通过这次调查，我了解到就本校大学生而言，对思想政治理论课大多感觉一般，即既不太感兴趣也不是完全放弃，得过且过的感觉，原因也各式各样，但最主要的一点就是感觉教师的课程相对枯燥乏味，难以提高对思想政治理论课的学习兴趣。然而思想政治理论课本身就是相对其他课程较为学术化的课程，太过于丰富的教学方式反而不适合教学采用。所以我觉得作为一名当代大学生，我们应该更好的配合老师的教学，同时不断加强自身的思想提升，相信通过不断的改进磨合会使大学生们的思政课学习情况变得更好。

李书白：思想政治理论课的开设是很有必要的，它可以帮助我们大学生树立良好正确的价值观，世界观和人生观，同时也帮助我们培育和弘扬公民道德和民族精神，对学生的健康成长有着很重要的意义。因此我们应该以一种更积极更正确的态度去学习理解它，同时，如果自己期望的学习方式与老师的教学模式相矛盾，我们完全可以和老师交流沟通，思想政治教育本就是一个相互的学习交流过程，老师必然也会乐意聆听我们的想法与建议，然后以一种大家都能够接受的方式进行教学，最终达到互利双赢的好结果。

付尧飞：这次毛泽东思想与中国社会主义理论体系概论的社会实践对我来说真的是一次很特别的活动，之前虽然有过不少团队活动，但真正参与的人很有限，而这次由于各种要求，全员都真正地参与了这次的活动。我在这次实践中主要负责了我们组 PPT 的制作，主要是因为自己以前也经常做 PPT，自认为在这方面还可以，所以在分配任务时主动承担了这项任务，希望可以为小组多做点贡献。在设计问卷时我想的问题也被选中了两个。

杜哲宇：我们本次对学生对高校思想政治课满意度的调查表明，大部分学生对思政课还是比较满意的。既体现了学生对自身思想境界提高的觉悟，也可以看出思政课老师教学手段比较出色，激起了学生的学习兴趣。大部分学生认识到了思政、时事、国情的存在价值，体现了他们关注现实的热情和能力。学生对思政课不满意主要是对教学模式和教学方法的质疑，这也体现了教学体系急需改革的问题。

袁泽豪：我们本次对学校思想政治课满意度的调查表明，部分学生对思政课还是较为满意的。由此可以体现出学生们还是具有一定的思想境界与觉悟，也可以看出思政课还有一定的改进空间，改进应着力于激发学生的学习兴趣。

李文章：通过此次实践活动，我意识到大部分同学对思政课表示满意，但仍有一部分同学不满意，原因有课堂教学形式等多方面原因。说明现在我们大学生对自身的政治素养也有一定的要求和把握，通过思政课，大部分同学能够去关注时政，了解国家事务和我们的社会现状。当然，调查也从侧面反映了现今的思政课堂也有可以改进的方向，希望通过一些改进措施，让思政课能够更加深入大学生的学习生活，切实起到作用。

王茜：从本次调查研究中可得出，要提高高校思政课的教学水平，就必须从提高高校对思政课的重视程度，提高思政课教师的整体素质，完善思想政治课的教学内容，加强思想政治课教学方法的创新，这四个方面对高校思想政治课进行改革。而高校思政课教师作为传播者，更应承担起重任，促进学生深入思考课堂内容，创新教学方法。

易梦瑶：差不多进行了两个月的社会实践调查已进入尾声，从最初的定题、开会、做问卷、发问卷，到最后的报告、记录、总结，中间遇到了很多问题，也解决了很多问题。在这样一个团队实践中，我体会到了众人意见统一的困难，学会了如何从多角度去看待和调查一个问题。

◎参考文献

[1]李丽．河北省高校学生对思想政治理论课满意度的调查研究[D]．河北大学，2015.

[2]郝森．教师的教学特征对教学效果的影响研究[D]．河北师范大学，2017.

[3]陈锡喜．关于社会主义核心价值观教育贯穿高校思想政治理论课教学全过程的思考[J]．思想理论教育，2015(06)：4-8.

[4]郭秀兰，张丽娜．基于学生满意度的高校思想政治理论课教学方法创新[J]．思想政治教育研究，2011，27(02)：80-82.

附录

附录一　本小组的调查问卷样表

(单选)1. 您目前所处的年级为(　)

A. 大一　　B. 大二　　C. 大三

D. 大四　　E. 研究生

(单选)2. 您的性别是(　)

1. 男　　B. 女

(单选)3. 您所在的专业属于哪个学科门类(　)

A. 哲学　　B. 经济学　　C. 法学

D. 教育学　　E. 文学　　F. 历史学

G. 理学　　H. 工学　　I. 农学

J. 医学　　K. 管理学　　L. 军事学

M. 艺术学

(单选)4. 您的政治面貌为(　)

A. 预备党员　　B. 共青团员　　C. 群众

D. 正式党员

(单选)5. 您是否为独生子女(　)

A. 是　　B. 否

(单选)6. 您对已学或正在学习的思想政治理论课的感兴趣程度("5"为最满意)

A. 5　　B. 4　　C. 3

D. 2　　E. 1

(单选)7. 您对教师教学方法的满意度("5"为最满意)

A. 5　　B. 4　　C. 3

D. 2　　E. 1

(单选)8. 您觉得这些课的实践活动有必要吗(5 为很有必要)

A. 5　　B. 4　　C. 3

D. 2　　　　E. 1

(单选)9. 您对已学习的思想政治理论课的教学效果的满意度是怎样的(“5”为最满意)

A. 5　　　　B. 4　　　　C. 3

D. 2　　　　E. 1

(单选)10. 就您所上的高校思想政治课，您认为这些课程是否估计到了大学生的自身需求?

A. 是　　　　B. 有些　　　　C. 没有

(单选)11. 您觉得哪门高校思想政治理论课对您的价值观影响最大?

A. 思想道德修养与法律基础

B. 中国近现代史纲要

C. 马克思主义基本原理

D. 毛泽东思想与中国社会主义理论体系概论

(多选)12. 您认为以下高校思想政治理论课的性质哪一项更加重要

A. 政治理论性　　　　B. 思想德育性　　　　C. 科学发展性

D. 社会实践性　　　　E. 吸引力和感染力　　　　F. 其他

(单选)13. 您在理论课上是会对老师传授的知识全盘照收，还是会深入思考有自己不同的见解并且与老师交流?

A. 全盘照收，书上的都是对的

B. 有所思考，但会很快打消想法

C. 有所思考并且与老师深入探讨与研究直至解决问题

D. 无所谓，管它怎样，考试能过就行

E. 其他

(单选)14. 您在上了思想政治理论课后是否有感觉到受益? 如果有，是哪些方面?

A. 有受益，增强了自身的政治敏感性

B. 有受益，增强了自身对国家发展的信心

C. 有受益，帮助自己树立了正确的价值观

D. 无感

E. 其他

(多选)15. 您觉得思政教师在语言表述上是否存在以下问题

A. 理论性强，略显枯燥

B. 语调单一，缺乏情感

C. 语言平淡，照本宣科

D. 缺乏幽默感，略显严肃

(多选)16. 您认为当下高校政治理论课的缺点是

A. 理念滞后与时代不接轨

B. 教育方法单一

C. 内容不完善

D. 目标定位模糊．不能与实际结合

E. 教育模式单一

F. 思政教师个人魅力不足

G. 其他

(多选)17. 如果对现有思想政治课进行改革，您认为以下哪一项比较重要

A. 根据学生的实际情况，灵活合理的运用现代化手段教学

B. 加强实时新闻关注与社会调查的学习模式

C. 在学校与老师的帮助下进行一定的社会活动，深入体会思想政治在社会中的运用

D. 让学生自主学习

E. 其他

浅析“网络直播”的现状及前景

成员：罗嘉颖　全玉娟　胡雅琦　杨女杰　黄娅　程帮严　彭珍妮
指导老师：张齐武

一、引　　言

(一)本选题的背景

随着网络时代的不断进步与发展，互联网正悄然占据着人们的生活，各行各业的发展离不开网络这条隐形导线。作为一种新媒体，网络直播扩大了大众传播渠道。越来越多的社会成员接受了这种交流，并开始使用网络直播进行社会活动。其他行业也利用网络直播的特点发展自己，从而使网络广播的市场规模不断扩大。从狭义的角度来看，网络直播是新兴高互动视频娱乐，这种直播通常是主播通过录像工具，在互联网平台上生活，他们唱歌、玩游戏和其他活动，观众可以通过弹幕与主播互动，也可以通过虚拟物品进行打赏。

目前，网络直播行业呈现三方差异化的形式，包括最著名的秀场类直播、最受欢迎的游戏直播，以及一种全新的、快速崛起的生活类直播生活。以电子竞技游戏直播类平台的斗鱼和虎牙为代表，由于其受众基础庞大，参与度高，资源不可替代，主播受欢迎，在直播领域具有很强的不可替代性。许多新的直播平台，如映秀和花椒，都是在巨大的市场蛋糕的吸引下涌现出来的。随着网络直播内容及形式不断丰富所带边际效益提高，人们越来越习惯使用直播与人聊天，学习化妆，与明星互动，了解产品信息等，直播依赖直观的视频图像联接不同于微信，微博的传播主要依靠文字图片通信系统，人们可以通过直播更直观接触真实的对方，是网络通信的新平台、新空间。在“全民直播，全民看直播”的狂潮中，未来网络直播的发展更是无可限量。

很多直播平台类 APP 陆续推出，可谓是百家齐放。人人都想从直播平台这块大蛋糕中获取一份利益，而市场的监管力度似乎跟不上它的发展，受众面得到的效益分化也十分严重，直播平台也还没有形成系统的行业规范，部分直播平台存在乱象，所以对网络直播现状的分析以及发展前景的探究，乃至继而提出建议对策显得尤为重要。

(二)调查目的

了解网络直播的发展现状，分析网络直播的发展前景，结合新的发展机遇提出新的策略和建议，使网络直播平台能更好更快发展。

二、调查基本情况

(一)调查时间和对象

本次调查的时间为 2018 年 3 月 23 日—2018 年 5 月 27 日。调查对象为面向全体直播平台的用户，主要针对大学生。(参与的调查对象中，男性 107 位，占总调查对象的 48.86%，女性 112 位，占总调查对象人数的 51.14%)

(二)调查方式

此次调查采取问卷调查的方式，以及 QQ、微信、面板等社交软件将问卷进行发放、填写、回收。问卷内容涉及个人基本情况、直播平台用户喜好、现有直播平台用户体验感直播平台监管力度及直播平台发展趋势等多方面板块的具体信息。

(三)发放回收问卷的数量

发放问卷 219 份，回收有效问卷 219 份，有效率为 100%。

三、调查数据分析

(一)问卷分析

本次问卷有效填写人次为219人，其中男生有107人，占48.86%；女生有112人，占51.14%。可见本次调查男女比例较为平均，说明此次调查对象分布比较均匀，具有一定的代表性。

1. 关于网络直播使用情况的调查

您每周观看网络直播的次数？(单选题)

1~2次(58.9%)；3~4次(21.92%)；5~6次(6.39%)；6次以上(12.79%)。

分析：只有一成多的人热衷于观看网络直播，超过一半的人只是偶尔看。由于没有设置不看网络直播的选项，在这58.9%的人中未排除掉观看网络直播0次的人数。

您听说或了解哪些网络直播网站？(多选题)

斗鱼(81.74%)；虎牙(59.36%)；熊猫(43.38%)；花椒(25.11%)；映客(20.09%)；YY(29.68%)；红豆(5.48%)；其他(18.26%)。

分析：网络直播网站只有斗鱼、虎牙、熊猫被较为熟知。

调查显示，有85.84%的人都是通过手机来观看网络直播，只有13.24%用电脑来观看，大多数人都能够知道一些网络直播网站，但是目前网络直播在人群中的流行程度不高，大多数人都只是偶尔观看网络直播，只有近一成的人观看网络直播的频率较高。因此我们通过调查人们手机功能使用情况进一步了解到“看视频/直播”在人们日常生活排名靠后，在社交、听歌、购物、玩游戏、看新闻之后，即人们对直播的热度不高。

2. 针对网络直播偏好的调查

您通常看什么类型的网络直播？(多选题)

游戏直播(50.68%)；歌舞才艺直播(25.57%)；美妆直播(24.2%)；教育直播(21%)；名人直播(19.63%)；户外直播(16.89%)；日常生活直播(15.53%)；其他(7.31%)；一个也不了解(15.53%)。

分析：游戏直播占50.68%，占了很大比例，其次是歌舞才艺，美妆，教育，观看较少的是名人直播，户外直播，生活日常直播等。

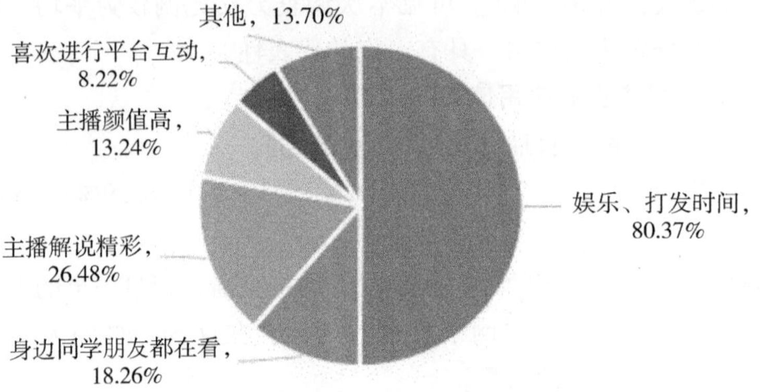

图1　您选择观看网络直播的原因

分析：绝大多数人看直播是为了打发时间，娱乐，因为主播解说精彩，其次，跟风看直播的有18.26%，可以看出喜欢品台互动的最少。

可以看出大部分人偏好娱乐性强的直播项目，其次是偏实用的，比如美妆和教育。总体来看，人们大多为了放松，娱乐而看直播。现如今人们生活压力大，生活节奏快，娱乐性的现实的活动少，直播平台不仅发挥出了它的娱乐性的功能，而且增强了人与人之间的沟通，这种沟通类似于信息社会不发达的时候人们茶余饭后的闲谈，十分能够缓解压力，因此娱乐性和直播氛围的放松的气氛是年轻人喜欢看直播的重要的方面。

3. 针对网络直播行业的调查

分析：选择一般，比较愿意，非常愿意的人数大约占到了3/4，比较不愿意和完全不愿意的占大约1/4。

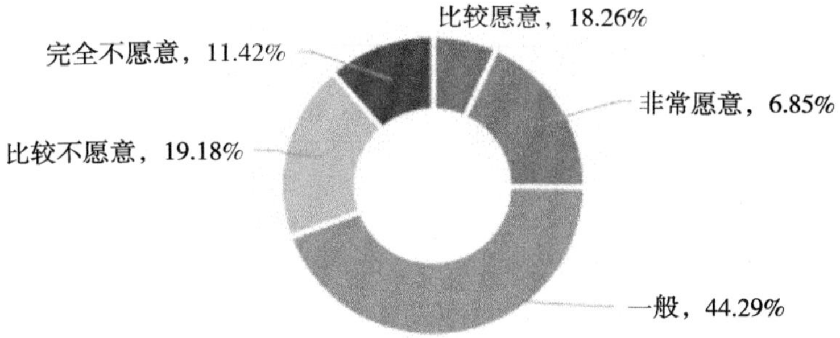

图 2　对网络直播这个新兴行业您愿意尝试吗？（单选题）

您认为成为网络主播最重要的因素是什么？（单选题）

专业领域技术高超（29.68%）；说话幽默，能吸引人（44.75%）；衣着暴露内容低俗（6.39%）；颜值高，声音好听（10.96%）；原本就在这个领域，有一定知名度（8.22%）。

分析：认为主播幽默风趣，技术高是成为主播最重要的因素的占75%左右，外观硬性条件颜值高声音好听占10.96%，衣着暴露内容低俗占6.39%。

虽然大部分人对网络直播行业持中立态度，但是可以看到非常愿意，比较愿意，一般的总数之和占到3/4，比较不愿意和完全不愿意少的，说明网络直播在大家眼里是一份不错的工作，但是成为主播还需要个人能力，虽然大家认可这个职业，但大家对成为网络主播的愿望大多不强烈。专业技术高超、有幽默感是最能吸引人的地方，颜值高、声音好听是一个次要因素，网络是虚拟的，外表和声音不涉及主播个人品质，但却在网络直播中不可忽视，首先有了外表别人才会看你的内容。衣着低俗暴露很少，说明观看直播人群素质普遍很高，但是也有人为此买账，这一方面的主播有为那一小部分的人群哗众取宠的嫌疑。

4. 针对网络直播消费调查

分析：68.49%的人对送礼物持一种“佛系”的态度，即送礼物因人而异，还有13.7%的人认为不该送礼，认为送礼将其利益化，10.05%

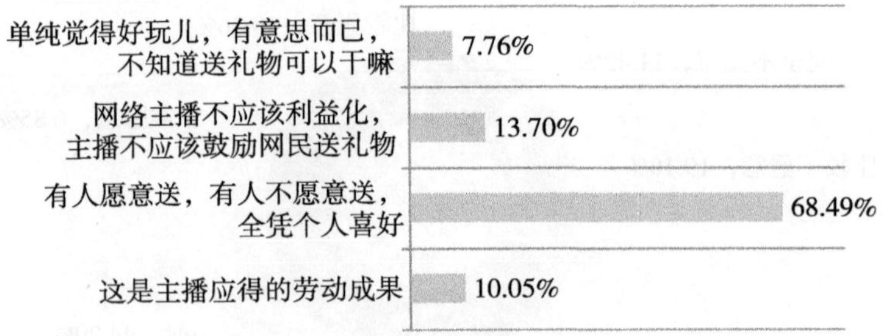

图 3　哪一项符合你对网络直播打赏的看法？(单选题)

的人认为这是主播应的劳动成果。7. 76%的人仅仅认为送礼物好玩，真实意义不大。

您在什么情况下会对网络直播进行消费？(单选题)

心情好(36. 99%)；主播外貌出众(8. 22%)；主播才艺出众(25. 57%)；其他(29. 22%)。

分析：有 36. 99% 的人群会在心情好的时候打赏礼物，还有 25. 57%在对主播的才艺表示认可的时候打赏，对外貌打赏的比例只有 8. 22%，占比少，其他的占到 29. 22%。不难发现，主观因素引领的消费占比非常大。

网络直播过程中存在着非理性消费，娱乐的性质很大，其中有大部分的人群打赏礼物是因为心情好，其次在对主播的才艺表示认可的时候打赏，对外貌打赏的比例很小。其他的因素占比不小，说明打赏消费的随意性很大，不会带有什么目的性。

5. 针对网络直播意义的调查

你同意下列哪些说法？(多选题)

直播只能在青年中受欢迎(26. 03%)；直播行业有很好的前景直播(52. 05%)；主播会带来不良风气应该禁播(32. 88%)；看直播浪费时间和金钱，没意义(26. 48%)；直播给人们带来很多快乐和价值(41. 1%)；直播可以带来很大经济效益，值得参与(26. 48%)。

分析：认为播行业有很好的前景占 52. 05%，直播可以为人们带来很多快乐和价值占41.1%，直播可以带来很大经济效益的占26.48%，而认为网络直播没意义的只占26.48%，认为网络直播风气不好的占32.88%。

有关部分企业通过网络直播的方式进行营销(如淘宝直播)，你怎么看？(单选题)

这是一种销售方的创新，是一种值得借鉴的营销模式(82.65%)；通过直播了解并购买商品毕竟是小部分人群，对销售方并没有什么大的促进作用(17.35%)。

分析：认为这是一种销售方的创新，是一种值得借鉴的营销模式占82.65%，占到非常大的比例，对此抱消极态度的占少数只有17.35%。

通过数据我们可以看出网络直播风气有待整顿，但总体来看大家对网络直播这个行业抱有很大的期望，对它的发展持乐观的态度，但也有少数认为网络直播浪费时间金钱。

6. 针对网络直播硬件设施的调查

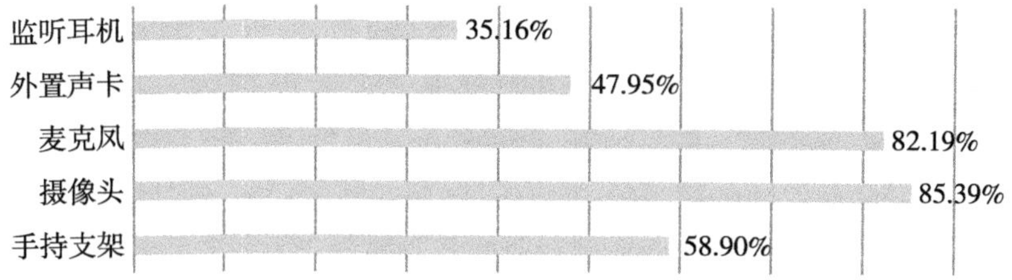

图4　你认为哪些硬件设备是直播所必需的？(多选题)

分析：摄像头、麦克风、手持支架是大家熟知的直播设备，内置声卡、监听耳机是比较专业的设备，大家比较陌生。

您所知道的主播的网络使用情况哪个所占的比例高？(单选题)

流量卡(25.11%)；流量包(16.44%)；宽带(58.45%)。

分析：宽带占很大的比例，一方面直播大多是室内直播，室外直播占少数，说明宽带对于直播是支柱服务基础。

分析：过程卡顿等硬件问题占很大比例，网络环境差、设备差一般

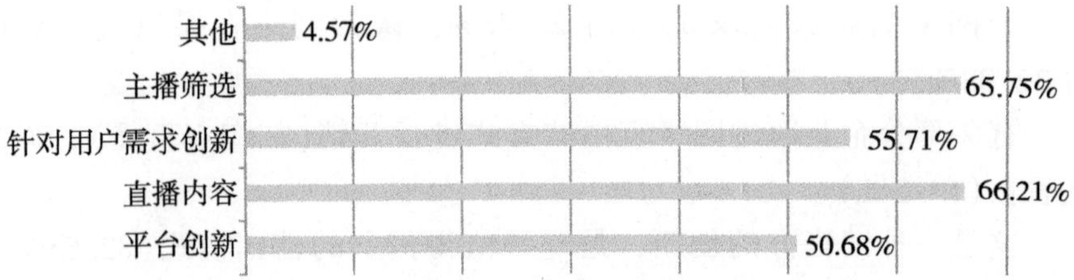

图5　你认为直播过程中主要存在哪些问题？(多选题)

会导致这类现象。

硬件设施对于网络直播非常重要，大家抱着娱乐的心态来看，如果因为设施不够完善，直播中出现故障就会而非常扫兴。一般主播会使用宽带，网速稳定、传输效率高是宽带发展的目标，如果可以提升网速，播放卡顿、音画不同步的问题就可以解决一大半，还有就是直播设备、内置声卡、监听耳机等，制造方如果可以提高制造技术就可以为观众带来更好的娱乐体验，也可以以此拓宽市场。

7. 关于网络直播监管问题的调查

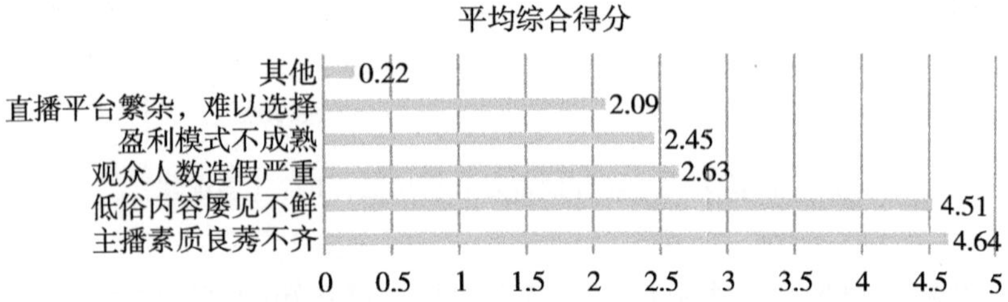

图6　您认为当前网络直播存在的最突出的问题是什么？

分析：从结果中看网络直播乱象不少，但是人们认为问题比较严重的是主播本身的问题占到3/5，其次是网络直播的经济效益，盈利方式不成熟，以及监管力度不够造成的观众造假占2/5。

您觉得如今的网络秩序如何(就网络直播而言)？(单选题)

监管力度不足(86. 76%)；监管力度足够(10. 96%)；其他(2. 28%)。

分析： 网络直播监管力度不够的占 86.76%，占比很大，网络监管确是存在问题，毋庸置疑。

您了解国家文化部对网络直播的整顿吗？（单选题）

了解（19.18%）；不了解（42.01%）；听过但不清楚具体内容（38.81%）。

分析： 很多人不了解国家文化部的监管政策，了解的只占 19.81%。说明法律，制度的宣传力度不够大，大众对这方面的了解较少。

网络直播如今从整体上看还是不成熟的，主要体现在监管这一块，在这个信息发达的社会，人人都可以看直播，那些内容低俗，带有成人世界观的直播如果被儿童，青少年看到，肯定会对心理会造成一定影响，国家的监管显然还是不够的。另一方面，主播的个人素质也是直播乱象的一大起因，对监管的整顿也要先从整治那些内容低俗，暴力的主播开始。对于国家的监管制度，其宣传力度是不够的，很多人对此不了解，这从另一方面说明监管制度不完善，有待提高。

（二）问卷交叉分析

1. 关于男女性别差异对网络直播使用情况的问卷分析

表 1　**您每周观看网络直播的次数？（单选题）**

X\Y	1~2 次（人/%）	3~4 次（人/%）	5~6 次（人/%）	6 次以上（人/%）	小计（人）
男	53(49.53%)	22(20.56%)	7(6.54%)	25(23.36%)	107
女	76(67.86%)	26(23.21%)	7(6.25%)	3(2.68%)	112

分析： 本题通过性别对比，我们可以发现大多数男女性观看网络直播的次数较少，但每周观看直播 6 次以上的男性比例明显高于女性比例，而相对的，每周观看 1~2 次的女性比例明显高于男性，因此，综合来看，男性观看网络直播的频率要比女性更高。

表 2　　**您通常看什么类型的网络直播？(多选题)**

X\Y	游戏直播	教育直播	歌舞才艺直播	美妆直播	户外直播	名人直播	日常生活直播	其他	一个也不了解	小计
男	78(72.9%)	23(21.5%)	21(19.63%)	9(8.41%)	15(14.02%)	17(15.89%)	7(6.54%)	8(7.48%)	11(10.28%)	107
女	33(29.46%)	23(20.54%)	35(31.25%)	44(39.29%)	22(19.64%)	26(23.21%)	27(24.11%)	8(7.14%)	23(20.54%)	112

分析：由表格可以看出，男性更喜欢看游戏类网络直播，而女性对美妆、户外、日常生活类网络直播比男性更加关注，对直播类型一点都不了解的比例明显高于男性，这体现了男女性关注点的差异性。

表 3　　**您选择观看网络直播的原因？(多选题)**

X\Y	娱乐、打发时间	身边同学朋友都在看	主播解说精彩	主播颜值高	喜欢进行平台互动	其他	小计
男	89(83.18%)	20(18.69%)	34(31.78%)	11(10.28%)	8(7.48%)	11(10.28%)	107
女	87(77.68%)	20(17.86%)	24(21.43%)	18(16.07%)	10(8.93%)	19(16.96%)	112

分析：由表格综合分析，可以看出男女性看直播大都是为了打发时间，但是女性会因为主播颜值高而去看直播的比例明显高于男性，而男性在因为主播解说精彩看直播的比例明显高于女性，可分析出女性相对于男性更注重外在。

表 4　　**对于网络直播这个新兴行业，您愿意尝试吗？(单选题)**

X\Y	非常愿意	比较愿意	一般	比较不愿意	完全不愿意	小计
男	4(3.74%)	21(19.63%)	48(44.86%)	20(18.69%)	14(13.08%)	107
女	11(9.82%)	19(16.96%)	49(43.75%)	22(19.64%)	11(9.82%)	112

分析：综合分析，可看出性别对是否进入网络直播行业的意愿没有影响。

表 5　　您觉得成为网络主播最重要的因素是什么？(单选题)

X\Y	专业领域技术高超	说话幽默，能吸引人	衣着暴露内容低俗	颜值高，声音好听	原本就在这个领域，有一定知名度	小计
男	29(27.1%)	53(49.53%)	4(3.74%)	9(8.41%)	12(11.21%)	107
女	36(32.14%)	45(40.18%)	10(8.93%)	15(13.39%)	6(5.36%)	112

分析：综合表格数据可看出，男性在对网红主播的认知上更看重主播内在的比例明显高于男性，而女性较于男性更偏向于外表方面。

表 6　下列哪一项符合您对游戏竞技类网络直播的看法？(单选题)

X\Y	纯属消磨时间，应该节制	可以提升游戏技巧值得花费一定的时间	娱乐的同时可以习得技巧值得花费大量的时间	持保留的态度	小计
男	33(30.84%)	32(29.91%)	14(13.08%)	28(26.17%)	107
女	29(25.89%)	29(25.89%)	14(12.5%)	40(35.71%)	112

分析：通过性别对比，虽然持保留态度的女性比例要高于男性，但是男性中认为游戏竞技类网络直播有助于提高技巧的比例要高于女性。综合来看，男性相对于女性对游戏竞技类网络直播更持明显态度，关注度更高。

表 7　　您在什么情况下会对网络直播进行消费？(单选题)

X\Y	心情好	主播外貌出众	主播才艺出众	其他	小计
男	36(33.64%)	10(9.35%)	23(21.5%)	38(35.51%)	107
女	45(40.18%)	8(7.14%)	33(29.46%)	26(23.21%)	112

分析：由表综合分析，在网络直播消费观上，女性较之男性会更愿意为主播才艺买账，消费也更关于自身心情好坏。

2. 关于观看网络直播频率对其自身观点的问卷分析

表 8 您通常看什么类型的网络直播？（多选题）

X\Y	游戏直播	教育直播	歌舞才艺直播	美妆直播	户外直播	名人直播	日常生活直播	一个也不了解	小计
1~2次	47(36.43%)	18(13.95%)	29(22.48%)	29(22.48%)	17(13.18%)	28(21.71%)	18(13.95%)	33(25.58%)	129
3~4次	27(56.25%)	16(33.33%)	16(33.33%)	16(33.33%)	10(20.83%)	6(12.5%)	9(18.75%)	0(0%)	48
5~6次	10(71.43%)	9(64.29%)	4(28.57%)	6(42.86%)	5(35.71%)	4(28.57%)	5(35.71%)	0(0%)	14
6次以上	27(96.43%)	3(10.71%)	7(25%)	2(7.14%)	5(17.86%)	5(17.86%)	2(7.14%)	0(0%)	28

分析：由表格可以看出观看游戏直播的比例随观看频率的增加而增加，且在看直播 6 次以上处接近满比，观看教育类直播的人观看频率在 5~6 次。由分析可得，游戏直播更让人热衷于观看。

表 9 哪一项符合您对游戏竞技类网络直播的看法？（单选题）

X\Y	纯属消磨时间，应该节制	可以提升游戏技巧，值得花费一定的时间	娱乐的同时可以习得技巧值得花费大量的时间	持保留的态度	小计
1~2 次	38(29.46%)	24(18.6%)	16(12.4%)	51(39.53%)	129
3~4 次	12(25%)	20(41.67%)	6(12.5%)	10(20.83%)	48
5~6 次	7(50%)	4(28.57%)	2(14.29%)	1(7.14%)	14
6 次以上	5(17.86%)	13(46.43%)	4(14.29%)	6(21.43%)	28

分析：由表格可以看出，观看 6 次以上网络直播的人对网络竞技类直播的看法更积极，认为其用处更大，而偶尔看网络直播的人对游戏竞技类直播更持观望态度。综合上一题结论分析，认为游戏竞技类直播纯

属消磨时间，应该节制的比例随着观看频率的增加而呈现出波动型变化。

表 10　**您觉得成为网络主播最重要的因素是什么？（单选题）**

X\Y	专业领域技术高超	说话幽默，能吸引人	衣着暴露内容低俗	颜值高，声音好听	原本就在这个领域，有一定知名度	小计
1～2 次	36(27.91%)	57(44.19%)	9(6.98%)	15(11.63%)	12(9.3%)	129
3～4 次	13(27.08%)	24(50%)	3(6.25%)	5(10.42%)	3(6.25%)	48
5～6 次	5(35.71%)	3(21.43%)	2(14.29%)	3(21.43%)	1(7.14%)	14
6 次以上	11(39.29%)	14(50%)	0(0%)	1(3.57%)	2(7.14%)	28

分析：综合来看，随着观看频率的增加，人们对网络主播衣着、颜值的要求度减少，对主播语言幽默，专业技术领域要求提高。

表 11　**您认为现在直播过程中主要存在着哪些问题？（多选题）**

X\Y	音画不同步	画面不清晰	声音略嘈杂	过程易卡顿	内容没新意	小计
1～2 次	39(30.23%)	47(36.43%)	55(42.64%)	75(58.14%)	82(63.57%)	129
3～4 次	23(47.92%)	23(47.92%)	16(33.33%)	20(41.67%)	18(37.5%)	48
5～6 次	6(42.86%)	5(35.71%)	5(35.71%)	8(57.14%)	6(42.86%)	14
6 次以上	12(42.86%)	19(67.86%)	10(35.71%)	18(64.29%)	10(35.71%)	28

分析：对直播过程中出现的问题，经常看直播的人肯定对其中的问题更有发言权，因此作出此分析。综合来看，经常观看网络直播的人（综合观看次数三次以上分析）认为直播过程中画面不清晰的比例最大，直播过程中画面卡顿的情况也较为突出；而偶尔观看直播的人认为直播内容没有新意的比例最高。

表 12　**您认为网络直播有什么需要改进的地方？（多选题）**

X\Y	平台创新	直播内容	针对用户需求创新	主播筛选	其他	小计
1~2 次	61(47.29%)	89(68.99%)	72(55.81%)	90(69.77%)	5(3.88%)	129
3~4 次	23(47.92%)	32(66.67%)	24(50%)	27(56.25%)	2(4.17%)	48
5~6 次	9(64.29%)	7(50%)	9(64.29%)	7(50%)	0(0%)	14
6 次以上	18(64.29%)	17(60.71%)	17(60.71%)	20(71.43%)	3(10.71%)	28

分析：由表格可得，只是偶尔观看网络直播的人认为直播内容和主播筛选需要改进的比例最大，而经常观看直播的人对平台创新的要求比例要比偶尔看的人更高。如若改进，是要增大流量还是稳定流量，这样注意的侧重点也就不同。

四、本研究主要发现

（一）大部分人对于观看直播并不热衷

根据问卷结果显示，虽然大部分人了解过网络直播，但是每周观看次数较少，而且市面上绝大多数的网络直播网站在人群中也不流行。不流行的原因大体可以分为以下三类：(1) 人们观看直播主要是为了娱乐、打发时间。而如今娱乐活动的蓬勃发展，各种各样的新鲜乐趣层出不穷，人们可以选择的余地太多，导致网络直播在人群中并不流行[3]；(2) 观看网络直播对主播的设备与直播 app 要求比较高。根据数据显示，直播过程中存在的主要问题是过程易卡顿、声音略嘈杂和画面不清晰。这些都是设备差、app 传输不好画面所导致的原因。观看过程体验感太差，正是直播不流行的原因之二；(3) 网络主播素质良莠不齐，导致内容乌烟瘴气。许多人认为网络直播内容太过低俗，监管力度不够，从心里抵触去接触直播。

(二)游戏直播在网络直播中占据主导地位

游戏行业的快速发展从某种程度上带动了直播业的发展。通过性别对比，每周观看直播6次以上的男性比例明显高于女性比例，而男性更喜欢看游戏类网络直播。根据数据显示，观看游戏直播的比例随观看频率的增加而增加，且在看直播6次以上处接近满比。[1]这些无疑表明了游戏直播更让人热衷于观看。游戏直播占大头的原因有以下两个方面：(1)超过半数的人观看直播是为了娱乐和打发时间，游戏直播可以让人们放松心情，并可以与志同道合的人交流感受；(2)观看游戏直播可以提高自身竞技技巧。游戏玩家都有获胜的想法，观看游戏高手的直播可以帮助玩家们规避自身游戏中的错误，并获得更好的玩法。

研究发现，仍有少部分的同学有沉迷于网络直播的倾向。不仅是网络直播，但凡涉及利用大数据的软件，都是根据你在网络上留下的蛛丝马迹，推荐你喜欢的东西，进而掏空你的时间，使你沉迷于这种娱乐产物，等回过神来时，留下的只是空虚无味。互联网产品的设计，往往会会很好的利用消费者的冲动、喜好，让人不自觉地上瘾。

(三)超过半数人对于网络直播未来持有良好看法

调查结果显示，3/4的人愿意尝试网络直播这个新兴行业，超过半数的人认为直播行业有很好的发展前景，并且不排斥对于主播的打赏[5]。虽然有少数人认为主播会带来不良风气、观看直播浪费金钱与时间，但是绝大多数人还是认为直播会给人带了快乐与价值，会带来很大的经济效益。[2]举个例子，教育直播如今已经成为在线教育的一种新的方式，观看教育直播，不仅可以克服地域、资源方面的影响，还能使学习变得更方便容易。而将学生学习过程中的数据模型化，不仅方便教育机构对学生数据的统计及整理，而且可以利用大数据分析等手段找到学生在学习过程中的相关规律，根据学生表现出来的规律为学生制订相应的学习方案，做到个性化教学，使其在有限的时间内以最有效的手段学习到最有效的知识。如今教育直播已变得越发火热，为直播行业注入了新的力量。这正是直播所带来的价值。

(四)人们更看重主播的说话技巧、专业技术

分析数据可得，3/4 的人认为幽默风趣，技术高是成为主播最重要的因素[9]。外观硬性条件、颜值高、声音好听仅占 1/10。随着观看频率的增加，人们对网络主播衣着、颜值的要求度减少，对主播语言幽默，专业技术领域要求提高。这些表明即使观看直播是为了娱乐放松，人们也更注重内在因素而不是外在条件。

总体上来说，直播还是具有比较良好的发展前景，人们对于网络直播也是十分宽容的．然而，从 2017 年开始，网络直播的用户数量开始急剧减少，本次调查发现虽然大部分人了解过网络直播，但是每周观看次数较少，而且市面上绝大多数的网络直播网站在人群中也不流行。现如今，直播行业已经从一开始的百家争鸣逐步迈入整合期，期间更有上百家直播平台关闭。

五、对策及建议

根据本调查研究发现的主要问题，提出相对应的对策建议如下：

(一)国家层面

1. 加大监管力度，整治不良风气，培养积极向上的文化氛围

2016 年的直播迎来最为繁荣的“好时代”，但这种“好时代”却是暂时的。由于网络主播素质良莠不齐，导致内容乌烟瘴气。许多人认为一些网络直播内容太过低俗，各方对网络直播的监管力度不够，因而从心里抵触去接触直播[6]。直播如何用其自身的特点，在电商、财经、教育、公益宣传等方面发挥其优势，将是整个直播行业该重点考虑的问题。

2. 加强先进文化建设

培育和践行社会主义核心价值观，要利用好中华优秀传统文化蕴涵的丰富的思想道德资源。让中华文化展现出永久的魅力和时代的风采，使其成为涵养社会主义核心价值观的重要源泉。文化强国一个重要的表

现就是发达的文化产业体现为强大的文化软实力。发展文化产业要全面协调，可持续的要求推动文化产业跨越式发展满足人民多样化精神文化的需求上，使之成为国民经济支柱性产业。

（二）用户层面

应着力形成完善的学习激励氛围以防范过度沉迷。学生用户群体间要形成完善的学习激励氛围，以减少部分沉迷于网络直播的大学生的观看时间，提高学习效率。研究发现，仍有少部分的同学有沉迷于网络直播的倾向。只要有投入，马上就有产出使得用户容易上瘾。那么，建立一个完善的激励制度能使学习的过程一定程度上减少学习的痛苦感[8]。

（三）直播平台层面

1. 提供良好的平台基础条件

直播平台要提供良好的平台基础条件，增加宽带投入[5]。直播过程中存在的过程易卡顿、声音略嘈杂和画面不清晰这些都是由于设备差、app 传输不好所导致的原因使得观看过程体验感太差。

2. 加强创新打造良好的平台文化氛围

直播平台要顺应碎片化、去中心化、更符合用户体验习惯的泛生活类直播，相比之下，显得更有前景[4]。但是生活直播把直播从小众行为变成大众行为，让全民都来做主播，必然带来更加大而泛的直播内容，冗余的内容极有可能耗尽用户的耐心，反而降低用户黏性。同时单一的文化生态体系并不能长期地吸引顾客。由于消费者普遍存在的猎奇心理，要实现直播平台的可持续必须在其内容上注入源源不息的新因素。

3. "直播+"的新模式促进直播发展

直播平台的转型。向电商转型，解决将围观网友转换成粉丝的难题，网红经济其实没有粉丝，只有围观的群众，以个人为中心的网红模式与互联网去中心化模式相悖，在网红扎堆的时代直播以内容取胜难以实现[7]。优质的内容和深度的社交在现有的产品中依然还很缺乏。直播的潜力还没有发挥出来，直播电商，直播财经，直播教育等很多新的领域还要继续探索。

◎参考文献

[1]孙一凡．探析游戏直播平台发展过程中的问题及对策[D]．河南大学，2016.
[2]中国报告大厅．CNNIC. 2016—2021年中国视频点播及网络直播行业市场供需前景预测深度研究报告[R]．2016.
[3]崔建国．试论网络传播及其对社会的影响[J]．贵州社会科学，2007，216(12)：17-20.
[4]高雪新，李东．大众媒体泛娱乐化及其影响[J]．新闻世界，2013(5)：50-51.
[5]艾然．网络直播现象的现况与发展方向[J]．西部广播电视，2016(12)：29.
[6]司凯威．直播分享网站节目监管策略研究[J]．数字传媒，2016(04)：47-49.
[7]杨利伟，童倩．潮退后，直播平台转型出口在哪里？[J]．小康(中旬刊)，2017(11).
[8]彭盼盼．网络直播受众的"使用与满足"研究[D]．郑州大学，2017.
[9]尹鹏远．基于受众视角的网络直播研究[D]．广西大学，2017.

附录　调查问卷样表

1. 您的性别？(单选题)

○男　　○女

2. 您每周观看网络直播的次数？(单选题)

○1~2次　　○3~4次

○5~6次　　○6次以上

3. 您一般通过什么渠道观看网络直播？(单选题)

○手机　　○电脑

○其他

4. 平时除了电话之外，您用手机主要做什么？（排序题）

[ ]微信/QQ交流　[ ]听音乐

[ ]看新闻　[ ]玩游戏

[ ]购物　[ ]拍照/美图

[ ]看视频/直播　[ ]看小说

[ ]其他

5. 您听说或了解哪些网络直播网站？（多选题）

□斗鱼　□虎牙

□熊猫　□花椒

□映客　□YY

□红豆　□其他

6. 您通常看什么类型的网络直播？（多选题）

□游戏直播　□教育直播

□歌舞才艺直播　□美妆直播

□户外直播　□名人直播

□日常生活直播　□其他

□一个也不了解

7. 您选择观看网络直播的原因是：（多选题）

□娱乐、打发时间　□身边同学朋友都在看

□主播解说精彩　□主播颜值高

□喜欢进行平台互动　□其他

8. 对于网络直播这个新兴行业，您愿意尝试吗？（单选题）

○非常愿意　○比较愿意

○一般　○比较不愿意

○完全不愿意

9. 下列哪一项符合您对游戏竞技类网络直播的看法？（单选题）

○纯属消磨时间，应该节制

○可以提升游戏技巧，值得花费一定的时间

○娱乐的同时可以习得技巧，值得花费大量的时间

○持保留的态度

10. 下列哪一项符合您对网络直播中打赏主播，送礼物的看法？(单选题)

○这是主播应得的劳动成果

○有人愿意送，有人不愿意送，全凭个人喜好

○网络主播不应该利益化，主播不应该鼓励网民送礼物

○单纯觉得好玩儿，有意思而已，不知道送礼物可以干嘛

11. 您认为当前网络直播存在的最突出的问题是什么？(排序题)

[ ]主播素质良莠不齐　　[ ]低俗内容屡见不鲜

[ ]直播平台繁杂，难以选择　　[ ]观众人数造假严重

[ ]盈利模式不成熟　　[ ]其他

12. 关于部分企业通过直播的方式进行产品营销(如淘宝直播)，你怎么看？(单选题)

○这是一种销售方的创新，是一种值得借鉴的营销模式

○通过直播了解并购买商品毕竟是小部分人群，对销售方并没有什么大的促进作用

13. 您在什么情况下会对网络直播进行消费？(单选题)

○主播外貌出众　　○心情好

○主播才艺出众　　○其他

14. 您觉得成为网络主播最重要的因素是什么？(单选题)

○专业领域技术高超　　○说话幽默，能吸引人

○衣着暴露内容低俗　　○颜值高，声音好听

○原本就在这个领域，有一定知名度

15. 您觉得如今的网络秩序如何？(就直播平台而言)(单选题)

○监管力度不足　　○监管力度足够

○其他

16. 您了解国家文化部对直播平台的整顿吗？(单选题)

○了解　　○不了解

○听过但不清楚具体内容

17. 您认为网络直播有什么需要改进的地方？(多选题)

□平台创新　　□直播内容

□针对用户需求创新　　　　□主播筛选

□其他

18. 您认为现在直播过程中主要存在着哪些问题？（多选题）

□音画不同步　　　　□画面不清晰

□声音略嘈杂　　　　□过程易卡顿

□内容没新意

19. 你同意下列哪些说法？（多选题）

□直播行业有很好的前景直播

□只能在青年中受欢迎

□直播给人们带来很多快乐和价值

□主播会带来不良风气，应该禁播

□看直播浪费时间和金钱，没意义

□直播可以带来很大经济效益，值得参与

20. 你所知道的主播的网络使用情况那个所占比例高？（单选题）

○流量卡　　　　○流量包

○宽带

21. 您认为以下哪些硬件设备是网络直播所必需的？（多选题）

□手持支架　　　　□摄像头

□麦克风　　　　□外置声卡

□监听耳机

就精准扶贫视角下农村留守儿童教育问题社会关注度调查研究

成员：齐佳祥　万筱冰
指导老师：黄兰

引　言

改革开放以来，我国经济迅速发展，无论城市还是农村，人民生活水平普遍提高，实现了从物质生活向精神生活的转变。但是仍然存在贫富差距，精准扶贫政策就是面对贫富差距太大问题提出，社会主义最终实现共同富裕。

我国扶贫开发始于20世纪80年代中期，通过不懈努力，取得了举世公认的辉煌成就，但是，长期来贫困居民底数不清、情况不明、针对性不强、扶贫资金和项目指向不准的问题较为突出，面对这些问题，开始实施精准扶贫政策。

社会在发展，农民工为了改善生活条件，为了更充裕的经济支持，常年在外奔波，留守儿童问题突出，精准扶贫政策给了这些留守儿童家庭很大的帮扶、支持和改善。留守儿童的情况不可忽视，需要社会人士及团体的关注，需要更多的社会力量去帮助留守儿童这一弱势群体！

本次社会实践就“精准扶贫视角下农村留守儿童教育问题的社会关注度”展开调查研究。主要通过问卷实地调查，结合文献，列出系列问题在网络及对周边农村居民中进行调查研究，得出结论。同时引起社会力量对留守儿童的关注！

第一章 绪 论

一、调查背景及研究意义

1. 调查背景

(1)精准扶贫

我国扶贫开发始于20世纪80年代中期，通过不懈努力，取得了举世公认的辉煌成就，但是，长期来贫困居民底数不清、情况不明、针对性不强、扶贫资金和项目指向不准的问题较为突出，原有的扶贫体制机制必须修补和完善。在扶贫攻坚上进一步理清思路、强化责任，采取力度更大、针对性更强、作用更直接、效果更可持续的措施，特别要在精准扶贫、精准脱贫上下更大工夫。推进精准扶贫，加大帮扶力度，是缓解贫困、实现共同富裕的内在要求，也是全面实现全面小康和现代化建设的一场攻坚战。

(2)农村留守儿童

农村留守儿童是我国社会转型期的一个特殊的弱势群体，他们的父母外出务工把他们留在原地，这部分儿童由于长期和父母分离，缺乏亲情的关爱，往往易产生焦虑、烦躁、悲观、疑虑等一系列的消极情绪，从而导致性格柔弱内向、自卑孤僻。在学习方面缺乏家庭的辅导，导致学习困难重重；行为方面缺乏父母的管教，在监护人不敢管也管不了的情况下，“留守儿童”产生厌学情绪，逃学，沉迷于游戏厅、网吧等娱乐场所。

2. 研究意义

我国经济发展迅速，政策扶持到位，政府为解决民生问题投入了庞大的人力财力，解决社会矛盾问题。农村精准扶贫政策的实施关系到民生问题，是否能够实施到位，是否能够对准特别需要帮扶的贫困农民，关系到困难群众的生活。精准扶贫精准到人，精准到户，精准扶贫，是为了建设是小康社会，是为了消除贫困，一直深受关注。

农村留守儿童数目巨大，是庞大的社会弱势群体，其家庭问题、学习问题、安全问题、心理问题和品行问题日渐突出。这些问题的形成是农村家庭、学校、社会、经济体制与人口制度等多方面的原因所导致的。关注儿童面对家庭环境变化适应的过程和更广泛的情景性因素，对于深入、真实地了解农村留守儿童，提供针对性强、有效的建议和对策，将十分有用。

精准扶贫政策下，调查、了解和研究农村留守儿童的情况，从政府、社会、自身角度，能够准确把握精准扶贫是否服务到需要的人群，能够掌握精准扶贫是否对这些家庭起到的很大作用，可以了解社会力量在精准扶贫背景下对留守儿童的关注度的变化趋势。为今后政府和社会对留守儿童投入的力度作一份规划和保障。

通过本次调查研究，将会让社会群众对精准扶贫政策有进一步的了解和学习，同时也将引导社会关注度更大力度投向农村留守儿童。

二、国内对留守儿童的研究现状

国内研究分为

(1)萌芽期(1994—2003)

研究文献很少。

(2)专业研究开始(2004—2206)

个别高校开始研究，整体很少。

(3)研究转折点(2004—2005)

留守儿童的期刊数目增多，研究转型。由个体到整体开始对留守儿童研究，对留守儿童进行了系统研究。

(4)研究成果丰富期(2006—至今)

研究的论文增多，关于留守儿童的研究增多。

三、调查对象及方法

1. 调查对象

本文以精准扶贫视角下农村留守儿童社会关注度问题研究为研究对象展开。本文研究共分为五个部分，第一部分是绪论部分，阐明本文研究的研究背景及意义，介绍国内外研究现状，说明本文的研究内容、研究方法，并指出本文的研究创新与不足之处。第二部分是正文及分析结论，主要有问卷数据基本情况、大部分人对留守儿童有所了解和关注、农村留守儿童的情况的社会关注、农村留守儿童的父母的情况的社会关注、教育扶贫对农村留守儿童教育的帮助的社会关注、农村留守儿童的教育质量问题的社会关注的调查研究。第三部分是农村留守儿童教育问题的社会关注程度及其原因，结合农村留守儿童教育问题的社会关注程度，指出农村留守儿童教育问题的社会关注程度不够的原因。第四部分针对精准扶贫视角下农村留守儿童现存问题做出对策和建议，指出从政府层面、社会层面、家庭层面给出相应的对策和建议。最后，是对文章的系统总结及展望。

2. 调查方法

本文主要采用问卷调查法、文献研究法、比较分析法这三种基础的研究方法。

(1)问卷调查法

问卷调查分为两种形式。一是网络问卷调查，通过软件制作网络问卷，通过手机QQ、微信转发，为了不局限于本校大学生群体，收集更加不同地区、不同职业、不同年龄、不同人群了解现状的调查资料，采用了网络问卷，通过转发扩大调查面积及其对象，加大调查研究结果说服力。二是实体问卷调查，大多数为在校学生，部分为在校老师、后勤人员、食堂工作人员，通过分发实体问卷，增加不同年龄段群众的调查，使调查结果更加多元化。

(2)文献分析法

即查阅相关文献资料并对其进行分析，从而全面、正确地了解法律的发展历史进程，社会体现的不同形态以及法律对维持社会稳定所起的重要作用。通过对相关文献资料的检索、浏览、筛选、阅读、记录、鉴别，初步形成对所研究问题的科学认识和理论积累。在该课题的研究中，文献分析体现在：第一，对法律发展有着一定的了解；第二，法律同生活息息相关，结合社会的发展进行问卷的合理设计。

文章的大致研究思路和研究方向确定后，通过搜集中国知网等论文数据库中的相关资料，结合国家机构发放的关于留守儿童数据资料，作出了系统的筛选和整理

(3)比较分析法

我们通过在网上查找资料，主要有三方面的分析。第一，将国内和国外留守儿童情况进行对比，分析产生不同情况的原因，分析地域性差别和社会福利以及保障制度的不同；第二，将我国不同年份不同阶段扶贫政策对比，分析不同社会发展阶段不同政策产生变化的原因；第三，将我国不同时期对留守儿童定义、不同的研究程度进行对比，分析不同阶段社会发展状态下对留守儿童的关注和投入的力量！

四、创新点及不足

1. 创新点

第一，我们采用了网络与实体问卷相结合的方法，调查对象涉及多省市，使得调查结果具有一定的普遍性。

第二，将政策和研究对象结合，以精准扶贫为视角，来调查社会人群对留守儿童的关注度。

第三，运用三种研究方法，更为系统。

2. 研究的不足

(1)受时间地点限制，调查方式较为单一

本调查是在学校利用课余时间完成的，由于时间有限，所面对的调查对象有一定的局限性，获取的调查信息可能比较单一，所以最后得到的结果只能反映部分群体的结论。

由于经验不足、能力有限，在实际进行调查中所采用的方式过于单一，没有能够从实际多方面进行调查，对不同的人群受体没有采取不同的调查方式。

(2)成员人数少，缺乏专业知识和经验

作为学生，本小组调研员缺少相关的专业知识及实践经验，对调研过程并不熟悉，对相关的知识没有系统地学习。因此无法对有效的信息

进行准确筛选和归纳总结。

调查过程、整理归纳总结由于人员较少，过程中想法片面单一，没有更多的新颖点。

第二章　正文及分析结论

一、问卷数据基本情况

本次问卷采取网络问卷调查形式，共回收问卷 368 份。其中，18 岁以下的人占 10.63%，18—30 岁的人占 85.63%，31—50 岁的人占 3.13%，50 岁以上的人占 0.63%；学生占 84.38%，自由职业者占 7.5%，政府工作人员占 3.13%，企业单位工作人员占 5%；本次调查有 4.38%的人非常了解精准扶贫政策，有 46.88%的人比较了解，有 44.38%的人不太清楚，有 4.38%的人完全没有听说过。

二、大部分人对留守儿童有所了解和关注

您了解什么是农村留守儿童吗？

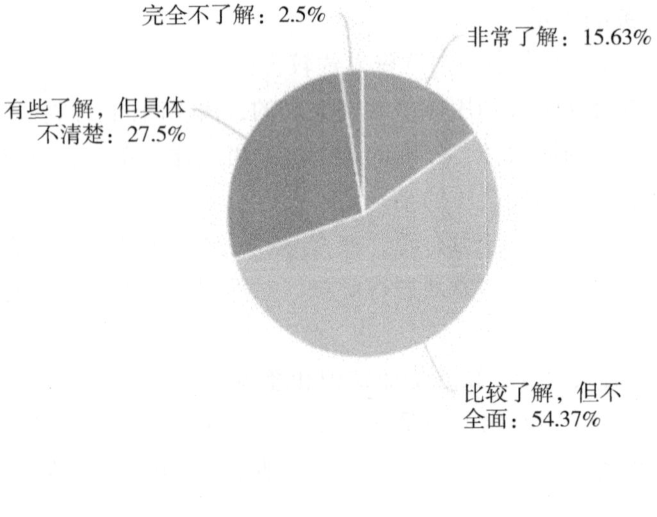

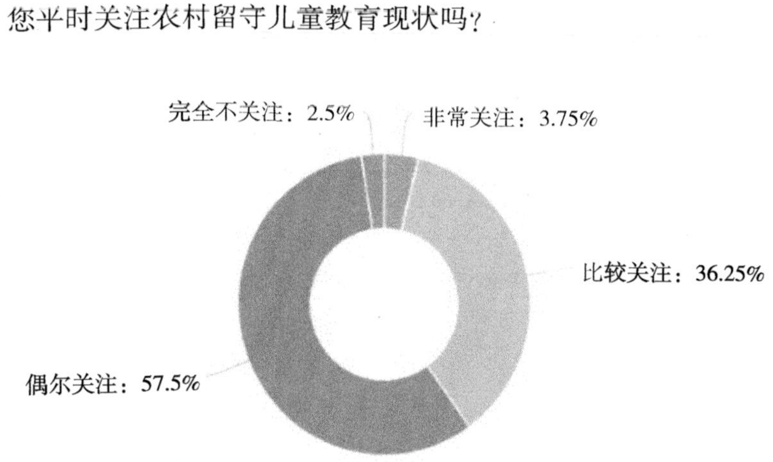

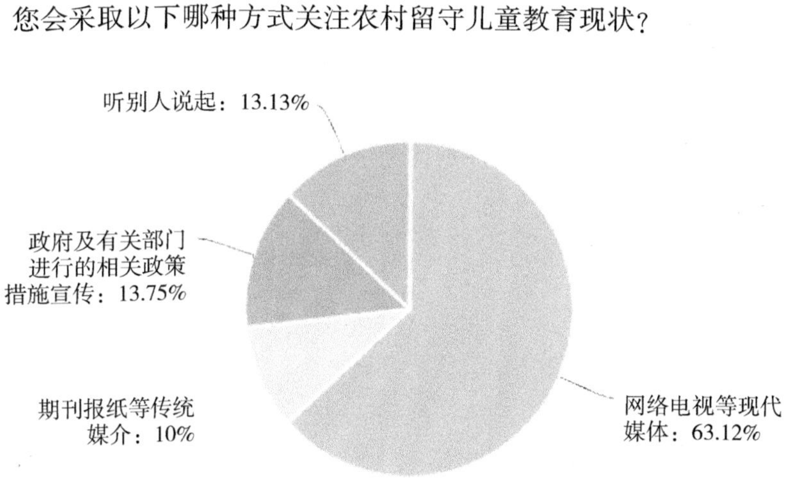

由上面的图可以看出超过半数的人对留守儿童比较了解，但不全面，完全不了解的人很少；大多数人都是偶尔关注留守儿童现象，比较关注的人也很多，完全不关注的人非常少；大家还会通过各种途径了解留守儿童，其中，网络等现代媒体是主要途径。由此可知，大多数人对留守儿童还是有所了解和关注的。

三、农村留守儿童的情况的社会关注

您周围有农村留守儿童吗？

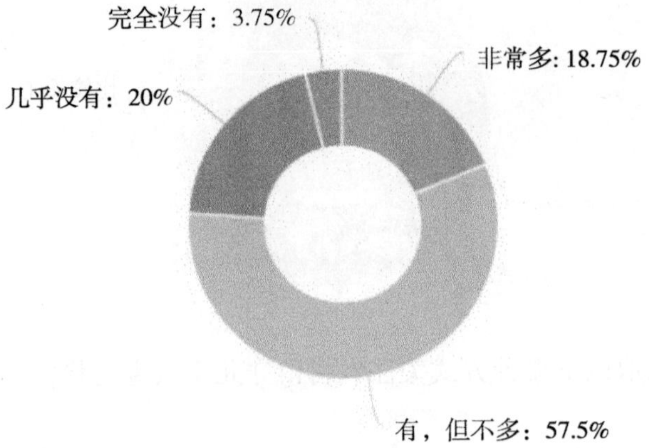

您周围的农村留守儿童性别比例情况为？

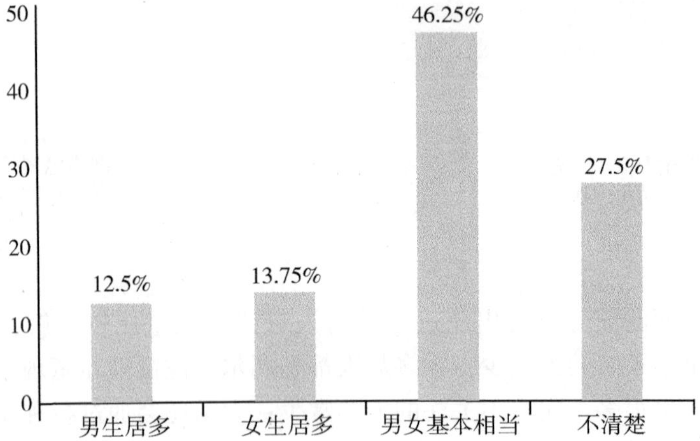

您周围的农村留守儿童性格如何？

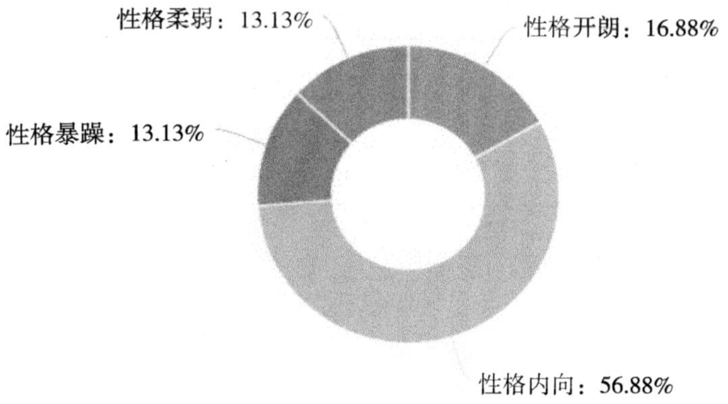

您周围的农村留守儿童成绩如何？

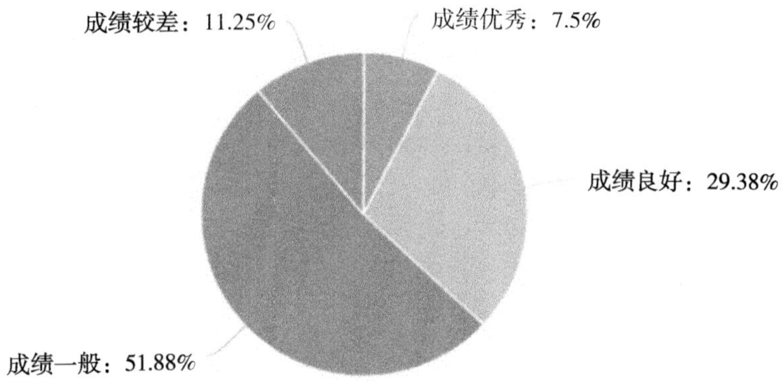

由上面的图可以看出农村留守儿童的情况是普遍存在的，性别比例基本是1：1。农村留守儿童的性格大多偏内向，性格开朗的比较少。农村留守儿童的学习成绩大多数比较一般，成绩优秀的占的比例很少。

四、农村留守儿童的父母的情况的社会关注

您周围的农村留守儿童父母双方的受教育情况为？

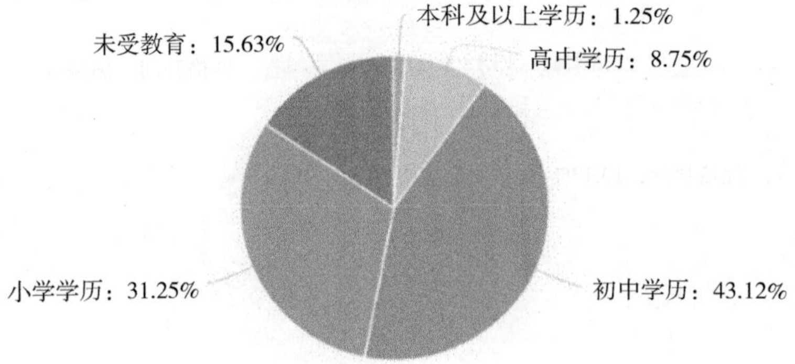

农村留守儿童的父母的学历普遍较低，本科及以上学历的就特别少见了。

五、教育扶贫对农村留守儿童教育的帮助的社会关注

您认为教育扶贫与农村留守儿童教育质量是否相关?

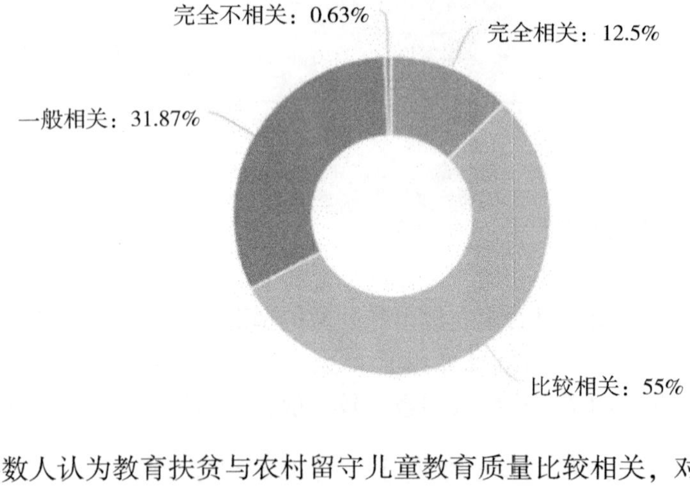

多数人认为教育扶贫与农村留守儿童教育质量比较相关，对农村留守儿童有帮助。

六、农村留守儿童的教育质量问题的社会关注

您认为农村留守儿童接受的教育存在哪些问题？(多选)

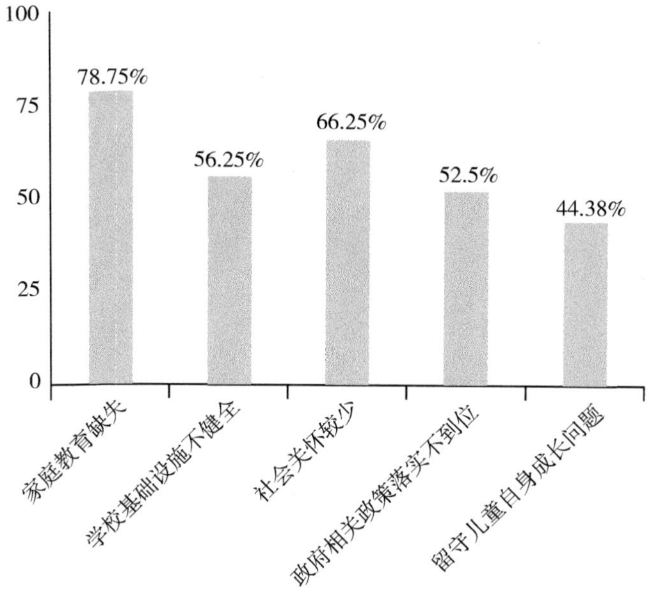

您认为造成农村留守儿童教育质量问题的主要原因是什么？

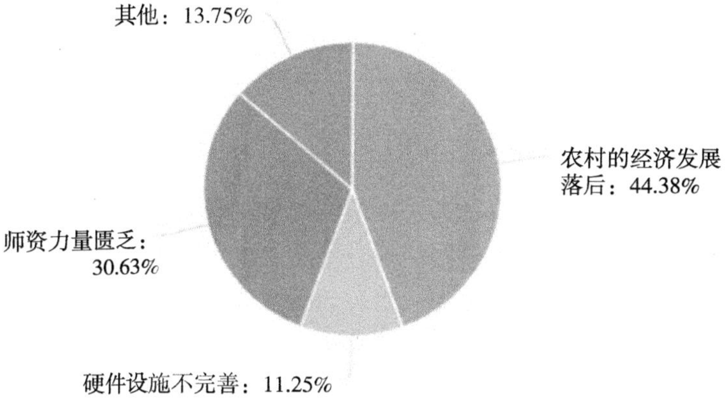

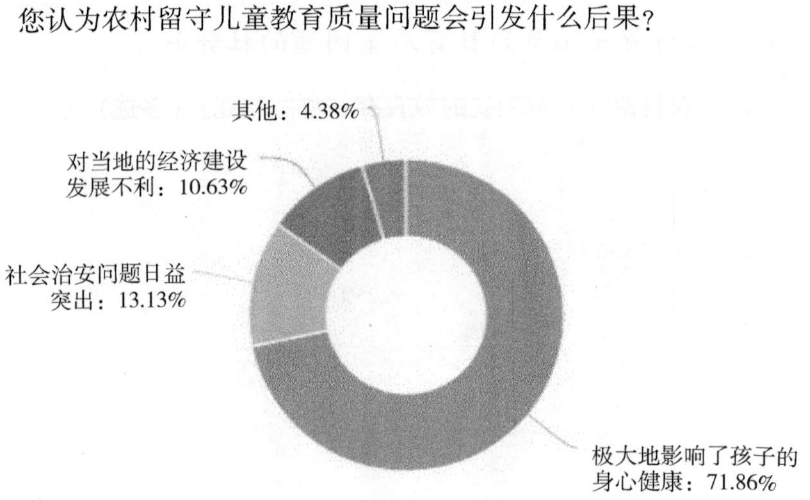

大多数人认为农村留守儿童的教育质量存在的问题有家庭教育的缺失和社会关怀较少，也有很多人认为是学校基础设施不健全，政府相关政策落实不到位，城乡二元体制长期以来的诟病以及留守儿童自身成长问题。大多数人认为造成农村留守儿童教育质量问题的主要原因是农村经济发展落后以及师资力量匮乏。很多人认为农村留守儿童教育质量问题会极大地影响孩子的身心健康。

第三章　农村留守儿童教育问题的社会关注程度及其原因

一、农村留守儿童教育问题的社会关注程度不够

根据实践报告再结合社会实际情况，可以初步得出农村留守儿童教育问题的社会关注程度不够的结论。虽然有很多人关注农村留守儿童的教育问题，但是其实是不够的，仅有36.2%的人是比较关注的，57.5%的人只是偶尔关注，所以农村留守儿童的教育问题需要社会更多的关注。

调查中的多数人对农村留守儿童都不是非常了解，仅有15.63%的人是非常了解的；对精准扶贫也不是非常了解，了解的途径也不是很多，尤其是他们对农村留守儿童的关注度不高。但是91.2%的人对精准扶贫与教育扶贫的关系的理解比较正确。所以他们并不是不愿意去关注农村留守儿童，而是有很多问题限制了他们。

二、农村留守儿童教育问题的社会关注程度不够的原因

第一，政府的工作不到位。政府的工作是至关重要的，政府的工作能影响民众。而45.63%的人认为政府政绩工作没实际意义，由此就可以看出政府的工作不到位，没有得到民众的认同。所以才导致农村留守儿童教育问题的社会关注程度不够。

第二，42.3%的人对农村留守儿童教育问题的认识不足。民众对农村留守儿童教育问题不了解就不会去关注农村留守儿童教育问题，也不愿意去关心农村留守儿童，不知道农村留守儿童面临的问题，这也就导致了社会关注度不够。

第四章　对策和建议

据调查显示：3.75%的人非常关注农村留守儿童教育现状；36.25%的人比较关注；57.5%的人偶尔关注；2.5%的人不关注。关注度比较低，国家、社会、家庭层面对于留守儿童教育问题的要求更是不同。

一、政府层面

调查显示，13.75%的人是通过政府和有关部门相关政策的宣传了解留守儿童的教育情况。少年强，则国强。少年是祖国的未来，是一个民族的希望。儿童的发展关系着民族的兴衰，留守儿童的教育、生活问题是政府的工作重中之重！科技强国时代，留守儿童的教育问题不容忽视！

1. 完善工作机制，强化各部门之间的有效协调

农村留守儿童的工作必须由政府管理，由政府领导。相关部门与之合作，共同完成这项工作。加强各部门在留守儿童工作中的团结协作，有利于解决留守儿童部分问题的系统性和彻底性，有利于相关政策的执行和落实，共同做好留守儿童问题的解决。

2. 建立和管理留守儿童基本情况登记制度

建立留守儿童档案，对留守儿童进行普查，进一步确定留守儿童的数量，登记留守儿童的状况、父母外出工作的地点和时间、留守儿童的教育、心理和安全需要，密切关注留守儿童的家庭状况、心理状况、成长变化等。

3. 大力发展农村经济，精准扶贫

调查显示，留守儿童的教育质量问题的主要原因：农村经济发展落后占44.38%，庞大的数字显示着农村经济对留守儿童教育的影响，发展农村经济，有利于减少留守儿童数量，有利于改善留守儿童的生活。

二、社会层面

据调查，66.25%的人认为社会对留守儿童的关注较少。根据当前农村社会发展的实际情况，社会的可作为是加强和完善农村社区教育组织或机构建设，充分发挥社区教育对学校教育和家庭教育缺失的弥补作用，使家庭教育、学校教育和社会教育三位一体，互补共生。

1. 学校

(1)学校应该联系周边有益活动，组织留守儿童一起参加一些有趣活动。留守儿童因为确实父爱母爱，对于他们来说，家一定程度上没有学校给他们的温暖多，老师和同学反而给了他们更多关爱，在日常生活中举办有益活动，他们参与其中，能给他们更多的快乐。可以让他们和其他学校小朋友一起“手牵手”活动，教给他们如何解决生活中的难题，如何自立。老师在其中扮演父母的角色，给予他们以“父爱”“母爱”。暑期里，学校开展了“留守儿童暑假快乐周”活动，“留守儿童”在老师地指导下看书、读报、作业、游戏，度过了快乐而有意义的一周。

(2)教育的关键在教师。老师应该通过QQ和微信经常与孩子父母联系，讲述学生的平时情况平时生活，定期家访，和留守儿童的祖辈监护人交流，跟踪思想教育。

(3)健全学校教育设施。调查显示56.25%的人认为学校教育设施不健全，严重影响着留守儿童的教育问题，健全学校基础建设对留守儿童的教育起着至关重要的作用。

2. 志愿团体

组织一些志愿活动，调动社会各方面的力量。组织一些关爱留守儿童的活动，由部分志愿人士举办活动，给予留守儿童以物质和精神双方面的支持。社会群体组织，类似大学生暑期实践活动，要深入留守儿童的生活，深入留守儿童家庭中去，和留守儿童一起生活，了解他们的困难和问题，将这些进行归类总结，制作成表，统计反馈给社会各界人士和政府，为留守儿童工作更为了解，为以后的留守儿童工作做一保障。

三、家庭层面

创造良好的家庭环境。家庭教育对青少年行为习惯的养成，品德和心理的形成，个性的发展有着极为重要的影响，因此，要充分发挥家庭教育的功能，为留守儿童的健康成长创造良好的环境氛围。

(1)建立良好的父母与孩子的关系。生活固然重要，但孩子得到教育关系着他们的未来和一个家庭的兴衰。留守儿童的教育问题必须引起父母的重视，为生活四处奔波的同时不能忘记对孩子的教育问题，不能将孩子留给祖辈长期抚养，避免因为祖辈对孙辈的溺爱影响了他们的身心发展。外出打工的同时，要经常和家里联系，和孩子沟通，引领他们的的成长给予他们关爱。

(2)要强化监护人的角色意识。临时监护人主要是孩子的爷爷奶奶，能否真正负起教育孩子的重任、履行其义务、努力为其营造近似完整的家庭氛围和教育环境值得父母深思，爷爷奶奶的溺爱多半会使得孩子误入歧途。为孩子营造好的教育环境极为重要。

(3)留守儿童的父母应该慎重地选择监护人。留守儿童的监护人一般是爷爷奶奶，父母要考虑孩子的教育环境，充分考虑教育儿童。建议父母双方留下一方，而不是全部为生活常年奔波在外，承担儿童的抚养和教育任务。

(4)应该陪伴孩子学习和生活，培养孩子成才是一笔巨大的投资。

社会要和谐，留守儿童就必须健康成长。无论是政府、社会，还是家庭，都要重视留守儿童的教育，要有长远的打算，科教兴国、科教兴家！

结　论

没有调查，就没有发言权。

全面建成小康社会，最艰巨最繁重的任务还是消除农村的贫困。让贫困地区群众脱贫致富，路在何方？习近平总书记指出，扶贫要实事求是，因地制宜；要精准扶贫，切忌喊口号。精准扶贫就是解决问题的良方，要将精确扶贫进行到底。

精准扶贫是党中央、国务院根据目前扶贫工作中的新情况、新问题而对扶贫工作提出的新要求，是打好新一轮扶贫开发攻坚战的根本方法和指导方针，对进一步加强和改善新时期的扶贫攻坚的工作有着极其重要的作用。

面对留守儿童情况：1. 摸底造册，建立留守儿童档案。对“留守儿童”状况深入了解，登记造册，统计汇总，随时关注留守儿童的动态。2. 在思想、学习和生活方面给予关心。及时发现潜在的问题，帮忙他们解决生活与学习上的困难。主动、真诚地关心、帮忙他们，让他们感受到温暖。3. 实施教师结对帮扶留守儿童制度。在留守学生中确立重点帮扶对象并配备帮扶教师。结对帮扶教师经常与留守学生谈心，适时与家长联系，随时掌握留守学生的思想动态，引导他们健康成长。4. 留守儿童专项表彰会，激励学生用心进取。表彰一批品学兼优的留守儿童，以引导他们平时刻苦学习，磨练意志，端正品行，长大后报效祖国，回报社会。5. 社会力量应该投入更大，给予他们精神上的支持，让他们在快乐中成长，呼吁社会人士一起奉献和关爱他们。6、家庭方面，父母应该投入更多精力去照顾孩子的生活，给予有爱的家庭环境，引导他们成长，给他们的心里性格等身心问题以好的影响。

就精准扶贫政策而言，这是针对和解决民生问题的，国家政府为民生问题投入了巨大努力，对农村贫困家庭给予了很大支持帮助。扶贫政策实行多年，精准扶贫具有针对性，就调查情况而言，社会人群对精准扶贫的了解很浅，认识不足。就留守儿童来说，政府给了他们很多支持，有物质金钱的帮助，有针对留守儿童的优惠条件，有关于留守儿童的制度政策保障，政府为留守儿童投入了很大人力财力和精力；社会团队给了他们很多支援，学校、社区为他们建造温馨快乐的“家”环境，保障了他们的生活和外围环境，志愿者们也常常去关爱他们，举办关于关爱留守儿童的活动，向社会宣传，给予他们精神上的支持；于家庭方面，父母不能一味追求物质生活而影响了孩子的性格心理甚至未来。他们是家庭的希望，应该更多关注他们的教育和精神生活，给他们一个有父母关爱的家庭！

在精准扶贫视角下提高留守儿童的社会关注度！

◎参考文献

1. 曹斌．浅谈在基层一线如何实施好精准扶贫工作[J]．港澳经济，2016(35)：114.

2. 咸大伟．农村留守儿童存在的问题及教育对策[J]．现代教育科学，2009(10)：50-51.

3. 魏富云，于天红．留守儿童教育问题之探究[J]．现代交际，2011(1)：12-13.

4. 罗红平．社会工作提升农村留守儿童隔代监护人家庭教育水平的实务探索[D]．井冈山大学，2017.

5. 陈兴荣．农村社区教育现状与对策[J]．新农村，2014(4)：54-55.

6. 郭秀荣．创新扶贫方式，实现精准扶贫[J]．祖国，2016，30(11)：172.

附录：

一、调查总结

齐佳祥：在这为期近三个月的调查研究中，我们对精准扶贫视角下农村留守儿童社会关注度的情况进行了相对比较系统地调查和分析。这个过程同时也是我们对精准扶贫政策的深入学习，有了更深的理解；留守儿童作为一个庞大的弱势群体，需要更多的力量去帮助和关爱他们，为留守儿童营造相对温馨的外围环境。在调查问卷中，我们精心设置问题，针对要研究的对象设置针对性问题，网络和线下答卷的问卷方式，我们寻找不同年龄，不同地区的人群，同时也锻炼了我们的交往能力；做一份调查报告，上网查找文献，整理归纳总结，对调查问卷和调查对象进行分析研究，要做一份真实满意的调查报告，要客观反应存在的现象和本质，这是比较花费时间和精力的过程，期间很感谢我的搭档。感谢学校给了我们这样一个深入学习和锻炼自我的机会平台；感谢老师不辞辛苦耐心为我们调查进行指导，对调查的进度和方向进行把握，对研究主题、问卷内容、调查报告严格把关；感谢队友的协作，虽然只有两个人，但在我们的努力下依然不落进度，面对问题我们及时讨论分析解决。这次的调查实习，对我而言，是非常有帮助的一次。也希望以后能有更多这样的实习，来扩展自己的知识面，增加自己的经验。

万筱冰：这是一次比较有意义的实践。从小到大，经常那个会填写各种各样的调查问卷，也会看到许多种访问方式。但这是第一次系统的，全面的，学习调查文件，并且设计调查问卷。在这次实践中，觉得乐在其中。也会觉得，原来习以为常的调查问卷包含了这么多的原则，知识。也会明白，自己填写过的调查问卷各种各样，是因为会根据调查内容的不同而进行不同的设计。在这个过程中，我首先明白了问卷的基本结构，问卷设计的原则，问卷设计的基本步骤，问卷设计的基本方法，答案设计的要求，以及各种注意事项。虽然对这些会有基本的常识性的了解，但这次具体的学习和实践。使我更深入地掌握了这些方法。也为以后社团活动，学习生活以及工作中，遇到类似的任务，可以更加顺利，出色地完成。另外，这次的小组活动，让我深刻明白了团队合作的重要性，分工合作，并且集思广益，进行了很多次的修改，或许最后的结果还是会有问题。但是我们在一起共同探讨，相互研究，我在其中也得到了很多收获。讨论中，也会发现自己在思考中也会有很多方面是自己考虑不到的。所以二人团队合作其实可以扬长避短，弥补我的缺点。

二、调查问卷

就精准扶贫视角下农村留守儿童教育问题
社会关注度调查研究

1. 您的年龄是多少？[单选题]*

○18 岁及以下

○18—30 岁

○30—50 岁

○50 岁以上

2. 您的职业是？[单选题]*

○学生

○自由职业

○政府工作人员

○企业单位工作人员

○个体经营者

3. 您是否了解精准扶贫政策？[单选题]*

○非常了解

○比较了解

○不太清楚

○完全没听说过

4. 您是通过何种途径了解到精准扶贫政策的？[多选题]*

□电视、报纸、广播等大众传媒

□听其他人说

□村委会宣传

□乡(镇)政府宣传

□县委政府以及上级领导部门下乡调研宣传

□无任何获得途径

□其他

5. 您对精准扶贫是如何理解的？[多选题]*

□发放救济金增加收入

□为困难群众办理“低保”

□建立健全养老保险制度和医疗保险制度

□政府政绩工作没实际意义

□其他

6. 您希望精准扶贫提供何种帮助？[多选题]*

□现金

□生产技术

□就业

□社会福利

□其他

7. 您如何理解精准扶贫与教育扶贫的关系？[单选题]*

○教育扶贫是精准扶贫的重要组成部分

○教育扶贫的实施在一定程度上有利于精准扶贫的开展

○教育扶贫的实施对精准扶贫的开展影响较小

○教育扶贫与精准扶贫没有任何联系

8. 您了解什么是农村留守儿童吗？[单选题]*

○非常了解

○比较了解，但不全面

○有些了解，但具体不清楚

○完全不了解

9. 您平时关注农村留守儿童教育现状吗？[单选题]*

○非常关注

○比较关注
○偶尔关注
○完全不关注

10. 您会采取以下哪种方式关注农村留守儿童教育现状？[单选题]*
○网络电视等现代媒体
○期刊报纸等传统媒介
○政府及有关部门进行的相关政策措施宣传
○听别人说起

11. 您周围有农村留守儿童吗？[单选题]*
○非常多
○有，但不多
○几乎没有
○完全没有

12. 您周围的农村留守儿童性别比例情况为？[单选题]*
○男生居多
○女生居多
○男女基本相当
○不清楚

13. 您周围的农村留守儿童性别比例情况为？[单选题]*
○男生居多
○女生居多
○男女基本相当
○不清楚

14. 您周围的农村留守儿童父母双方的受教育情况为？[单选题]*
○本科及以上学历
○高中学历
○初中学历
○小学学历
○未受教育

15. 您周围的农村留守儿童性格如何？[单选题]*

○性格开朗
○性格内向
○性格暴躁
○性格柔弱

16. 您周围的农村留守儿童性格如何？[单选题]*
○性格开朗
○性格内向
○性格暴躁
○性格柔弱

17. 您周围的农村留守儿童成绩如何？[单选题]*
○成绩优秀
○成绩良好
○成绩一般
○成绩较差

18. 您认为农村留守儿童的监护人能否很好地履行职责？[单选题]*
○能够很好履行职责
○基本能够履行职责
○不能履行职责
○不确定

19. 您认为教育扶贫与农村留守儿童教育质量是否相关？[单选题]*
○完全相关
○比较相关
○一般相关
○完全不相关

20. 您对农村留守儿童教育现状的满意程度为？[单选题]*
○非常满意
○比较满意
○一般
○不满意

21. 您认为农村留守儿童教育质量存在哪些问题？[多选题]*

□家庭教育缺失
□学校基础设施不健全
□社会关怀较少
□政府相关政策落实不到位
□城乡二元体制长期以来的诟病
□留守儿童自身成长问题

22. 您认为造成农村留守儿童教育质量问题的主要原因是什么？[单选题]*
○农村的经济发展落后
○硬件设施不完善
○师资力量匮乏
○其他

23. 您认为农村留守儿童教育质量问题会引发什么后果？[单选题]*
○极大地影响了孩子的身心健康
○社会治安问题日益突出
○对当地的经济建设发展不利
○其他

24. 您认为政府在各个方面发挥的作用如何？[单选题]*
○政府重视，发挥作用很大
○政府比较重视，发挥作用比较大
○政府不太重视，发挥作用不大
○政府不重视，根本不发挥作用

25. 您对于精准扶贫视角下我国农村留守儿童教育质量提升有何建议？[填空题]

____

当代大学生对我国优秀传统文化认知情况的调查报告

成员：江素云　谭玉芳　李威　陈罂冉　吴琼　吕诗佳
指导老师：李锟

一、引　　言

（一）本选题的背景

中华优秀传统文化是实现中国梦的内在推动力、中华人民的精神原力，更是习近平新时代中国特色社会主义思想的重要渊源。但在全球化的今日，飞速发展的互联网技能，使得各国文化翻倍增长、更强力度的相互渗入，尤其是欧洲、北美等的文化思潮涌入中国，中华优秀传统文化逐渐消磨了中国文化价值理念原有的核心地位。大学生是践行社会主义核心价值观的主力军，本研究旨在调查发现当代大学生对中国优秀传统文化的了解程度，找出问题并给出建议。

1. 在十九大报告中，关于十八大以来的五年内我国取得的十大成就，讲到“思想文化建设取得重大进展。”“中国特色社会主义和中国梦广泛传播，中国的优秀传统文化和社会主义核心价值观被大力弘扬。”

2. 但在全球化的今日，飞速发展的互联网技能，使得各国文化翻倍增长、更强力度的相互渗入，尤其是欧洲、北美等的文化思潮涌入中国，中国优秀传统文化逐渐消磨了中国文化价值理念原有的核心地位。

3. 中华优秀传统文化是实现中国梦的内在推动力、中华人民的精神原力，更是习近平新时代中国特色社会主义思想的重要渊源。

(二)目的

1. 文化自信有一种深沉而持久的影响力，从而使国家和民族能够向前发展，在我们深刻认识到中华优秀传统文化之前，必须要加强对其核心观念、人文和道德规范等方面的教育和培养，时代在发展，文化需要创新，要让中华文化能在祖国乃至世界放出经久不息的光辉。

2. 大学生是践行社会主义核心价值观的主力军，本研究旨在调查发现当代大学生对中国优秀传统文化的了解程度，找出问题并给出建议。

二、本调查基本情况介绍

1. 调查时间：2018年4月10至2018年5月10日。

2. 调查对象：武汉科技大学全体在校学生。

3. 发放回收有效问卷数量：164份。

三、调查数据分析

（一）主要调查数据展示

1. 调查对象平时了解中国优秀传统文化的途径选择

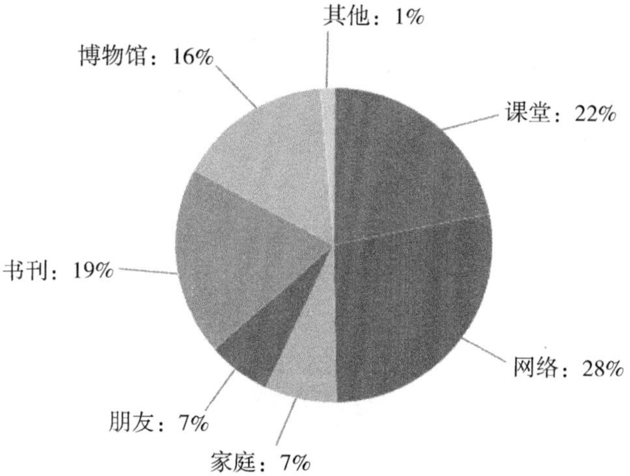

2. 调查对象觉得更容易让人们了解和接受优秀传统文化的途径选择。

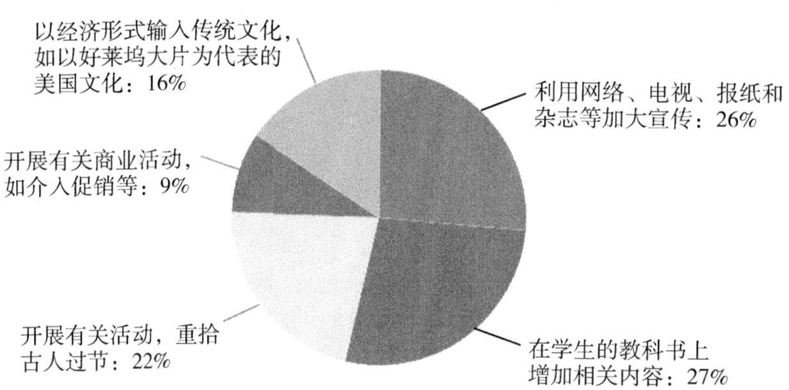

3. 调查对象认为大学生对于优秀的传统文化在传承情况下的影响

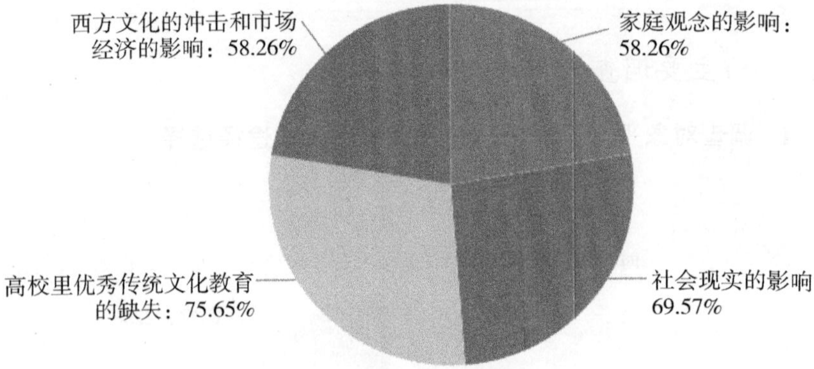

4. 调查对象认为有助于保护优秀传统文化的方法选择

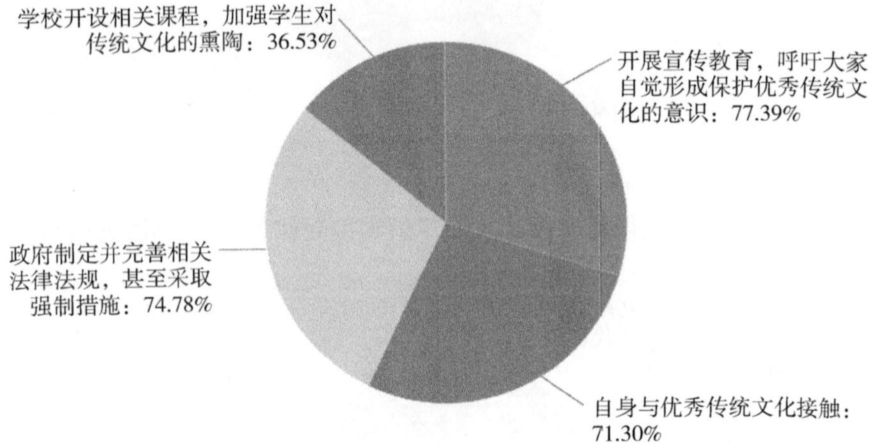

(二)相关分析

本校学生了解我国主要传统文化普遍通过网络和课堂，另外也有少数学生通过博物馆和家庭等途径。且相当部分学生认为中国优秀传统文化认知和传承情况，受高校相关文化教育的缺失和社会现实的影响。他们认为对于传统文化的认知与所处环境有着密切的关系，对于传统文化的态度与意识由环境影响和改变。

大部分学生在所受的教育中，非常明白传统文化的重要性，对其认同度极高，也为自己国家的文化感到自豪。从而可以从侧面反映出传统文化有十分大的发展空间。

同时，超过大半的学生认为应当加强各高校的文化教育及全方位宣传。且大部分高校生认为扩展传统文化影响力的途径最重要的是利用网络、电视、报纸、杂志等加大宣传，其中也包括在教科书上增加相关的文字和活动等，例如效仿古人过节、穿汉服等使学生加深兴趣从而提升传统文化的知识。

四、本研究主要发现

全球范围掀起的中国文化热潮也局限于汉语学习等方面，中国整体优秀传统文化总的来说现在受众较小。当代大学生对于学习优秀传统文化观念较为淡薄，课外活动依旧集中于网络和娱乐、游戏、小说等。同时高校在开设相关选修课方面还有待提高，关于文化的宣传力度也亟待加大。

（一）调查对象对我国传统文化的认知程度

1. 本校各类专业学生对中国传统文化认知的程度层次不齐，并与高中所学学科有一定联系。性别方面也存在一定的差异，女生比男生更为关注我国优秀传统文化。

2. 本校大部分学生能够认识到优秀传统文化的重要性，但难以从自我做起，真正去了解学习优秀传统文化。

3. 本校相当部分同学认为校园氛围太过现代化和浮躁，商业气息浓厚，传统文化观念较为薄弱和无感觉。说明我校校园氛围确实有待改善。

4. 本校大部分学生对“中国优秀传统文化”认识并不全面，基本常识普遍不够了解。且大部分学生更喜欢现代文化，尤其是网络小说，漫画，杂志等。除课堂所学内容外，大部分同学很少课外主动了解中国文化，且承认不感兴趣、所学内容很快遗忘。

5. 本校学生对于传统文化的认知与所处环境有着密切的关系，对于传统文化的态度与意识由环境影响和改变。大部分学生在所受的教育中，非常明白传统文化的重要性，对其认同度极高，也为自己国家的文化感到自豪。这也说明传统文化有巨大的发展潜力。

(二)我国优秀传统文化传承及宣传方面

1. 本校学生了解我国主要传统文化普遍通过网络和课堂，另外也有少数学生通过博物馆和家庭等途径。且大部分高校生认为扩展传统文化影响力的途径最重要的是利用网络、电视、报纸、杂志等加大宣传。

2. 本校相当部分学生认为中国优秀传统文化认知和传承情况，受高校相关文化教育的缺失和社会现实的影响。超过大半的学生认为应当加强各高校的文化教育及全方位宣传。

3. 大学生在文化传承中往往忽视自己的职责。重视度还远远不够。没有意识要成为传统文化的继承者和传播者。

4. 关于本校开展传统文化的选修课大多数学生表示有时间就会去，表达了对待传统文化有一定的支持。也有不少同学表示对传统文化的兴趣，但苦于没有了解渠道。由此可见，学校开设相关课程的需求市场挺大。

五、建议及对策

1. 营造良好的文化学习环境，引导大学生树立正确的传统文化价值观

传统文化包罗万象，蕴含着独有的思维方式、道德伦理和天马行空的想象力。优秀传统文化所包含的内容有利于全面提高大学生的道德综合素质，为开展大学生的思想政治教育工作创造良好的条件。营造良好的文化氛围，激发大学生了解、继承、弘扬中华民族优秀传统文化的兴趣，增强他们自主学习的能力，为大学生形成良好的世界观、人生观和价值观奠定扎实的基础。

2. 利用文化资源，形成良好的文化氛围，弘扬优秀传统文化

文化需要一定物质作为载体才能更好的传承，如书籍、文物、遗址、节日、活动等。学校可以利用此类文化资源，具体来讲：一是定期组织学生参观当地的英雄纪念馆，让大学生身处传统文化气息浓厚的环境之中，增强民族自豪感。二是在各个传统节日期间举办对优秀传统文化进行推广的活动，如清明节到烈士陵园扫墓、缅怀祖辈；端午节举办大型诗歌朗诵会怀念屈原；重阳节登高寄相思等。三是通过各种活动开展，以及号召全校师生学习传统文化，举办读书交流会，加大师生之间的文化交流，提高对传统文化的认知；组织大学生进行社会调查，实地走访等途径积极参加优秀传统文化的实践活动，让大学生体验传统乐趣，感受传统文化的魅力。

通过以上措施，让大学生主动参与到丰富多彩的传统文化活动中，使当代大学生在体验中华优秀传统文化的同时，接受文化的熏陶，更好地加深他们对传统文化的认识，弘扬中华优秀传统文化，从而建立文化自觉。

3. 改革完善教学体系，开设传统文化教育课

大学生的大多数时间仍是在课堂上，因而学习优秀传统文化的主要来源还是课堂学习，据此，高校应适当增加开设传统文化教育课程，完善教学体系，帮助学生提高其个人人文修养。首先，高校在教材的选择上应该慎重，也可适当的与其他高校资深教师共同编写教材，精选内容，集合各优秀学者的智慧。其次，学校应扩大开设此类文化教育课程的范围，并将通识教育课程和公共选修课程相结合，给予公共选修课程高度重视。最后，教学方式理应创新，不拘泥成规，重视实践，将理论与实践相结合，使大学生不仅认识了解优秀传统文化，更是将其外化于行。

4. 端正态度、自觉学习、主动宣传，增强历史使命感与责任感

坚持文化自觉和文化自信，从侧面了解我国优秀传统文化。大学是我们思想道德观形成的重要时期，这同时也是我们把优秀文化发扬广大的一个机遇。大学生作为中华文化的传承人，对优秀传统文化应持有端正的态度和一定的辨识能力，取其精华，弃其糟粕，应该更加主动的去学习继承发扬优秀传统文化。其次，大学生更应当强化大学生的责任意识和使命担当，增强文化自信和文化自觉，而复兴伟大的中华民族则是我们不可推卸的责任，文化在此刻萌芽，而中国必将复兴。

六、总　　结

中华文化的历史源远流长，内容是博大精深的。在对待传统文化这个问题上我们要学会去其传统文化的糟粕取传统文化的其精华，学会“扬弃”，学会辩证的看待问题。对我们当代大学生自身而言，我们应该加深对优秀传统文化的认知。

1. 江素云(组长)调研心得

中国的传统文化有几千年的历史和丰富的内涵，凝聚了中国人民的智慧结晶。然而随着时代的发展，中国的传统文化的精华却不同程度的受到冲击，我们还要主动地去承担传承、传播、弘扬的义务，推陈出新，革故鼎新。我们要热爱我国的优秀传统文化，承担起青少年的重任，为中华文化的发展做出自己的贡献，为我国的文化自信的建设做出自己的努力。

经济全球化使地球上的各个国家的联系更加紧密，文化多样化也让各个民族的文化更加鲜明。只有将传统化与现代文化紧密联系起来，才能让传统化焕发出新的活力。而我们大学生是新时代发展的主力军，为了实现中国复兴的伟大中国梦，我们大学生必须坚持文化自信！必须要从心底充分了解、认同、热爱中国优秀的传统文化！

中国优秀传统文化是值得所有国人甚至世人感到骄傲的！我由衷的热爱我国文化，尤其是古人在文学创造方面的遗产，觉得中文比世界任何其他文字都更令人震撼和感动。但是随着经济全球化的发展，世界各国文化的碰撞融合，一方面带来了新思想的注入，使得中国文化紧跟世界文化的潮流，但另一方面，却也让众多轻易动摇的国人抛弃甚至遗忘了中国优秀传统文化，而去过度追捧日韩潮流、欧美文化。

我们在此次的调查中发现，优秀传统文化被很多大学生所熟知。但我国的优秀传统文化的继承和弘扬面临着巨人的威胁，需要富有创造力的中华儿女的传承和发扬下，在世界文化中闪耀出属于中华民族的智慧之光。

2. 李威调研心得

在我们的调查中发现，愿意投入学习和弘扬传统文化的大学生少之又少。这与当代大学生所处的浮躁和现代化的社会环境有关。我们希望可以有更多的大学生拥有主人翁意识，从自身做起，关注学习，传播，弘扬传统文化。

3. 吴琼调研心得

通过这次毛概的社会调研，我们从中了解到当代大学生的思想和对中国优秀传统文化的态度，我们不能仅仅拘泥于校园，应当借助互联网等网络平台激发人们对传统文化的热爱，要掌握更多的技巧与方法去理解其思想内涵。

4. 谭玉芳调研心得

在调查研究中发现，很多同学知道但是不了解传统文化，看重却没有更多的时间去深入了解，所以学校是不是也可以从开设的课程方面创造多一点的选择空间，再加上大学生的自主意识，中国的优秀传统文化更应该被发扬光大。

5. 陈曌冉调研心得

通过本次实践调查，我认识到当代大学生虽然在传统文化认知方面较父辈而言，显得欠缺许多，但他们对文化的认同感和热爱并没有减少，而且在全球化更明白文化的重要性，所以需要更大努力重拾传统文化。

6. 吕诗佳调研心得

通过这次实践报告，对待传统文化我们正确的态度是取其精华，去其糟粕。最重要的是，我们要倡导中国的传统美德，作为生活方式推广开来。也要吸收西方世界的优秀成果。世界上每个民族都有自己的优点和缺点，我们应该相互学习，才能进步。吸收其他国家的文明成果，更能够促进本民族的文化发展。

◎参考文献

[1]王伟忠．当代大学生道德社会化的多维透视——基于浙江省当代大学生的实证研究[J]．中国青年研究，2016(03).

[2]风笑天：社会调查中的问卷设计(第三版)[M]．中国人民大学出版社，2014 年.

[3]高校思想政治理论课程网站 http：//www. sxz. edu. cn/portal/home. htm？ type=0.

[4]程为民、熊建生：当代大学生中华优秀传统文化认同状况分析——基于国内十余所高校 700 名大学生的问卷调查[J]．教育研究与实验，2016(4).

[5]习近平．青年要自觉践行社会主义核心价值观——在北京大学师生座谈会上的讲话[EB/OL]．http：//www. xinhuanet. com，2014-05-04.

[6]习近平．决胜全面建成小康社会 夺取新时代中国特色社会主义伟大胜利——在中国共产党第十九次全国代表大会上的报告[EB/OL]. http：//www. 12371. cn/2017/10/27/ARTI1509103656574313. shtml，2017-10-18.

附录

附录一　本小组的调查问卷样表

主题：当代大学生对我国优秀传统文化认知情况

题目：

1. 您的性别？

　A. 男　　　　B. 女

2. 您的年级？

　A. 大一　　　　B. 大二

C. 大三　　D. 大四
E. 研究生及以上

3. 您的专业类别?
A. 理科类　　B. 文科类
C. 工科类　　D. 艺术体育类

4. 您认为您所在的大学校园氛围?
A. 现代化，商业范围浓重，传统文化气息薄弱
B. 古色古香，学术氛围浓重，传统文化气息较强
C. 没特别感觉

5. 以下选项中您认为是我国优秀传统文化的有(多选)：
A. 传统节日　　B. 中国戏剧
C. 中国建筑　　D. 传统中医
E. 民风民俗　　F. 衣冠服饰
G. 传说神话　　H. 饮食厨艺
I. 传统音乐　　J. 中国对联
K. 古玩器物　　L. 诸子百家
M. 名山大川

6. 下面的读物中，您喜欢看(多选)：
A. 四大名著　　B. 时尚杂志
C. 网络小说　　D. 漫画书籍
E. 历史书籍　　F. 古典诗词
G. 现代散文　　H. 其他：

7. “不以规矩，不成方圆。”这句话出自?
A.《论语》　　B.《孟子》
C.《大学》　　D.《中庸》

8. 国画、中医中药、与下列哪项并称中国三大国粹?
A. 古代建筑　　B. 书法
C. 京剧　　D. 儒家文化

9. 您平时了解中国优秀传统文化的途径(多选)：
A. 课堂　　B. 网络

C. 家庭　　　　D. 朋友
E. 书刊　　　　F. 博物馆
G. 其他

10. 您觉得通过什么途径更容易让人们了解和接受优秀传统文化(多选)：
A. 利用网络，电视，报纸，杂志等加大宣传
B. 在学生的教科书上增加相关内容
C. 开展有关活动，重拾古人过节
D. 开展有关商业活动，如介入促销等
E. 以经济形势输入传统文化，如美国好莱坞大片的美国文化

11. 您觉得大学生对中国优秀传统文化认知和传承情况受什么影响(多选)：
A. 家庭观念的影响
B. 高校优秀传统文化教育的缺失
C. 社会现实的影响
D. 西方文化的冲击和市场经济的影响

12. 用哪种方法有助于保护优秀传统文化(多选)：
A. 开展宣传教育，呼吁大家自觉形成保护优秀传统文化的意识
B. 自身多与优秀传统文化接触
C. 政府制定完善法规，采取强硬措施
D. 学校开设相关课程，加强学生对优秀传统文化的熏陶

13. 如果学校开设关于中国优秀传统文化的选修课，您会？
A. 一定去　　　　B. 如果有时间会去
C. 看情况　　　　D. 没兴趣
E. 学校多此一举，厌恶

14. 您认为优秀传统文化将会如发展？
A. 优秀传统文化与全球化并行不悖
B. 优秀传统文化将逐渐受到中国人民乃至世界人民的推崇
C. 随着西方文化的冲击，中国优秀传统文化将逐渐被淡忘
D. 优秀传统文化将会成为少部分人研究的小众文化

农村留守儿童问题调查

成员：胡林　李齐鹤　戴宗涛　易振　杨晨光　童剑峰
指导老师：李淼

引　　言

（一）本选题的背景

20世纪80年代以来，改革开放进程不断加速和深入发展。同时，由于农业产业结构调整，农业技术水平不断提高，农产品收入水平低下以及城市第二产业发展等因素，城镇劳动力人数也在不断增加。根据国家统计局提供的第三次全国农业普查数据，全国农村劳动力达到农村人口的63.2%。但是，中国城市和农村两元经济结构和户籍制度让农民脱离了传统村落和家庭关系，使家庭关系脱离了特定的地方，进入了一个长距离的交往模式，导致了农村留守儿童的大量留守。据相关数据统计：

（1）留守儿童的数量和比例：农村留守儿童约6102.55万人，占农村儿童总数的37.7%，占全国儿童总数的21.88%。根据2012年全国1%的抽样调查，过去五年农村留守儿童人数增加约242万。

（2）如果根据2009年上半年农业部提供的农村郊游数量，即约8600万人，如果每个留在家里的家庭只有一个孩子，那么农村留守儿童可以得到2500万到3000万。

（3）留守形式：①隔代监护型。即孩子的爷爷、奶奶或外公、外婆帮助他们的父母完成抚养长大、给与教育和监护责任的人物，留守儿童总数的比例为51%。也就是说，把孩子送给他们的亲人或邻居和朋友寻求帮助的父母类型，例如叔叔和阿姨，是47%。也就是完全没有父母长辈的看护而一个人生活的类型，占比2%。

(4)和家长沟通：平均每周与家长联系一次的为27%，两周一次有23%，一个月一次的为33%，两月及以上一次有17%。家长与留守儿童平均见面次数为0.9次/学期，平均交流次数为8.5次/一学期，家长与学校的平均交流时间为6.2次/学期。但是，其他学生与家长平均交流18.6次/学期，与学校平均32.3次/学期。

(5)留守儿童的各方面成绩：良好的有13%；一般的有57%；较差的有22%；不想学习的贫困学生有8%。

(6)与代管照护的人员相处：好的占50%；无论是31%的人生，无论是学习还是思考，9%的人没有心智或能力，8%的人无力承担。

上述数据也详细的表明了：农村留守儿童人数的快速增长，发展缓慢地区的农村留守儿童所显现出来的问题越来越明显，不容我们小视。城市和农村经济结构体的区别性，也造成了农村留守儿童的快速增长，又因为欠缺正常的家庭教育，留守儿童没有足够的关心和教育，各方面权益也不能得到及时的保障，存在在心理上的问题越来越多，道德品质也变了质，在行为上也有陋习。

(二)目的

近年来，随着社会主义经济的高速发展，城市蓬勃发展的二三产业逐渐兴起，城市劳动力越来越多，涌入城市。与此同时，农村留守儿童的相关问题也越来越严重。然而，目前社会对留守儿童问题的研究很少。所以在目前社会改变模式的特别的情形下，对留守问题研究有很大的现实意义。

1. 探索留守问题将有助于构建社会主义和谐社会

在十六届六中全会上中国共产党提出，构建社会主义和谐社会需要以人为本。构建和谐的农村社会是构建社会主义和谐社会不可或缺的组成部分。但从目前情况来看，留守儿童教育问题将成为我们在构建社会主义和谐社会道路上必须解决的问题之一。

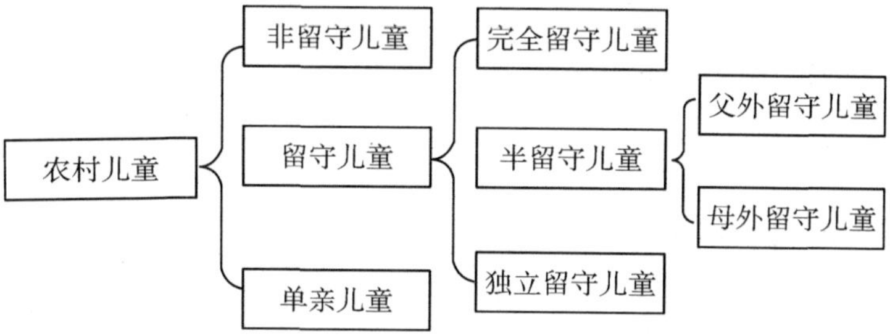

2. 对留守儿童的研究具有重要的社会意义

社会学研究表明，农村留守儿童问题是一个社会弱势群体。他们的父母外出打工，导致家庭结构不完善，缺乏与父母的沟通和沟通，缺乏亲情，易受社会虐待。落后行为是一个社会弱点。弱势群体长期存在会造成严重的社会问题，甚至在一定范围内造成社会动荡。

3. 研究留守问题可以帮助建设新农村

建设新农村是一个非常复杂的系统工程。留守儿童问题与新农村的可持续发展密切相关。留守儿童将成为未来新农村建设的主力军。他们自己的素质水平高低和价值观的程度，对新农村的良性建设有直接影响。

4. 研究留守问题有助于建设服务型政府

服务型政府的一个重要特征是维护社会稳定，促进社会发展，符合广大人民群众的利益。留守儿童问题是建设服务型政府需要认真处理的问题。全面解决农村留守儿童问题是政府开展社会管理创新实践的一项重要任务。解决这个问题将有助于政府在社会管理领域获得非常重要的经验。

一、本调查基本情况介绍

（一）调查时间

2018 年 4 月 10 日~2018 年 4 月 17 日

(二)调查对象

1. 线上网络用户
2. 线下学生、教师以及相关学系教授

(三)调查方式

1. 发放网上调查问卷
2. 对附近乡下小学师生进行实地访谈

(四)发放回收问卷的数量

116份

二、调查数据分析

(一)线上调查问卷内容及分析(节选部分重点)

1. 您了解过留守儿童吗?

选　　项	小计	比例
有兴趣，有专门了解过	27	23.28%
知道，但没有特别关注过	73	62.93%
听说过，但具体不太清楚	14	12.07%
完全不清楚	2	1.72%
本题有效填写人次	116	

分析：知道留守儿童的人约98%，但是真正关注这件事的人却只有23%。在知道留守儿童这群人中，有64%的人都没有关心过这件事。大多数都是知道留守儿童这件事的，然而真正去用心了解并且去关心他们的只有一小部分，可以想象当前改善这一形势的严峻。

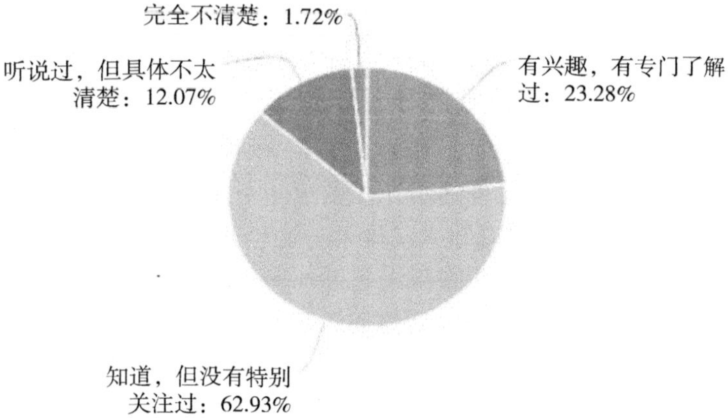

2. 你认为哪一种留守儿童的情况在中国较为普遍？

选　　项	小计	比例
父母或一人首次离家打工时，孩子 1 至 3 岁	39	33. 62%
父母或一人首次离家打工时，孩子 4 至 6 岁	41	35. 34%
父母或一人首次离家打工时，孩子为小学 1 至 3 年级期间	29	25%
父母或一人首次离家打工时，孩子小学 4 至 6 年级期间	3	2. 59%
父母或一人首次离家打工时，孩子为初中及以后	4	3. 45%
本题有效填写人次	116	

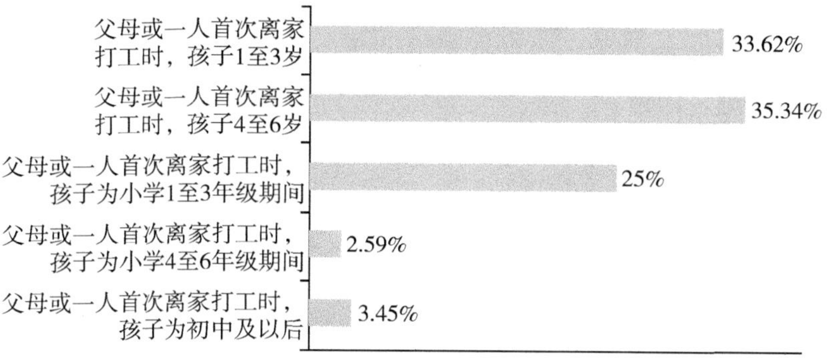

分析：由数据可知，父母或一人首次离家打工时，孩子4到6岁的情况在中国最为普遍，占总量的35.34%，随后紧跟的便是父母或一人首次离家打工时，孩子1到3岁的情况，占了33.62%，排名第三的是父母或一人首次离家打工时，孩子为小学一到三年级的情况，占了总量的四分之一，除此三者之外的留守儿童量并不多，加在一起仅占了总量的6%左右。由数据分析可知，父母第一次外出打工时，孩子年龄大多很小，有六成以上的留守儿童都未超过6岁，有九成以上的留守儿童未超过三年级，而这样的年纪正是孩子们最需要父母关怀的时候。我国留守儿童问题较为严重。

3. 留守儿童外出的父母主要工作是

选　　项	小计	比例
建筑工地	81	69.83%
餐厅打工	15	12.93%
个体创业	2	1.72%
其他	18	15.52%
本题有效填写人次	116	

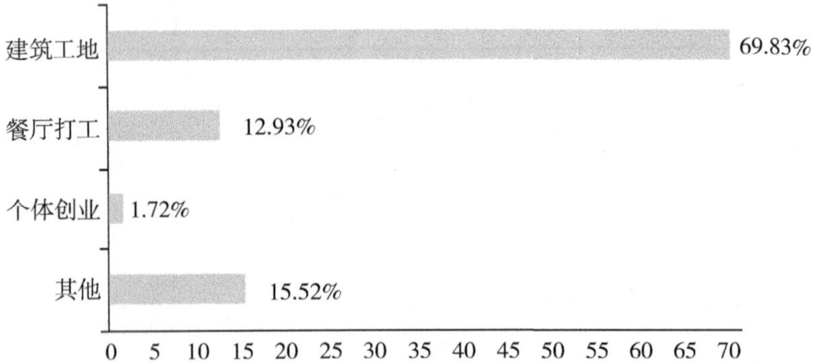

分析：由图中数据看出，外出打工的父母70%左右都在建筑工地打工，这类工作又辛苦又危险，每天都十分劳累，为了自己的孩子在家

能好好学习，总是省吃俭用的，实在为孩子们付出了太多，尽自己最大的能力让孩子生活的更好，他们这些劳动者是最值得尊敬的人。10%左右的父母是在餐厅打工，只有少之又少不到百分之二的父母是在外面个体创业的，个人创业对于这些农村父母来说确实很难。同时这也引发出了城乡经济建设的差异性，大部分农村劳动力选择外出到经济结构更加完整的大都市，这样农民就从传统的村落和家庭关系中抽离了出来，并使得家庭关系从特定的场所中脱离出来，进入到了一个远距离交往方式之中，由此就产生出来规模庞大的农村留守群体——留守儿童。

4. 留守儿童未来的主要方向

选　　项	小计	比例
当地务农	9	7.76%
外出打工	45	38.79%
高考升学	59	50.86%
个人创业	2	1.72%
本题有效填写人次	116	

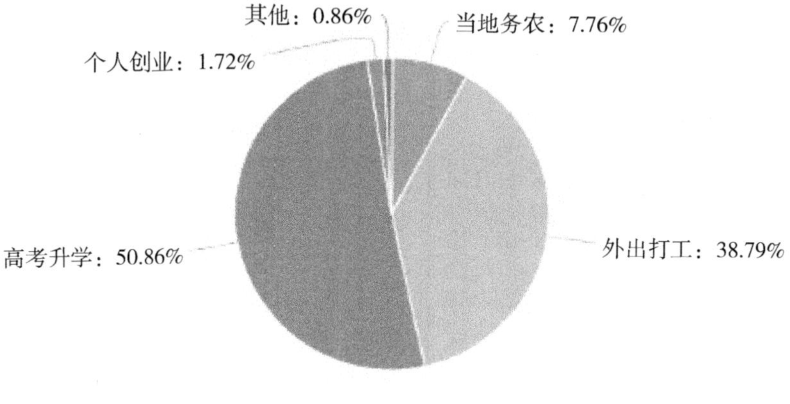

分析：有 50.86%的孩子未来方向是高考升学，还有 38.79%的人选择外出打工。对于农村留守的孩子，没有城市孩子那样优越的条件，他们未来的方向自然也没有更多的选择。有少数肯思考的农村孩子能够

通过创业这条路走下去，闯出属于自己的一片天地。但是对于大部分的留守孩子主要还是得靠高考这一条路，如果高考顺利，就能继续进入大学学习，进而找到一份好工作，拥有一个美好的未来；如果高考失利，就只能选择外出打工。出现这一问题的根源很大一部分原因父母的"进军"大城市的观念从小在他们的观念中形成，使得大部分的农村劳动力越发的想大城市流动，进而农村留守儿童也是只增不减，也就形成这样一个恶性循环。

5. 您认为造成或加剧农村留守儿童问题的原因(多选)

选　　项	小计	比例
我国经济发展不平衡，农村剩余劳动力大量外出打工	92	79. 31%
孩子缺少父母的关爱，隔代监护和亲友临时监护造成孩子亲情饥渴	86	74. 14%
当地学校水平低，无法给予留守儿童更多的关爱和辅导	61	52. 59%
政府给予的关注不够，相关措施不到位	47	40. 52%
社会给予的关注和关爱不够	18	15. 52%
其他	3	2. 59%
本题有效填写人次	116	

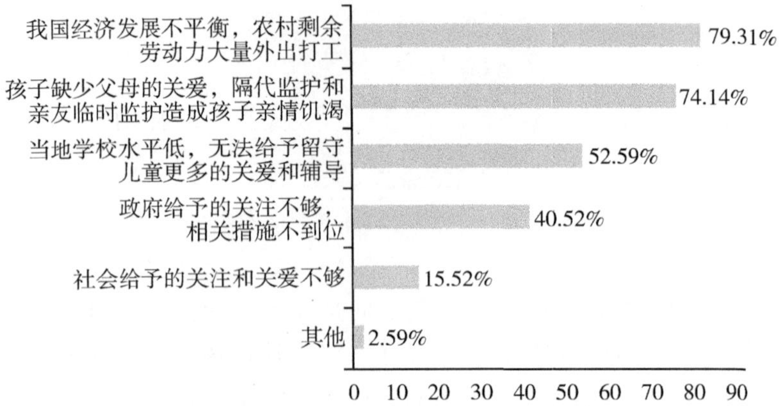

分析： 有将近80%的认为是农村剩余劳动力大量外流和隔代监护和亲友临时监护造成孩子亲情饥渴是造成农村留守儿童加剧的主要原因，也有52.59%的人认为当地学校水平低，无法给予留守儿童更多的关爱和辅导也是加剧留守儿童增多的原因，还有一部分人认为政府的关注度不够和政府的关爱不足同样成为留守儿童加剧的一方面因素。

6. 您认为农村经济发展最大障碍是什么(多选)

选　　项	小计	比例
劳动力缺乏，青年都外出打工	71	61.21%
政府扶持力度不够	78	67.24%
人才缺乏，交通不便	88	75.86%
市场信息获取滞后，盲目种植	49	42.24%
其他	8	6.9%
本题有效填写人次	116	

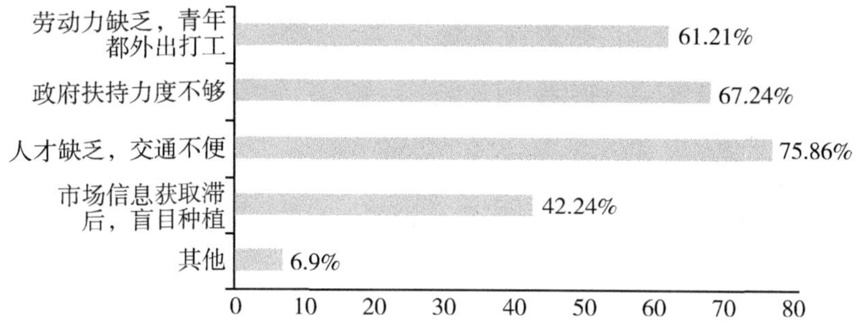

分析： 75.86%的人觉得人才缺乏，交通不便是造成农村经济发展的最大障碍的主要原因，还有大部分人认为劳动力缺乏，青年都外出打工和政府扶持力度不够也是造成农村经济发展的主要因素。农村教育程

度不够高，人们受教育程度不足以维持农村经济的发展，也就继而造成人口外流，再导致人才更加匮乏，农村的经济发展更是提不起来，这样造成恶性循环，继而久之，农村与城市之间的经济建设越拉越大，农村得不到充分经济体制的支持。

(二)线下问题采访过程及内容

我们小组为了更全面了解农村留守儿童当下的状态，不仅仅是以问卷调查的形式，而且我们小组还特地利用空余的时间去到附近的小学——武汉市洪山区白沙洲张家湾小学，对其进行在校的师生进行了一个简单的访谈，下面是访谈的基本内容：

1. 学生交流

采访地点：张家湾小学教学楼

时间：4月13号(星期五)

访谈对象：在校农村留守学生刘梦然

问：小朋友，你今年几岁啦？

答：刚刚10岁了……(有点不好意思)

问：10岁了啊，那现在家里是谁在照顾你，带你上学，放学这些的呢？

答：有时候是我爷爷带我来学校，有时候是奶奶。

问：那你父母都不在家吗？

答：……不在家里，爷爷奶奶说他们在外面打工，回不来。

问：那你平时会想他们吗？或者说希望回来吗？

答：我很想念他们，想他们能够多回来，因为有时候他们回来了，可以给我带很多玩具然后陪我玩。（低下了头）

问：当你特别想他们但是爸爸妈妈又不能及时回来的时候，你一般会给他们呢打电话吗？

答：会打的，爸爸妈妈也会给爷爷奶奶打电话，那时候我可以和他们多讲讲话。

问：那通常多久像这样打一次电话？

答：周末放假的时候，每次周末我有时间了，我会给爸爸妈妈打电话。（略显开心）

问：你们都应该喜欢放假吧，那等到放长假的时候。比如寒假啊暑假这样的长假到来了时候，爸爸妈妈因为外面的事情很忙回不来，你会想去他们那里看看吗？

答：想去找他们，但是爷爷奶奶都说爸爸妈妈外面很忙的，去那里也没有时间来照顾我，就让我待在家里。

问：当学习上遇到一些困难了，这个时候是谁来教你呢？

答：……（默不作声）

我们及时扯开了话题。

问：一般课余的时间，自己会看看书或者和同学们一起出去玩吗？

答：会。

问：那这样很棒哦！嗯，最后在这里有什么愿望，或者有什么话相对爸爸妈妈说的吗？

答：（想了一会儿）我想爸爸妈妈能够多回来，放假了我也可以去找他们，因为我很想和爸爸妈妈一直待在一起。

问：好的，就这些了，很感谢你对我们问题的回答，也希望你能坚强、努力，让爸爸妈妈为你高兴呢！

2. 教师访谈

采访地点：张家湾小学教师办公室

时间：4月13号(星期五)

访谈对象：在校教师张老师

问：张老师，您好！首先很感谢您能在百忙之中能抽出时间来接受我们这次的面对面访谈，其次呢，我们有几个问题想要采访您，顺便谈谈您的看法，第一个是在您从事这几年的教师生涯当中，学校留守儿童的大致情况是怎样的？

答：这方面其实对我个人是比较关注的，就最近几年来看吧，学校留守儿童的数量的确是有增无减的，而且大部分是农村留守儿童。

问：嗯，好的，那您觉得出现这种留守儿童不断增加的原因有哪些呢？

答：根据我这几年执教经验来看，大部分是由于家里父母亲去外地打工，毕竟现在你看吧，农村内地的经济水平是比不上那些大城市的，发展建设，体制制度也不是很到位，很多父母，就优先选择了去外地。当然还有极少部分就是处在父母自身，不愿意承担起这份抚养的责任。当然，这是比较少见的。作为一名教师，这些我还是什么有体会的。

问：您作为老师，据您的观察，留守儿童和非留守儿童在学习，生活以及性格方面会有差异吗？

答：这个是当然的。在学习上的话，其实大家所能接受知识的能力大体上都是差不多的，最主要的还是表现在学习的积极性上，留守儿童相对而言更加沉默，不大喜欢回答问题，而且也不怎么在课堂上去积极的交流，这就是导致了在性格上的差异，他们大部分人更倾向于独处，尽管有些是爷爷奶奶或亲朋好友在监管，但相比自己的父母而言，这些儿童在遇到困难时候更显得没有办法，无助。生活上的话，这个倒是没有什么太大的区别，只有比较少部分的孩子表现出来不是那么很讲究卫生，不勤洗澡换衣服，蓬头垢面，同时这些都给留守儿童的身体健康埋下巨大的隐患。

问：对出现这些的问题，学校采取的什么样的措施吗?

答：学校这点我觉得做的还是比较好的，首先每年会为他们设置家庭背景档案，定期的会找学生谈心，了解这些孩子们情绪的波动，做孩子的“亲情家长”，知道孩子内心的真实想法。其次，学校每学期都会有计划的开设丰富多彩的活动，让孩子在学习生活中淡忘亲情的匮缺，以积极乐观的态度投入到学习中去。最后学校还会定期开设志愿者、留守儿童、监护人座谈会，通过书信、电话、面谈等多种形式与留守儿童进行联络谈心，关注他们的生活、学习情况和心理生理状况。

问：嗯，我也觉得这些想法挺好的，那除此之外，您还有没有什么其他切实可行的办法呢?

答：我是这样想的，对于每个人来说，家是温暖的，对于留守儿童来说学校就是他们温暖的第二个家，老师就是他们对他们全权负责的“父母”。对我们这些教师而言，我觉得很有必要定期的进行家庭访谈，到他们家里去，和他们监护人进行长期有效的沟通，全方位地了解孩子各方面的情况，通过老师与监护人的合作，为孩子建立一个更好的成长环境!

问：您的这个想法也非常的好！再次感谢您提供的信息和意见，让我们此次实践活动研究的顺利进行又进了一大步!

(三)线下采访记录与分析

通过这次对留守儿童和教师双方面的谈话内容，我们小组经过讨论，归纳和整理大体得出以下几个比较重要的信息：

(1)从和农村留守儿童的谈话中我们不难看出他们这些人的心声，其实他们并非不是天生就是如此的性格孤僻，不合群，而是长期父母的在外导致他们这样性格的形成，他们也是十分的想念自己的父母，也希望自己能和父母待在一起，通过这个孩子的话语，我们就能感受到他对父母亲爱的渴望。

(2)在与孩子的谈话当中，我们还仔细的观察的孩子在说话时的一些行为举止，当谈到学习上自己没有办法怎么办，他们表现出来的就像张老师说的那样，显得无助，不愿意说，再比如谈到父母亲回家的时候，他们又表现的极为高兴，这就说明了父母对他们这些儿童来说的意义很重要，同时也反映出他们在处事上的不知所措。

(3)通过张老师提供给我们的信息，大部分农村留守儿童的不断涌现，是由于父母想去外面赚得更多钱，但更深层次的想一下，很多父母去外地的这种现象的出现不正是当前农村经济体制制度所遗留的诟病吗？这值得我们去反思，更值得当地政府的反思。

(4)农村留守儿童流露出来的问题主要表现在：生活、学习、心理状况，情感以及安全方面等。虽然不乏有极少数人能够跨越这些障碍和其他孩子一样正常的生活，但是极大多数表现在这些方面的问题还比较严重，如：学习不积极，生活上不检点，心理承受不足，感情无法寄托，安全意识淡薄等，这些都是不容我们忽视的问题。

(5)父母外出务工导致与留守儿童的亲情关系发生了弱化。这种弱化主要体现在在外务工的父母与留守儿童之间的联系与沟通不畅、缺乏情感交流和心灵沟通等方面，难以满足孩子的心理需求。

(6)家庭在孩子的整个成长过程中始终发挥着举足轻重的作用，留守儿童家庭重要成员的缺席导致了家庭结构不健全及其功能的缺失，尤其是监护人的更替和监护功能的弱化，导致留守儿童对新的家庭生活模式不适应，独立生活的能力受到挑战。

(7)随着大量留守儿童的出现，我们也看到了当下社会，学校教师在这方面做出的努力，他们不仅育人，更是作为他们新一届的“父母亲"关爱着他们在以后道路上的成长，实行着各种对他们有利的措施方案，积极的为他们排忧解难，让他们能够忘却无父母在身边的那种思念，更好的面对生活，面对未来，这是我们希望看到的，更是整个国家整个社会希望看到的！

三、本研究主要发现

(一)农村留守儿童现状不容乐观

第一，学习方面：孩子们的学习观念和积极性不够强烈，由于学习成绩差，老师容易忽略一些留守儿童。这造成了一个恶性循环。

第二，在身体健康方面：根据相关调查，许多的留守儿童生活状况十分糟糕，他们经常不洗澡，头发也是很脏乱的。他们的健康存在着很大的问题。

第三，心理情感方面：一般来说，当留守儿童遇到事情，没有人被教导和交流时，他们会变得内向和封闭自己的心。二是由于缺少父母的支持和理解，他们也会缺乏信心和耐力。

第四，生活环境方面：根据相关调查显示，儿童青少年他们身心的成长和发展都不成熟，有韧性，自我控制能力差。没有父母在身边的指引和教导，他们容易走很多弯路。

(二)长期存在的城乡二元结构

社会主义制度建立之初，城乡之间的经济差距无法被彻底消除，为了尽快建立起现代化的国民经济体系，政府实行城乡二元经济结构户籍制度。自1958年中国颁布的"中国账户管理条例" 从那时起，全部人口已经完全分成城镇居民和农村居民。它在城乡之间建立了"堡垒"，并且拥有了"差距"。

另外，中国的九年制义务教育体系是典型的户籍制度。根据1986年颁布的"中华人民共和国义务教育法"等规定我们可以看到，在严禁户籍制度的情况下，如果孩子达到学龄，只能在户籍所在的学校享受义务教育等国民待遇。如果你离开你的居住地，你将失去义务教育的权利。所有这些都使农村留守儿童在相当长的一段时间内出现问题。

(三)城乡教育的不公平性

首先，教育公平作为社会司法系统的一部分，并促进经济公平。一方面，经济发展和社会进步的根本动力归根到底还是教育。其次，教育公平是政治正义的重要基础。三，教育公平是人的全面发展和社会公平的客观要求。总之，教育公平不仅是教育领域社会公平的体现。这是实现城乡公平教育的基本途径和基础之一。

(四)农村基层组织功能缺失

首先，许多农村基层干部不适应农村基层组织功能的变化。其次，农村基层组织严重缩水。农村基层组织的干部数量下降到最低水平。据有关资料显示，农村基层组织在一些贫困地区的普及率为30%。50%(陈济元，2006)。由于组织的紧缩，农村基层组织只能做一些与上级打交道的工作。基本没有考虑留守儿童的问题。为解决农村留守儿童问题，农村基层组织在功能和实践两方面都没有发挥足够的作用。造成这种现象的原因很多：

一部分农村基层干部队伍建设进展不好，部分干部素质偏低。

其次，基层干部主要关心劳动力转移到城镇。

最后，农村社区建设资金短缺。

(五)滞后政策导致留守家庭问题的积累

对于政策滞后的概念，国内外没有统一的概念。本文采纳的是“公共政策滞后”的定义：政府攻击的公共组织的公共政策远远落后于公众：将要求，或者一些政策在监督中仍然在“余热”中发挥作用。公共政策滞后的现实表现为：第一，有效的政策供给不充分。第二，政策出台后，实际政策供给滞后于政策实施带来的新政策。第三，效率低下的政策供过于求。也就是说，政策缺乏活力，滞后。目前，这种无效政策是惯性的。

虽然留守儿童问题出现在20世纪80年代中期，但在本世纪初它已成为一个值得关注的社会问题。另外，目前的教育政策和教育机制和规定并不完善，对留守儿童教育的实际情况没有进行政策评估。

(六)相关政策执行力度不够

政策执行在实施政策方面发挥着非常重要的作用。政策体系的运作包括政策周期内的政策制定，政策实施和政策评估。公共政策目标的实现取决于有效执行正确的公共政策。政策目标的实现取决于政策的有效实施。虽然有很多法规要保护和护送，但它并没有发挥完全的作用，主要是因为执行政策存在问题。2007年春，中央政府决定免费在全国农村实行义务教育。发现收费和乱收费仍存在问题。有些学校或部门通过赞助费，培训等方式非法收取费用。此外，有的部门秘密占用或挪用，留在农村义务教育经费中作个人或部门用途。这些行为无疑增加了留守家庭的负担。

四、建议及对策

近些年来，农村留守儿童问题已引起社会各界关注的热点问题。本文主要分析了留守人员的现状、留守问题及政策问题的相关性及与留守儿童相关的政策存在的不足之处，并在此基础上探讨了解决农村留守问题的对策建议。

1. 逐步打破城乡的二元结构，依法保护留守人员的合法权益

从根本上说，目前我国留守儿童问题的制度根源可以说是城乡分工长期存在的二元结构。户籍制度改革更需要的是削弱甚至消除与户籍制度挂钩的城乡就业，住房，医疗，教育等制度。那么如何加快城乡二元户籍制度改革呢？本文给出的一些建议是：第一，要逐步统一城乡居民的户籍，消除公民存在的身份差异。第二，要调整产业结构，重大产业结构的调整能够推动城市居民向城市中心外围迁移。第三，要加快城市以及周边建设。第四，提高政策执行者的整体素质。同时，还应该制定和实施政策执行者责任制，使政策在法律的适用范围内执行。

2. 应及时进行政策评估

政策评估只是判断政策执行的一个效果，一定程度上决定政策的修改，延续或终止。一，政策评估能检验政策是否有效。二，政策评估是政策决策的基础。最后，政策评估是完善政策执行、提高行政效率的重要保障。

3. 发展县域经济

县域经济的发展决定着农民就近转移就业。第一要加强对县域经济的支持。加强基础设施建设，尤其是交通、供电、供水、教育、卫生等基础设施的统一建设和规划。提高县乡公路网等级，加强县级公路建设。第二，坚持走新型工业化道路，提高县域经济产业化水平。第三，必须加强农民教育项目建设，把人力资源转化为人力资本。

4. 真正落实义务教育法及完善相关法律

第一，真正落实义务教育的新规律的同时要制定农村留守儿童社会救助制度。第二，应当完善未成年人保护法。

5. 完善农村社会保障制度

中国农村社会保障制度主要包括农村最低生活保障制度、农村养老保险制度、农村医疗保障制度、农村社会救助制度、农村社会福利制度、农村社会优抚制度等等。完善农村社会保障制度，一是加强农村社会保障投入，多种渠道筹集社会保障资金。二是加大宣传力度，提高农民的保险意识。三是加强农村社会保障立法。农村社会保障法律制度需要从三个方面入手：一是根据国家的基本宪法，尽快建立社会保障立法制度。二是完善农村医疗保险法、农民社会养老保险法等个人法律法规的建设。三是加强对农村社会保障的监督。

6. 相关单位深化农村教育综合改革

必须进行四大教育：文学教育消除愚昧，民生教育要拯救穷人，健康教育帮助弱者，公民教育发扬节约私利精神，其中以公民教育最为重要。首先，必须加强基础教育，把文化教育与劳动技术教育相结合。其次，广泛改革和发展职业技术教育。最后，应进一步加强农村教师队伍的实力。按照“实事求是、实效有效”的原则，充分发挥较强的实用性和针对性，积极发展村、乡、县三个层次的农村文化技术学校。

7. 建立农村社区儿童教育和监护体系

农村是一个用地缘和血缘作为基本关系的社会，但就目前农村的具体情况来看，农村基层基本没有相关的农村教育组织，使他们的成长与教育环境处于游离情形。因此，建设和完善农村社区监护和教育体系就成了当前的一项重要任务。

8. 大众传媒的积极宣传

大众传媒一方面影响有关部门为解决社会问题对公共政策的提出和内容，另一方面也影响这些政策方针能否顺利的执行，并且在一定程度上决定了决策者在公众面前的形象和今后的政治命运。

留守儿童问题需要通过大众媒体广泛深入的宣传，从而才能更加地引起社会各部门和上层建设的关注。不仅能让政府及时意识到农村留守儿童问题的严重性，相应的做出最快的调整，并制定出解决乡村留守儿童问题的有关政策，而且也有利于社会力量的聚集，为留守儿童在生活、学习、心理等方面提供协助。

9. 家庭自身的沟通交流

第一，让他们的心灵予以充足心理慰藉是解决农村留守儿童心理健康的根本对策。

第二，沟通是人与人之间思想与感情相互传递并相互了解的一个过程，其目的在于达到思想和情感上的交流与宣泄。

第三，改进家庭教养方式，提高监护质量。

第四，配合学校教育，及时了解孩子的成长动向。

五、总　　结

(一)胡林

经过这段时间的调查分析，我深受感触。

作为弱势群体，留守儿童由于缺少父母的关心和爱护，或多或少存在着一些心理和生活上的问题。这就需要我们加强对留守儿童的关注，为他们提供一些力所能及的帮助。

只有在真实的社会工作中体验生活，接触社会，认识社会，才能获得锻炼，使自己真正具备在社会中使用学习过的理论知识的能力。

(二)李齐鹤

经过这么长时间的调查和分析，在经过我们小组六人的努力下，我们终于完成了这次的实践报告。此次的调查报告的主题是农村留守儿童问题。

在这次调查中，我们的任务是复杂的，琐碎的，包括问卷的设计、分发、回收、统计，分析结果、阅读材料、结论分析等，当初只是为了完成老师布置的作业而进行的调查实践，但到最后我们已经能深刻体会到实践带给我们的种种提升，包括实践思想、实践能力以及处理分析问题的方式方法。

(三)戴宗涛

在本次问卷调查研究中，我清楚地认识到山区留守儿童的生活状况，这部分弱势群体已经成为时代发展的牺牲品，同时这也关系到农民工这一广大群体，我们应该给与足够的关注与帮助。

如何做好“留守儿童”的教育工作，我认为应该做好以下几个方面工作：第一，家长应增强教育责任感和教育意识。第二，一些留守儿童由于缺乏家庭教育，因此学校教育也显得十分重要。第三，只要社会各界成员能够给与留守儿童更多的关注与帮助，就能营造一个健康的成长环境，这对于留守儿童群体无疑显得十分重要。

（四）易振

通过本次调查问卷的数据分析，可以从农村留守儿童现在的状况，留守儿童形成的原因，留守儿童的对策分析三个方面进行归纳总结。

一、农村留守儿童现在的状况：首先是亲情缺失，其次是学习不好，最后是心理问题。

二、留守儿童形成的原因：首先是义务教育的制度性障碍。其次是教育管理方式简化，忽视对留守儿童情感和心理健康的关注。

三、留守儿童的对策分析：首先是优化学校育人环境。在家庭功能不健全的情况下，学校要给予留守儿童更多的关爱与帮助。其次是加强社会的综合调控能力。留守儿童教育问题是一个复杂的、综合性的社会问题，需要各级有关职能部门和社会各界统一认识，积极配合，协同努力，形成齐抓共管的良好格局。

（五）杨晨光

就此次的实践活动而言，我们了解到了社会中这样一个特殊的群体——留守儿童。当今社会上的很多儿童由于被托养或者寄养，缺少父母的爱，很容易造成心理上的不平衡，甚至是心理缺陷，还有的一些由于家里老人的过分宠爱，亲友们不注重平时的管教，缺乏正确的教育引导，因此他们学习成绩普遍都比较差，生活也是散漫无神，更有甚者甚至走上了违法犯罪的道路。

“艰辛如人生，实践长才干。”通过这次我们小组对留守儿童的调查实践活动来说，不仅让我真正的了解到了当下社会的基本形态，更增强了我的实践能力，开阔了视野，真正明白了实践的重要性。

（六）童剑峰

通过本次毛概问卷调查研究，我了解到山区留守儿童的生活状况。

如何做好留守儿童的教育工作，我认为应该从以下几个方面进行：在工作内容上，要注重以下三个方面。一是要让孩子树立自信心，二是要让孩子感觉到温暖，三要让孩子们安全成长。在培养方式上，要突出以下三个重点：一是要争取外出家长的支持，二是要争取实际监护人的配合，三是要加强学校教育。留守儿童关系到祖国的未来，只有家庭、学校和社会都担当起相应的责任，让留守儿童享受更多的父母之爱，体会到学校的精心呵护，感受到社会的真挚爱心，才能让留守儿童健康成长。

◎参考文献

[1]高梅书．民工潮背景下的农村青少年社会化问题［J］．青少年导刊，2007.
[2]顾建光．公共政策分析学IM］．上海：上海人民出版社，2004.
[3]谢明．公共政策导论[M]．北京：中国人民大学出版社，2009.
[4]宁骚．公共政策学[M]．北京：高等教育出版社，2004.
[5]胡宁生．现代公共政策学：公共政策的整体透视[M]．北京：中央编译出版社，2007.
[6]陈振明．政策科学：公共政策分析导论[M]．北京：中国人民大学出版社，2004.
[7]陈庆云．公共政策分析[M]．北京：北京大学出版社，2006.
[8]刘雪明．政策运行过程研究[M]．南昌：江西人民出版社，2005.
[9]吴立明．公共政策分析[M]．厦门：厦门大学出版社，2006.
[10]薛澜．公共政策研究[M]．北京：三联书店，2006.
[11]张国庆．现代公共政策导论[M]．北京：北京大学出版社，1997.
[12]王满船．公共政策制定：择优过程与机制[M]．北京：中国经济出版社，2004.
[13]娄成武，魏淑艳．公共政策学[M]．沈网：东北大学出版社，2003.
[14]陶学荣．公共政策学[M]．大连：东北财经大学出版社，2006.
[15]刘华蓉．大众传媒与政治[M]．北京：北京大学出版社，2001.
[16]朴贞子，金炯烈．政策形成论[M]．济南：山东大学出版社，2005.

附录

附录一　本小组的调查问卷样表

农村留守儿童现象与农村经济发展之间的关系调查

1. 你出生在(　)

A. 城市　　B. 农村

2. 您了解过留守儿童吗(　)

A. 有兴趣，有专门了解过　　B. 知道，但没有特别关注过

C. 听说过，但具体不太清楚　　D. 完全不清楚

3. 您觉得留守儿童家庭经济情况是(一年内收入)(　)

A. 五千以内　　B. 五千到一万

C. 一万到一万五　　D. 一万到两万

E. 两万以上

4. 您觉得社会对留守儿童的关注程度怎么样(　)

A. 很关注　　B. 偶尔关注一下

C. 几乎不怎么关注

5. 你认为哪一种留守儿童的情况在中国较为普遍(　)

A. 父母或一人首次离家打工时，孩子 1 至 3

B. 父母或一人首次离家打工时，孩子 4 至 6

C. 父母或一人首次离家打工时，孩子为小学 1 至 3 年级期间

D. 父母或一人首次离家打工时，孩子小学 4 至 6 年级期间

E. 父母或一人曾次离家打工时，孩子为初中及以后

6. 您家乡的大多数人选择在农村就业吗(　)

A. 是　　B. 否

7. 留守儿童外出的父母主要工作是(　)

A. 建筑工地　　B. 餐厅打工

C. 个体创业　　D. 其他

8. 您所在地的剩余年轻劳动力的数量(　)

A. 大量　　B. 一般
C. 基本没有　　D. 其他

9. 留守儿童的未来主要方向(　)
A. 当地务农　　B. 外出打工
C. 高考升学　　D. 个人创业
E. 其他

10. 您认为造成或加剧留守儿童问题的原因[请选择2~3项](　)
A. 我国经济发展不平衡，农村剩余劳动力大量外出打工
B. 孩子缺少父母的关爱，隔代监护和亲友临时监护造成孩子亲情饥海
C. 当地学校水平低，无法给予留守儿童更多的关爱和辅导
D. 政府给予的关注不够，相关措施不到位
E. 社会给予的关注和关爱不够
F. 其他

11. 您所在地的农村供水供电情况如何(　)
A. 很好，基本不愁　　B. 不稳定，不是很充定
C. 特别不稳定，基本没有　　D. 其他

12. 您所在池的农村交通状况如何(　)
A. 很方便，去哪里都没有问题
B. 一般般
C. 很差，不方便
D. 基本不与外界联通
E. 其他

13. 您认为农村经济发展最大障碍是什么[请选择2-3项](　)
A. 劳动力缺乏，青年都外出打工
B. 政府扶持力度不够
C. 人才缺乏，交通不便
D. 市场信息获取滞后，盲目种植
E. 其他

14. 对于解决留守儿童问题，您有什么方法和建议？

____

附录二　调查结果完整统计数据

农村留守儿童现象与农村经济发展之间的关系调查

1. 你出生在(　)

选　　项	小计	比例
城市	37	31.9%
农村	79	68.1%
本题有效填写人次	116	

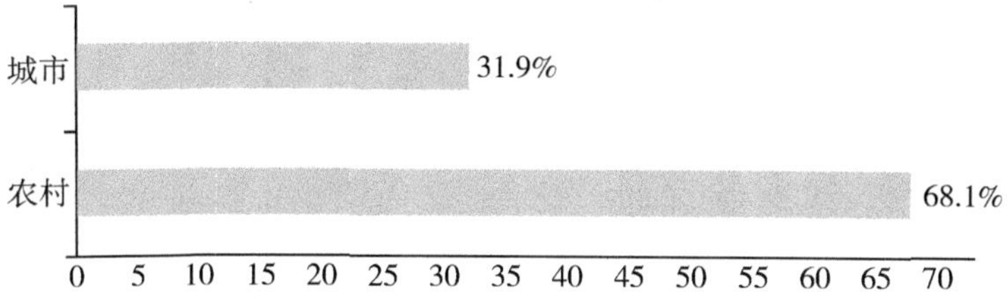

2. 您了解过留守儿童吗

选　　项	小计	比例
有兴趣，有专门了解过	27	23.28%
知道，但没有特别关注过	73	62.93%
听说过，但具体不太清楚	14	12.07%
完全不清楚	2	1.72%
本题有效填写人次	116	

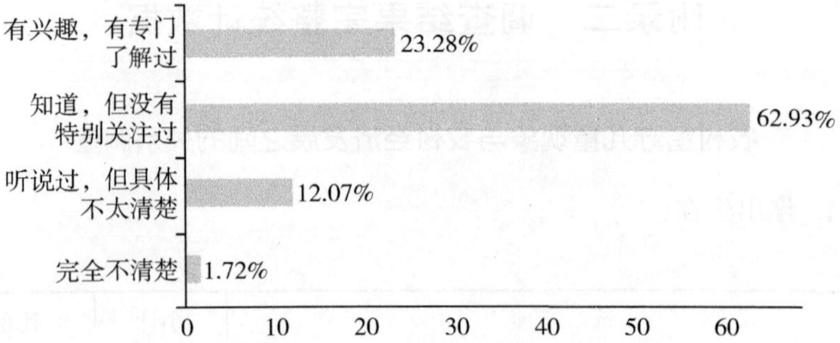

3. 您觉得留守儿童家庭经济情况是(一年内收入)

选　　项	小计	比例
五千以内	27	23. 28%
五千到一万	34	29. 31%
一万到一万五	19	16. 38%
一万到两万	19	16. 38%
两万以上	17	14. 66%
本题有效填写人次	116	

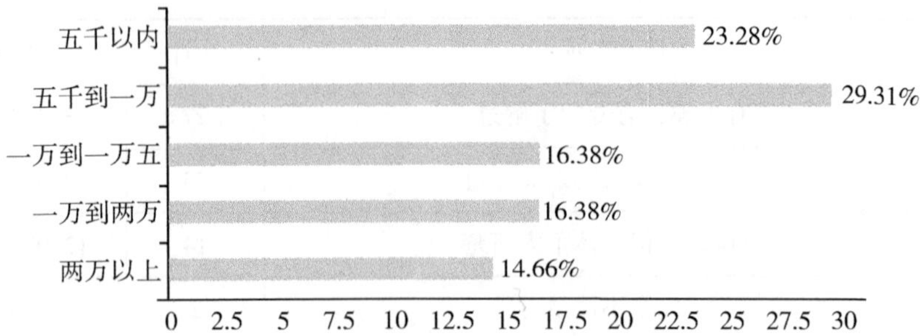

4. 您觉得社会对留守儿童的关注程度怎么样

选　　项	小计	比例
很关注	22	18. 97%
一般	70	60. 34%
偶尔关注一下	16	13. 79%
几乎不怎么关注	8	6. 9%
本题有效填写人次	116	

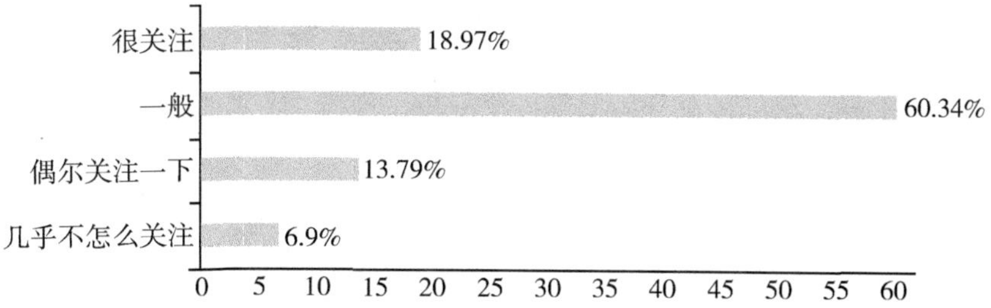

5. 你认为哪一种留守儿童的情况在中国较为普遍

选　　项	小计	比例
父母或一人首次离家打工时，孩子 1 至 3 岁	39	33. 62%
父母或一人首次离家打工时，孩子 4 至 6 岁	41	35. 34%
父母或一人首次离家打工时，孩子为小学 1 至 3 年级期间	29	25%
父母或一人首次离家打工时，孩子小学 4 至 6 年级期间	3	2. 59%
父母或一人首次离家打工时，孩子为初中及以后	4	3. 45%
本题有效填写人次	116	

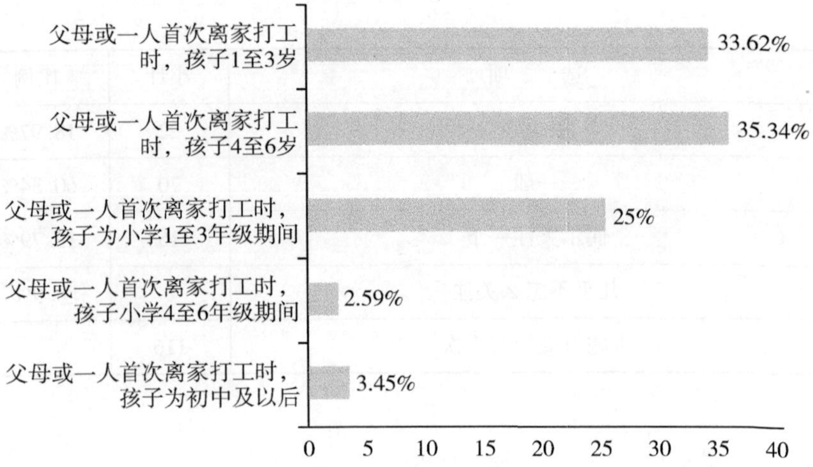

6. 您家乡的大多数人选择在农村就业吗

选　　项	小计	比例
是	33	28. 45%
否	83	71. 55%
本题有效填写人次	116	

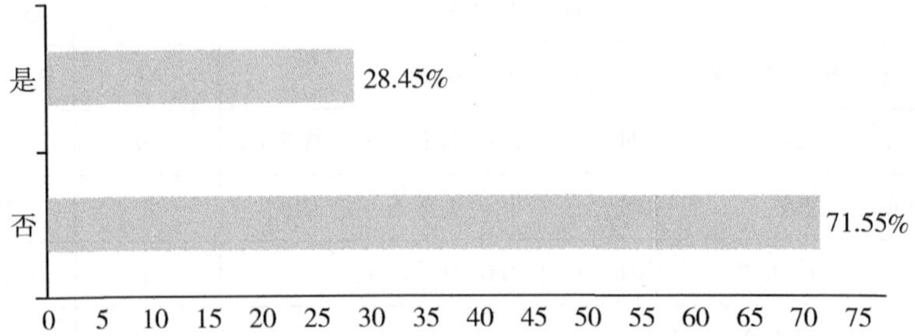

7. 留守儿童外出的父母主要工作是

选　　项	小计	比例
建筑工地	81	69. 83%
餐厅打工	15	12. 93%
个体创业	2	1. 72%
其他	18	15. 52%
本题有效填写人次	116	

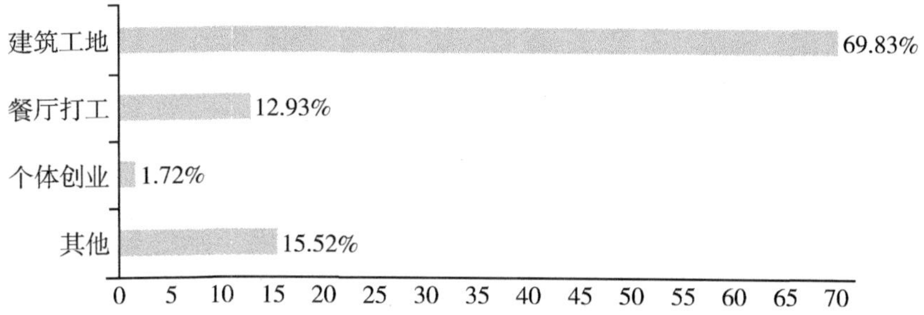

8. 您所在地的剩余年轻劳动力的数量

选　　项	小计	比例
大量	19	16. 38%
一般	66	56. 9%
基本没有	31	26. 72%
其他	0	0%
本题有效填写人次	116	

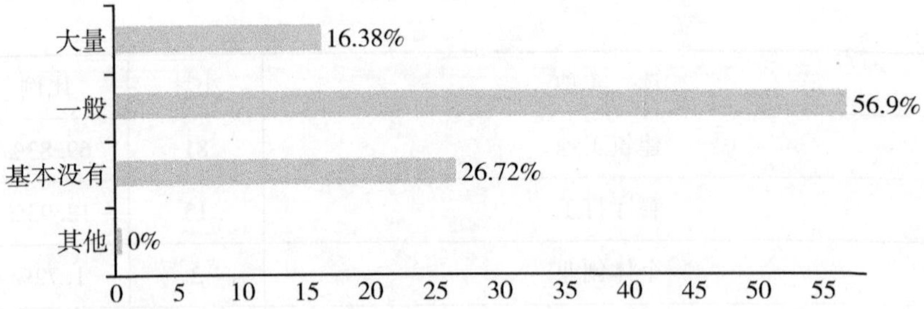

9. 留守儿童的未来主要方向

选　　项	小计	比例
当地务农	9	7.76%
外出打工	45	38.79%
高考升学	59	50.86%
个人创业	2	1.72%
其他	1	0.86%
本题有效填写人次	116	

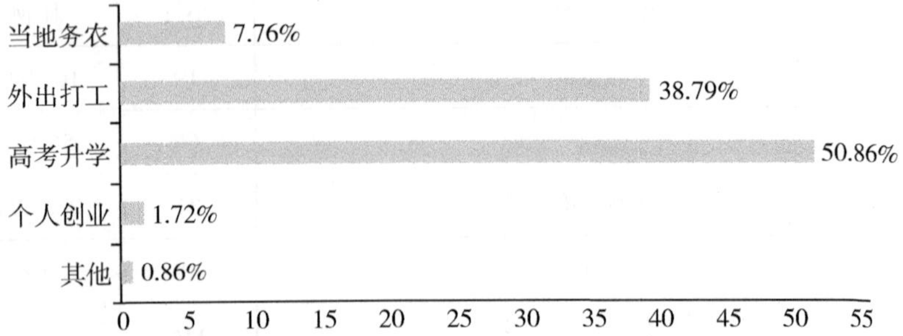

10. 您认为造成或加剧留守儿童问题的原因

选　项	小计	比例
我国经济发展不平衡，农村剩余劳动力大量外出打工	92	79. 31%
孩子缺少父母的关爱，隔代监护和亲友临时监护造成孩子亲情饥渴	86	74. 14%
当地学校水平低，无法给予留守儿童更多的关爱和辅导	61	52. 59%
政府给予的关注不够，相关措施不到位	47	40. 52%
社会给予的关注和关爱不够	18	15. 52%
其他	3	2. 59%
本题有效填写人次	116	

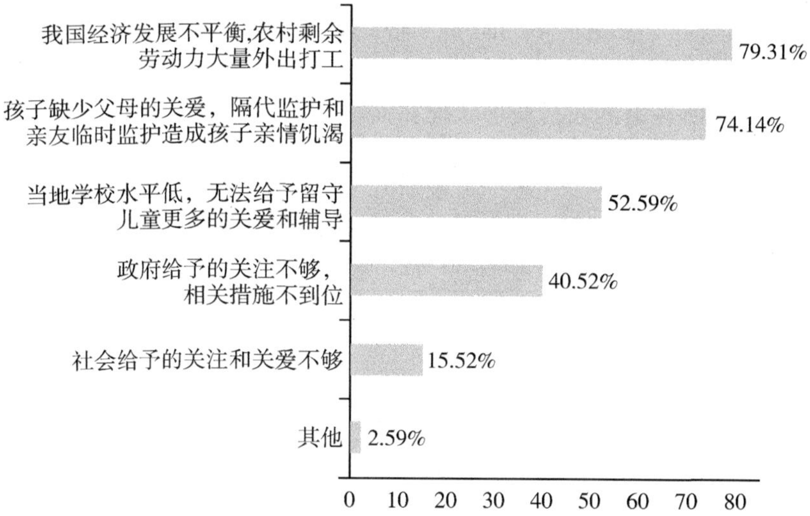

11. 您所在地的农村供水供电情况如何

选　　项	小计	比例
很好，基本不愁	65	56.03%
不稳定，不是很充足	42	36.21%
特别不稳定，基本没有	5	4.31%
其他	4	3.45%
本题有效填写人次	116	

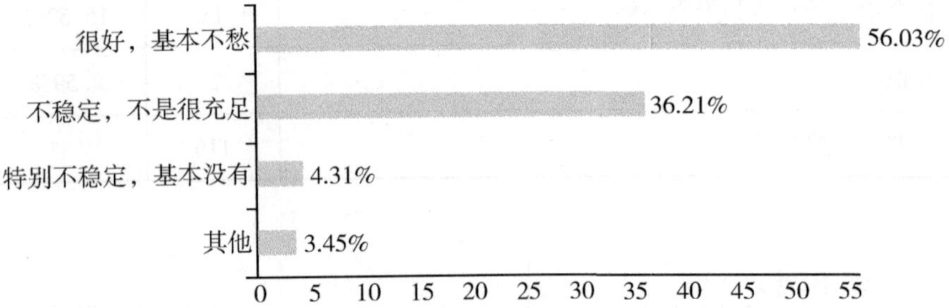

12. 您所在地的农村交通状况如何

选　　项	小计	比例
很方便，去哪里都没有问题	34	29.31%
一般般	60	51.72%
很差，不方便	19	16.38%
基本不与外界联通	3	2.59%
其他	0	0%
本题有效填写人次	116	

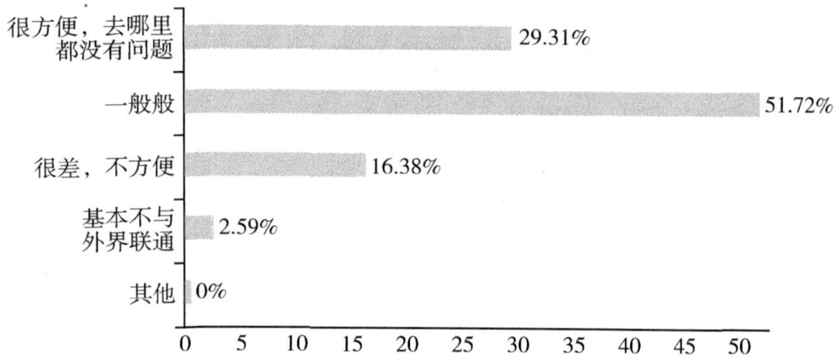

13. 您认为农村经济发展最大障碍是什么

选　　项	小计	比例
劳动力缺乏，青年都外出打工	71	61. 21%
政府扶持力度不够	78	67. 24%
人才缺乏，交通不便	88	75. 86%
市场信息获取滞后，盲目种植	49	42. 24%
其他	8	6. 9%
本题有效填写人次	116	

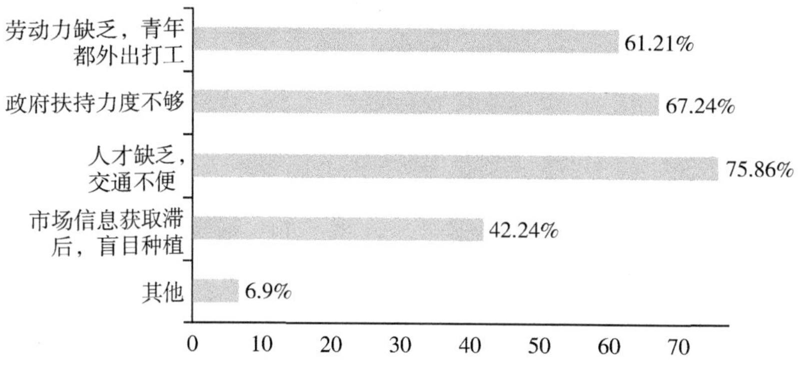

14. 对于解决留守儿童问题，您有什么方法和建议

政府多对农村经济发展提供帮助，提供更多的就业机会，因地制宜发展旅游业等特色产业，拉动农村经济发展
政府多加关注，并多加政策扶持改善
大力宣传，父母应该陪伴孩子成长
新农村建设
多多参与社会实践，发挥自己的长处
首先得让他们的父母留下来，这必然就得给他们一份养家糊口的工作
政府多给财政上的补贴
加大惠农政策
希望父母能多陪陪孩子
政府和社会多给予帮助
建议加大支教力度
如果留守儿童和普通儿童一样成长，只是没有父母在身边，但是和父母联系交流频繁，没必要非让留守儿童父母返乡
有相关法律法规
组织活动让他们一起玩耍
多多关注他们
给予更多关注
国家要帮助农村地区的发展 提供就业岗位
加强教育
政府应加强对留守儿童的教育和生活问题
完善留守儿童的教育，生活等方面保障，扶持当地特色经济，吸引外出务工青年回家乡工作创收
多关注，多关心

续表

加快农村建设，给农村青年创造就业机会
当地政府应加大扶持力度，到农村去了解情况
还是国家多想办法解决吧
父母就近就业，每周都有见面机会
政府的政策
发展农村经济水平
通过政策鼓励，让在外打工的父母有补贴回家团圆
政府和社会多点关注，父母尽量多回家看看孩子，给他们心灵的慰藉
大力发展家乡产业

大学生对绿色金融认知及实践调查

成员：黄佳(组长)
组员：李彦韬　黄梓阳　刘江峰　刘春玥　左重阳　何小萌
指导老师：刘勇(教授)

前言：本选题的意义

环境污染已经成为现今时代重点关注的问题，在环境问题越发严重的今天，我国的经济需要转向可持续发展类型——发展健康绿色产业。在投资机制中，鼓励绿色投资，对污染性投资采取控制的措施，以期推动我国绿色经济的发展。在国家推进资源节约型和环境友好型社会建设的新形势下，绿色金融成为一种创新的环境经济政策。绿色金融是是绿色经济发展的重要内容，绿色金融的发展可以促进绿色经济的发展，还对金融产业自身的发展具有很大的促进作用。然而绿色金融在我国的发展仍受到多方面制约，群众基础不够、顶层设计不完善以及绿色金融产品单一等成为制约发展的关键因素。

当代大学生群体，作为即将步入社会的金融业潜在客户，也作为未来企业发展的栋梁之才，在绿色生产、绿色消费和绿色政策的认知度，和以绿色消费行为作为主导的绿色金融实践度将直接影响我国可持续发展战略的进一步推动。

本文主要探讨大学生对绿色金融的认知度和实践度。此外，对大学生群体是否愿意了解绿色金融和更愿意以何种方式去了解并实践绿色金融等方面也给出了部分调查结果和相关建议。对政府有关部门、商业银行等金融机构和高校师生均具有一定的借鉴意义。

一、调查情况简介

(一) 调查对象

在武科大校园内通过发放问卷的方式征询大一到大三的学生。

(二) 调查方式

发放问卷、线上征询意见。

(三) 调查目的

通过各类调查方式了解大学生对绿色金融的认知及实践度；通过分析调查结果来分析大学生对绿色金融的认知及实践程度。

(四) 调查安排

本次调查主要由组长组织安排大家的任务分工。前期小组成员集思广益，通过对身边生活的观察，最终确定本次调研活动的主题。之后开始设计问卷，每人出若干道问卷内容，最后由组长汇总调查问卷，通过课余时间在校园内发放问卷进行调查。问卷收集完毕后，由组长分配任务进行问卷汇总和总结分析，并依据调查结果提出解决问题的方法。

(五) 调查行程

4 月 16 日，小组第一次会议，确定调研报告主题以及调查问卷的制作；

4 月 30 日，进行问卷的发放和回收；线上征询意见；

4 月 30 日—5 月 19 日，根据已回收的调查问卷以及收到的意见进行研究和总结；

5 月 19 日—5 月 22 日，编辑完成调研报告；提出可行性解决措施。

(六)发放回收问卷数量

有效填写、回收问卷共计406份。

二、调查结果及统计情况

(一)关于大学生对绿色金融认知度的调查

(1)建立大学生对绿色金融认知度评价体系

绿色金融是指金融部门把环境保护作为一项基本政策，在投融资决策中要考虑潜在的环境影响，把与环境条件相关的潜在的回报、风险和成本都要融合进银行的日常业务中，在金融经营活动中注重对生态环境的保护以及环境污染的治理，通过对社会经济资源的引导，促进社会的可持续发展。为讨论大学生对绿色金融的认知程度，我们从绿色金融概念、绿色金融政策、金融机构社会责任、实现绿色金融的目的等6个方面作为评价指标，并收集整理逐一对应的代表性数据来表示各项指标。以下是各评价指标调查问题设置(括号后面数字代表选项量化分值)：

Question3：您认为下列企业社会责任中，银行、证券公司、保险公司等金融机构所承担责任的重点在于：(　)

A. 支持慈善事业，保护弱势群体(2)

B. 服务国家重大战略，引导资金流向保护环境与社会资源的方向(4)

C. 对股东、员工、消费者的利益负责(3)

D. 其他(1)

Question4：您是否了解绿色金融？(　)

A. 非常了解(4)　　B. 了解(3)

C. 有所耳闻但并不了解(2)　　D. 从未听说(1)

Question5：您眼中的绿色金融是什么？(　)

A. 碳金融(2)　　B. 绿色信贷(3)

C. 以环保为基础的金融(4)　　D. 不太清楚(1)

Question6：您是否认为商业银行在发展绿色金融中扮演主力军的角色？（ ）

A. 认为(3)　　B. 不认为(2)

C. 不太清楚(1)

Question7：您认为实现绿色金融的最主要的目的是什么？（ ）

A. 单纯盈利(2)

B. 政策导向，不得不支持(3)

C. 主动承担社会责任，提高企业社会形象(4)

D. 其他(1)

Question8：您认为当前普及绿色金融知识对促进环境保护事业的发展有无必要？

A. 有必要(4)　　B. 一般，可能作用不大(3)

C. 没有必要(2)　　D. 不清楚(1)

Question9：您认为绿色金融现阶段在我国存在问题有哪些？[多选题](选几个得几分)

A. 回报率低(1)　　B. 耗资高昂(1)

C. 群众基础低(1)　　D. 外部制约(1)

(2)基于主成分分析法的认知度评价

根据以上评价体系，对406份问卷结果进行统计，采用主成分分析法对调查结果降维。由表1得出，前三个因子的特征值大于一，并且三个因子的特征值之和占总特征值的59.53%，因此，提取这三个因子作为主因子。

表1　**解释的总方差**

成分	初始特征值			提取平方和载入			旋转平方和载入		
	合计	方差的%	累积%	合计	方差的%	累积%	合计	方差的%	累积%
1	1.977	28.241	28.241	1.977	28.241	28.241	1.795	25.644	25.644
2	1.129	16.131	44.372	1.129	16.131	44.372	1.304	18.631	44.276
3	1.062	16.164	59.536	1.062	15.164	59.536	1.068	15.260	59.536

续表

成分	初始特征值			提取平方和载入			旋转平方和载入		
	合计	方差的%	累积%	合计	方差的%	累积%	合计	方差的%	累积%
4	0. 956	13. 651	73. 187						
5	0. 800	11. 429	84. 615						
6	0. 627	8. 961	93. 576						
7	0. 450	6. 424	100. 000						

提取方法：主成分分析。

根据表2旋转成分矩阵，可得出因子一对问题6，7，8的相关性较强，故而将因子一概括为“对绿色金融政策目的性认知”，同理，可将因子二、三分别概括为“对绿色金融政策认知”以及“绿色金融发展现状认知”。

表2　　**旋转成分矩阵**

	成分		
	1	2	3
问题三	-0. 219	0. 560	0. 042
问题四	0. 294	0. 624	-0. 372
问题五	0. 254	0. 756	0. 197
问题六	0. 642	0. 136	-0. 045
问题七	0. 801	0. 052	0. 143
问题八	0. 734	-0. 056	-0. 032
问题九	0. 066	0. 073	0. 930

提取方法：主成分分析法。

旋转法：具有 Kaiser 标准化的正交旋转法。

a. 旋转在4次迭代后收敛。

由表 3 可知，F1=-0. 217 * 问题 3+0. 086 * 问题 4+0. 026 * 问题 5+0. 357 * 问题 6+0. 459 * 问题 7+0. 441 * 问题 8+0. 001 * 问题 9。同理可得 F2 和 F3 的公式。

F2=0. 487 * 问题 3+0. 459 * 问题 4+0. 571 * 问题 5+0. 010 * 问题 6-0. 083 * 问题 7-0. 159 * 问题 8+0. 048 问题 9

F3=0. 045 * 问题 3-0. 358 * 问题 4+0. 177 * 问题 5-0. 061 * 问题 6+0. 111 * 问题 7-0. 051 * 问题 8+0. 870 * 问题 9

表 3　　**成分得分系数矩阵**

	成分		
	1	2	3
问题三	-0. 217	0. 487	0. 045
问题四	0. 086	0. 459	-0. 358
问题五	0. 026	0. 571	0. 177
问题六	0. 357	0. 010	0. 061
问题七	0. 459	-0. 083	0. 111
问题八	0. 441	-0. 159	-0. 051
问题九	0. 001	0. 048	0. 870

提取方法：主成分分析法。

旋转法：具有 Kaiser 标准化的正交旋转法。

构成得分。

(二)关于大学生对绿色金融实践度的调查

(1)建立绿色金融实践度评价体系

前面谈到，国家推行绿色金融的主要目的在于，希望通过金融机构在做投、融资决策中要考虑潜在的环境影响，把与环境条件相关的潜在的回报、风险和成本都要融合进银行的日常业务中。而对于大学生群体来说，接触金融产品为时尚早，但是可以从消费行为方面助力绿色企业的产品，以绿色企业的稳定发展带动绿色经济，降低金融机构的投资风险，再反馈给绿色企业，对其实施偏向政策，从而引导更多企业形成绿色发展观，并形成良性循环。所以我们说，大学生的绿色消费行为一方面是环保意识的体现，另一方面，也在无形中助长国家绿色经济的发展和可持续发展战略。

为讨论大学生对绿色金融的时间情况，我们从多个方面建立对绿色金融实践度的评价指标，并收集整理逐一对应的代表性数据来表示各项指标。以下是各评价指标调查问题设置（括号后面数字代表选项量化分值）：

Question 10.【多选】您更愿意以哪种方式去了解绿色金融？［多选题］*（每个选项 1 分，选几个得几分）

A. 不感兴趣（1）

B. 举办专题讲座（1）

C. 举办相关知识竞赛（1）

D. 把绿色金融作为一个专题嵌入学习中（1）

E. 其他________*（1）

Question 11.【单选】您平时消费注重环保吗？*

A. 非常注重（3）

B. 偶尔关注（2）

C. 不看重（1）

Question 12.【单选】您认为您有责任为当前的环境问题采取行动吗？*

A. 有责任和义务（4）

B. 没责任，自愿（2）

C. 与我无关，反正环境不是我破坏的（1）

D. 我的行动对环境保护没多大作用（3）

Question 13.【多选】您日常是通过哪些渠道购买环保绿色产品？［多选题］*（每个选项 1 分，选几个得几分）

A. 广告宣传（1）

B. 政府或者金融方面优惠政策（2）

C. 亲朋好友或者同学介绍(3)

D. 商场挑选(4)

Question 14.【单选】购买标志性绿色产品时，即使价格比同类产品贵，您还会购买吗?

A. 从没买过(1) B. 偶尔会买(2)

C. 大多时候会买(3) D. 每次都买(4)

Question 18.【单选】如果在您使用银行卡或者信用卡购买环保产品有积分奖励或其他优惠活动，您是否愿意购买同款更环保的产品?

A. 肯定会(4) B. 要看其他因素(3)

C. 不重视环保要看价格(2) D. 不会(1)

Question 19.【单选】如果您参与某银行推出的节能低碳计划就会获赠信用卡及贷款优惠，您愿意参与其中吗?

A. 非常愿意(4)

B. 要看是否方便(3)

C. 个人并没有低碳生活的意愿(2)

D. 不清楚(1)

(2)基于主成分分析对实践度的评价

与上述认知度评价类似，首先对406份问卷调查结果进行统计。采用主成分分析法对调查结果降维，由表4可得，前三个因子的特征值均大于一，并且三个因子的特征值之和占总特征值的61.33%。因此，提取这三个因子作为主成分。

表4 **解释的总方差**

成分	初始特征值			提取平方和载入			旋转平方和载入		
	合计	方差的%	累积%	合计	方差的%	累积%	合计	方差的%	累积%
1	1.949	27.841	27.841	1.949	27.841	27.841	1.551	22.157	22.157
2	1.286	18.377	46.218	1.286	18.377	46.218	1.445	20.648	42.805
3	1.058	15.115	61.332	1.058	15.115	61.332	1.297	18.528	61.332

续表

成分	初始特征值			提取平方和载入			旋转平方和载入		
	合计	方差的%	累积%	合计	方差的%	累积%	合计	方差的%	累积%
4	0. 884	12. 625	73. 958						
5	0. 756	10. 798	84. 756						
6	0. 666	9. 518	94. 274						
7	0. 401	5. 726	100. 000						

提取方法：主成分分析。

由表 5 可得，因子一对问题十八、十九的相关性较强，故而将因子一概括为“对绿色金融产品的接受度”。同理，因子二可概括为“了解绿色金融的自主性”，因子三可概括为“绿色消费行为的实践度”。

表 5　**旋转成分矩阵**

	成　分		
	1	2	3
问题十	0. 038	0. 817	-0. 035
问题十一	0. 175	0. 301	0. 618
问题十二	0. 155	0. 211	-0. 634
问题十三	0. 137	0. 784	0. 146
问题十四	0. 046	0. 103	0. 700
问题十八	0. 850	0. 117	0. 002
问题十九	0. 867	0. 062	0. 029

提取方法：主成分分析法。

旋转法：具有 Kaiser 标准化的正交旋转法。

a. 旋转在 4 次迭代后收敛。

由表 6 可得，T1＝-0. 12 * 问题 10+0. 056 * 问题 11+0. 080 * 问题 12-0. 049 * 问题 13+0. 001 * 问题 14+0. 565 * 问题 18+0. 586 * 问题 19。同理可得 T2，T3 公式。

T2＝0. 614 * 问题 10+0. 127 * 问题 11+0. 202 * 问题 12+0. 552 * 问题 13-0. 008 * 问题 14-0. 064 * 问题 18-0. 112 * 问题 19

T3＝-0. 119 * 问题 10+0. 452 * 问题 11-0. 527 * 问题 12+0. 026 * 问题 13+0. 541 * 问题 14-0. 026 * 问题 18+0. 001 * 问题 19

表 6　**成分得分系数矩阵**

	成分		
	1	2	3
问题十	-0. 120	0. 614	-0. 119
问题十一	0. 056	0. 127	0. 452
问题十二	0. 080	0. 202	-0. 527
问题十三	-0. 049	0. 552	0. 026
问题十四	0. 001	-0. 008	0. 541
问题十八	0. 565	-0. 064	-0. 026
问题十九	0. 586	-0. 112	0. 001

提取方法：主成分分析法。

旋转法：具有 Kaiser 标准化的正交旋转法。

构成得分。

(三)认知度与实践度的关系探究

根据上述主成分分析，将认知度三个因子平均加权，得出总认知度 Fz。为描述认知度分别对实践度的三个因子的影响情况，借助 Excel 做散点图，可得关系如下。图 1 表示总认知度(Fz)对绿色金融产品接受度(T1)的影响。由图可以看出，二者之间呈现正相关关系，即大学生对绿色金融的认知度越高，对绿色金融产品的接受度也越高。

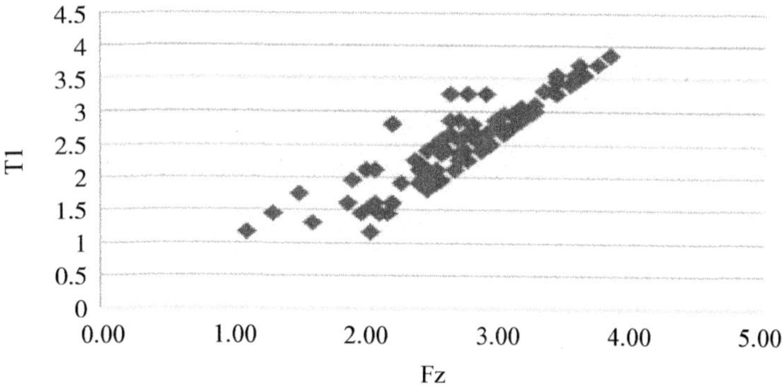

图 1　总认知度 Fz 对 T1 实践度的影响

图 2 是总认知度(Fz)与了解绿色金融的自主性(T2)之间的关系，根据图可以看出，尽管点比较分散，方差较大，但是总体上仍呈现正相关趋势，故而我们可以得出，大学生对绿色金融的认知度越高，其越可能主动了解绿色金融的相关信息。

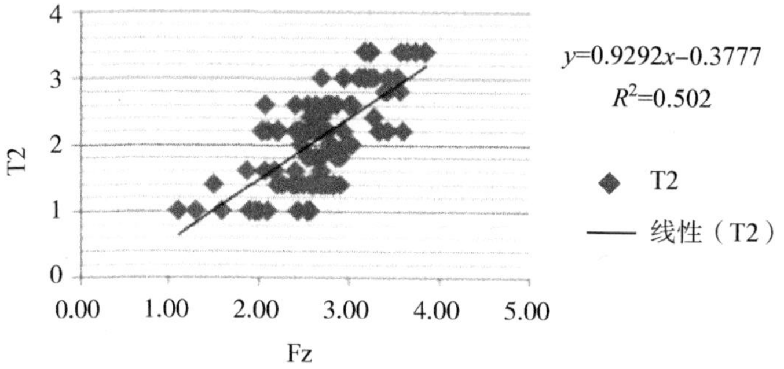

图 2　总认知度 Fz 对 T2 实践度的影响

图 3 描述总认知度(Fz)认知度与绿色消费行为(T3)的相关性，从图中可以看出，点较分散，且同一程度的绿色消费所对应的认知度跨度

较大，故而我们有理由判定，绿色消费行为与绿色金融的相关性不大。即大学生已具备一定的绿色消费观。

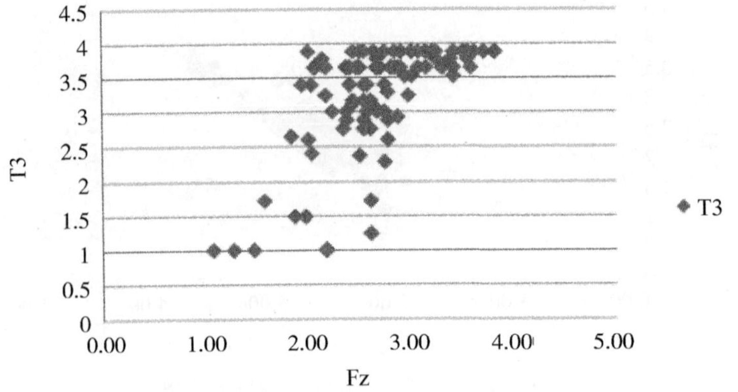

图 3　总认知度 Fz 对 T3 实践度的影响

（四）灵敏性分析

为评价认知度对实践度影响的模型拟合优度，现分别讨论 F1，F2，F3 对 T1，T2，T3 的影响，并以此结果与上述模型对照。已知 F1，F2，F3 分别为：“对绿色金融政策目的性的认知”“对绿色金融政策认知”以及“绿色金融发展现状认知”。T1，T2，T3 分别为“对绿色金融产品的接受度”“了解绿色金融的自主性”以及“绿色消费行为的实践度”。

（1）Fz 与 T1 关系模型拟合优度探究

根据图 4 我们可以看出，大学生对绿色金融产品的接受度保持在中高水平，但是坐标点整体分布比较分散，说明“大学生对绿色金融政策目的性的认知”（即 F1）与“大学生对绿色金融产品的接受度”（即 T1）之间无直接联系。跟图一 T1 与 Fz 呈显著正相关有些许出入。

根据图 5 可以看出，“大学生对绿色金融产品的接受度”（T1）与“大学生对绿色金融政策的认知”（F2）大体上呈较显著的正相关关系。跟图 1 T1 与 Fz 存在显著相关关系基本符合。

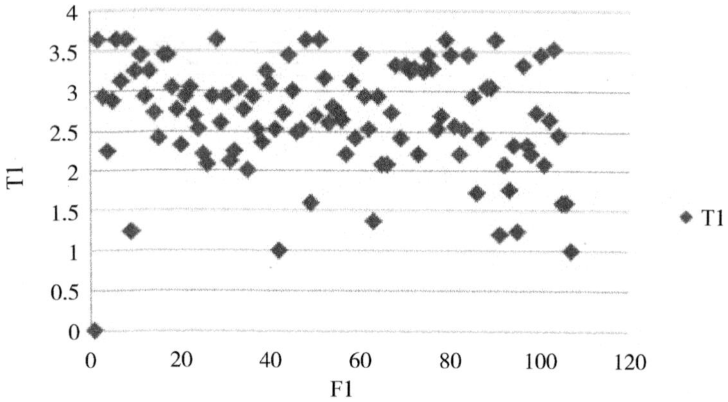

图 4　认知度 F1 对 T1 实践度的影响

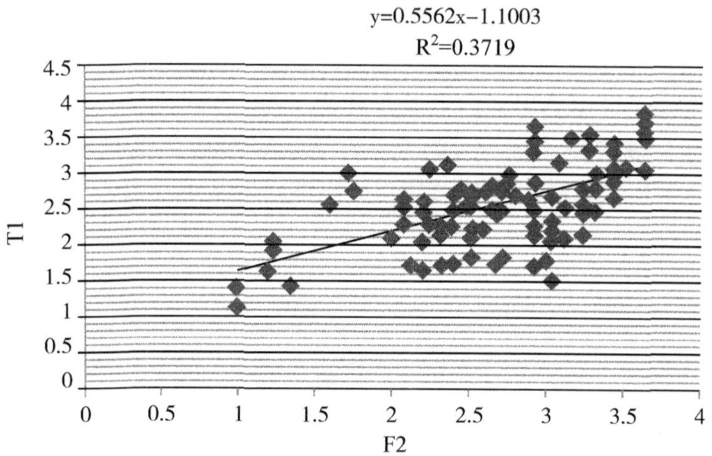

图 5　认知度 F2 对 T1 实践度的影响

根据图 6 可以看出，“大学生对绿色金融产品的接受度”(T1)与“大学生对绿色金融发展现状认知”(F3)之间呈较显著的正相关关系，该结果与图 1 所示结果基本一致。

经过 F1，F2，F3 对 T1 的影响的单独分析，我们有理由认为，模

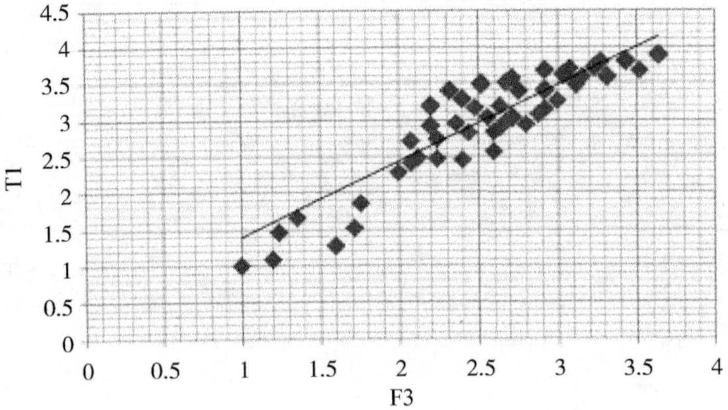

图 6　认知度 F3 对 T1 实践度的影响

型一拟合情况较好，大学生对绿色金融的了解度(Fz)越高，则该群体“对绿色金融产品的接受度”(T1)越高。

(2)Fz 与 T2 关系模型拟合优度探究

根据图 7 可以看出，散点图整体较分散，故而我们认为，“大学生了解绿色金融的自主性”(T2)与“大学生对绿色金融政策目的性的认知”(F1)无相关关系。此结论与图 2 模型结果基本一致。

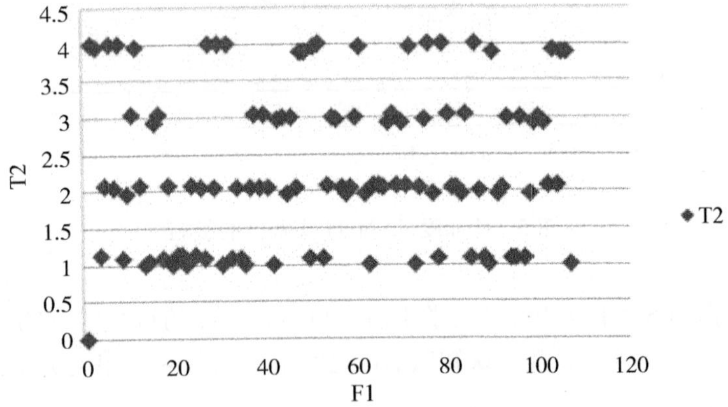

图 7　认知度 F1 对 T2 实践度的影响

根据图 8 可以看出，散点图整体较分散，故而我们认为，“大学生了解绿色金融的自主性”(T2)与“大学生对绿色金融政策认知”(F2)无相关关系。此结论与图 2 模型结果基本一致。

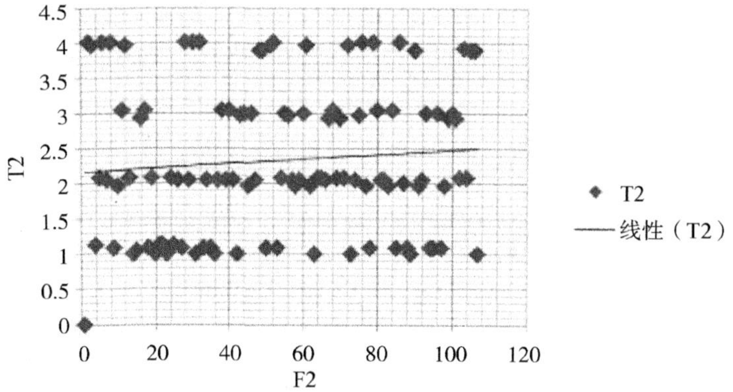

图 8　认知度 F2 对 T2 实践度的影响

根据图 9 可以看出，散点图整体较分散，故而我们认为，“大学生了解绿色金融的自主性”(T3)与“大学生对绿色金融发展现状认知”(F3)无相关关系。此结论与图 2 模型结果基本一致。

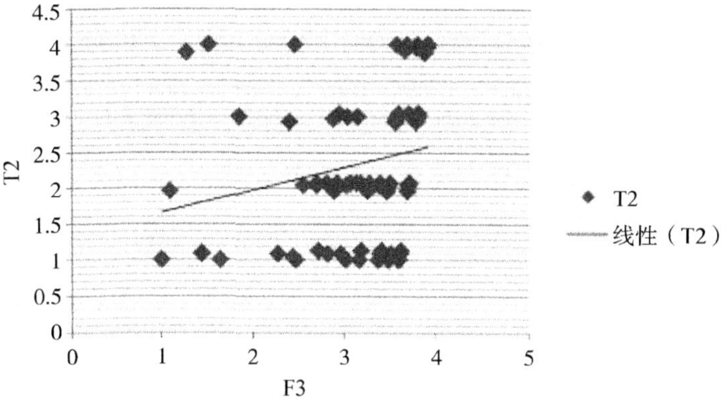

图 9　认知度 F3 对 T3 实践度的影响

经过F1，F2，F3对T2影响的单独分析，我们有理由认为大学生对绿色金融的认知对大学生了解绿色金融的自主性不造成影响。图2模型拟合度较好。

(3)Fz与T3关系模型拟合优度探究

根据图10可以看出，散点图整体较分散，故而我们认为，“大学生绿色消费行为的实践度”(T3)与“大学生对绿色金融政策目的性的认知”(F1)无相关关系。此结论与图3模型结果存在较大出入。

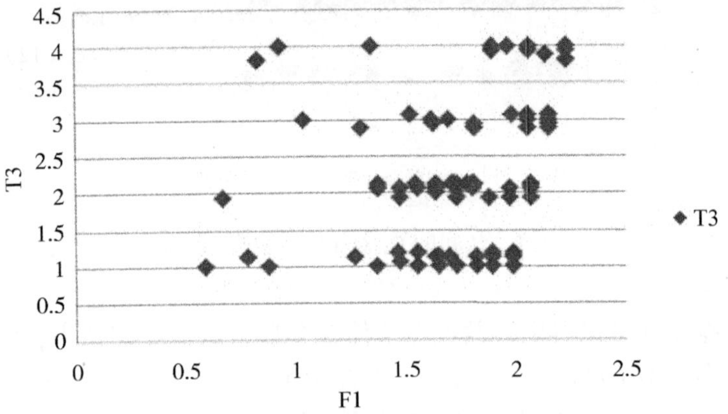

图10 认知度F1对T3实践度的影响

根据图11可以看出，尽管总体上仍T3与F2呈正相关关系，但散点图在同一T3水平的横向区间跨度较大，故而我们认为，“大学生绿色消费行为的实践度”(T3)与“大学生对绿色金融政策认知”(F2)无明显相关关系，该结果与图3模型结果存在冲突。

根据图12可以看出散点图整体较分散，故而我们认为，“大学生绿色消费行为的实践度”(T3)与“大学生对绿色金融发展现状认知”(F3)无相关关系。此结论与图3模型结果存在较大出入。

经过F1，F2，F3对T3影响的单独分析，我们有理由认为，图3模型拟合结果存在一定误差，大学生绿色消费行为不受对绿色金融的认知的影响。即，T3与Fz无明显相关关系。

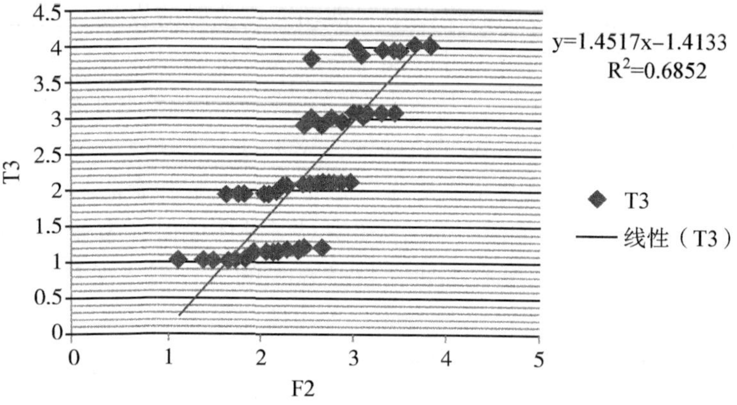

图 11　认知度 F2 对 T3 实践度的影响

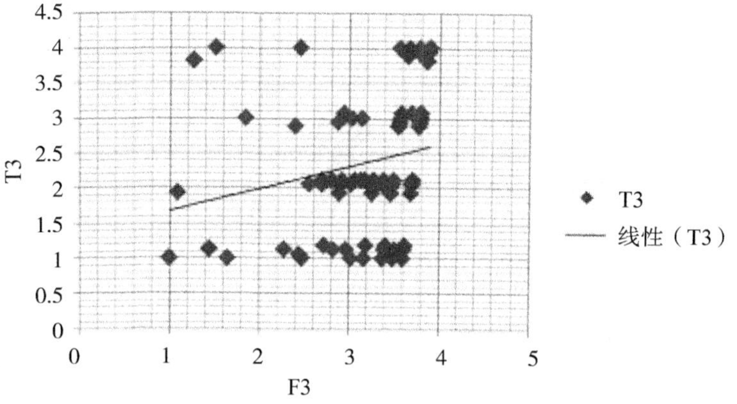

图 12　认知度 F3 对 T3 实践度的影响

（五）调查结果综述

当前，我国虽已搭建起符合自身发展的绿色金融相关体系，但是仍面临多方挑战，其中，群众基础和顶层设计成为两大制约因素，一方面，大学生群体作为即将步入社会的金融机构潜在客户，该群体对绿色金融的认知直接影响其相关业务，如信贷、债券等；另一方面，我国的绿色金融理论还不完善，绿色金融产品比较单一，需要更多的经济人才科技人才参与到绿色金融的建设中，推动绿色金融的发展，为绿色经济助力，为环保助力，为中国可持续发展注入新鲜的血液。然而实际调查结果堪忧。调查数据显示，大学生在绿色金融的定义上了解存在偏差，约有37%的人表示从未听说绿色金融，38%的人将绿色金融等同于绿色信贷。另外，也反映出大学生对于绿色金融的政策和金融机构的认识不全，仅有半数人认为普及绿色金融知识对促进环境保护事业的发展是有必要的，30%的人表示没有必要，超过60%的人一般不关注金融政策，对金融政策比较关注的人仅占25%。整体情况较差。

从图13可以看出，尽管从经济学角度来说，商品价格对消费者需求会产生一定影响，但是对于具备一定绿色观念的大学生群体来说，价格不会产生绝对影响，80%以上的的人愿意去购买价格稍贵但是有绿色标志的产品。

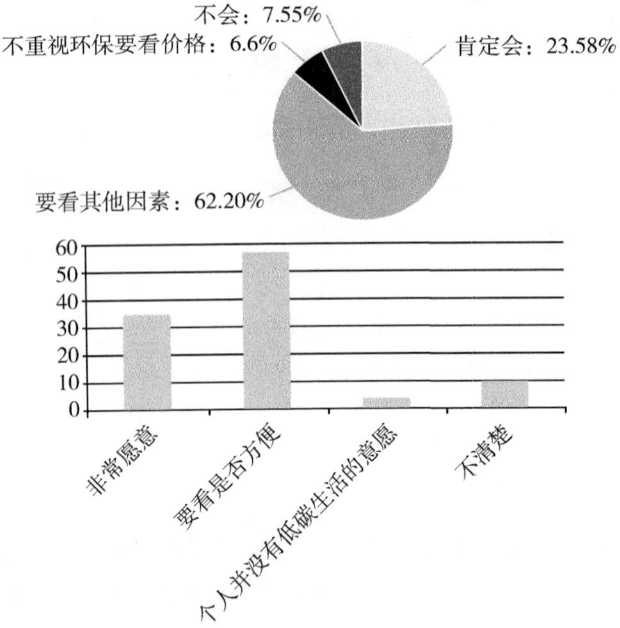

图13　绿色金融产品接受情况

结果显示，仅有 7.55%的人不会关注金融机构的绿色活动，6.66%的人以价格制胜，而超过 80%的人均是绿色产品的潜在客户。该结果再一次验证上面的结论，即大学生群体已具备一定的绿色消费观。故而，我们对大学生在绿色金融的实践方面进行引导时，可以调整策略，转为在绿色金融的概念和政策等方面更偏向于理论的介绍。此外，在选择绿色产品时，超过半数的人表示好要看其他因素，比如是否方便等，该数字反映出，金融机构在推销自身产品时，应充分考虑中间环节的便易程度和客户的理解度。

三、存在的主要问题

根据本组的调查结果，发现大学生对绿色金融的认知度普遍不高，具体到对绿色金融的定义，约有 37%的调查对象表示从未听说过绿色金融，而把绿色信贷与绿色金融直接对等的调查对象占 38%，这些数据都反映了我国大学生对绿色金融的认知是有所偏差的，所以在提高大学生对绿色金融的认知度方面需要做更多的努力。此外，我们发现大学生对绿色金融与环保挂钩的概念很淡薄，仅有半数人认为普及绿色金融知识对促进环境保护事业的发展是有必要的，30%的人表示没有必要，对金融政策的关注度也不高，超过 60%的人一般不关注金融政策，对金融政策比较关注的人仅占 25%。整体情况较差。

根据我们了解，2016 年，中国人民银行、财政部、国家发改委、保监会、银监会联合出台政策《关于绿色金融体系的指导意见》，该意见标志着我国自身的绿色金融体系的形成，但即便是我国已经搭建起符合自身发展规律的绿色金融体系，但根据调查，耗资高昂，回报率低，群众基础这几大因素成为了我国绿色金融发展的主要制约因素。

四、建议及对策

(1)学校组织有关绿色金融的学习活动。由于大学生很少能去了解绿色企业，所以由学校提供的学习平台是最方便也是最容易被学生所接受的相关知识传播方式。若从“举办讲座”“举办知识竞赛”和“作为专题嵌入学习”入手，便可以较为轻松地向学生们传播关于绿色金融的知识。

(2)企业提供更多相关实习机会。既然没有过多了解绿色金融的机会，那么由相关企业创造机会即可，如新能源制造、污染物处理厂为大学生提供实习机会等。在实习期间，由企业向大学生介绍绿色金融的概念并引导他们学习相关政策。

(3)媒体提高政策宣传。媒体在绿色金融的宣传方面肩负着义不容辞的责任，也具有广泛传播的优势。以中国金融信息网在推广绿色金融的实践为例，依托国家通讯社新华通讯社覆盖全球的新闻信息采集网络和国内和国际传播能力，中国金融信息网绿色金融频道已经于 2016 年 3 月正式上线运行，建立了绿色债券数据库和专家资源库，开发绿色金融周报等信息产品；作为中国金融学会绿色金融专业委员会(绿金委)的理事单位，在绿金委的支持下，推出了《绿色金融专报》，发送地方政府和金融办、人民银行中支、金融机构及相关企业，对绿色金融实践过程中政策发展和热点问题进行解读和分析。

(4)国家推动传播。只有绿色金融产业得到了发展才能更好地对大学生进行相关宣传。发挥政府在绿色金融产业中的积极引导作用。政府在绿色金融产业的发展中具有不可替代的作用。政府应当在绿色产业发展的各个阶段进行引导扶持，从健全市场基础设施、加强政府部门之间协调、引导社会资本进入、帮助社会资本退出等方面入手，着力为绿色金融创造一个良好的发展环境。

五、总　结

黄佳：这次毛概社会实践调查，总的来说，收获成果颇多。在开展这个课题之前，我几乎对绿色金融一无所知，平时也没有过多的关注金融行业相关信息。该题目由任课老师提供，本着一颗对金融跟绿色环保之间关系究因的好奇心，和十九大热点的探寻，我组织起本次社会调查活动，经过与老师和队员之间的反复探讨，我们最终将调查对象定位在大学生。

初听上去感觉，大学生跟金融似乎扯不上什么关系，但是，大家平时生活中的一些消费行为和消费意识，就是对绿色金融认知和实践的最好体现。比如前段时间，在同学之间比较流行的蚂蚁森林，就是“互联网+绿色金融”的一个应用实例。用户如果步行、地铁出行、在线缴纳水电煤气费、网上缴交通罚单、网络挂号、网络购票等行为，就会减少相应的碳排放量，并记在“碳账户”里，碳账户的金额可以用来在支付宝里养一棵虚拟的树。这棵树长大后，公益组织、环保企业等蚂蚁生态伙伴们，可以“买走”用户的“树”，而在现实某个地域种下一棵实体的树。除了这种方式外，部分金融机构还推出了“呼吸卡”之类的，能够引导企业绿色生产、引导公民绿色消费的金融产品和金融政策，这些都与大学生群体有着千丝万缕的联系。

呈现的调查结果，引发了本组成员的深远思考，尽管大学生群体普遍具备绿色消费观，在生活中也比较注重绿色消费，但是，整体来说，调查群体对绿色金融的了解度并不高，约有 37%的人表示从未听说绿色金融。目前我国绿色金融已形成一定的理论体系，但是在实践方面仍遭遇大量瓶颈。当代大学生作为奋发向上的一代，思想活跃的一代，应当积极参与到绿色金融的学习和建设中，推动绿色金融的发展，为绿色经济助力，为环保助力，为中国可持续发展注入新鲜的血液。

最后，谈及调查和学习过程，我认为，对于大学生来说，参与这种社会社会实践活动是非常有必要的。社会实践为大学生提供了了解社会、了解民生、了解国情、锻炼毅力、培养社会责任感的广阔舞台，大学生在参与社会实践活动中可以产生和深化对应承担责任的认识。社会要引导大学生走出校园，深入社会，到基层去，到群众中去，实现从理论到实践的关键性转变，让大学生在实践中加深对社会现象、社会职责的了解，正确把握社会发展的主流和本质，牢固树立起国家主人翁的责任感，在实践中受教育，增强责任感。

李彦韬：本次毛泽东思想与中国社会主义理论体系概论社会实践我参与的小组进行了关于大学生对绿色金融的认知与实践的调查。我们运用了网络调查问卷对周边的大学生进行了调查，我们分为两组分别对大学生关于绿色金融的认知与大学生关于绿色金融的实践两个方面设计了问题并汇总，发布进行调查。小组分工中我属于调查问卷制作及汇总，使我对绿色金融各方面的了解也得到扩展，因为在此次实践活动中我也是第一次了解到了有关绿色金融方面的知识，对于我国在这方面的政策也是非常支持，今后也会对绿色金融知识与政策进行学习与推广。

刘春玥：在这一次社会实践中我收获颇多，其中有成功后的喜悦，有宝贵的经验，有难忘的教训等。但社会实践为大学生提供了了解社会、了解民生，了解国情、锻炼毅力、培养社会责任感的广阔舞台，大学生在参与社会实践活动中可以产生和深化对应承担责任的认识。在整个活动中大家都很积极，活动结束我们有了一些感悟和体会：人们常说，劳动是伟大的，是光荣的，活动中也是忘我的劳动，也是培养我们关心公共事业热情的。其次我也体会到作为一个团队的凝聚力。大家及时做好分工，无论是在做调查，还是在做统计时，都是高效进行，保质保量。大家团结在一起，相互交流讨论，使这次的社会实践调查做的很顺利。与此同时，也在某种程度上提高了我各方面能力。在做事时，把事情的各个方面要素都考虑进去。在组织时，更加有经验。同时在语言表达，判断决策上都有很大帮助。都说"一分耕耘，一分收获。"此次在我们整个团队的共同付出下，得到的何止是一分收获！

何小萌：通过这次毛概社会实践调查，我不但学到了绿色金融的知识，而且还锻炼了与人交流沟通的能力。我们调查的主题是大学生对绿色金融的认知与实践，顾名思义，绿色金融与环保节能低碳等绿色产业挂钩，把环境保护作为一项基本政策，在投资决策中考虑潜在的环境影响，把与环境条件相关的潜在的回报、风险和成本融合进银行的日常业务中。大学生即将步入社会，该群体对绿色金融的认知对绿色金融的未来发展具有重要影响。只有大学生也积极认识实践，为绿色经济助力，为环保助力，绿色金融才能得到长足而有效的发展。但是我们的调查数据显示，仍有大部分人并不了解或者是对绿色金融在认知上存在很大偏差，其中甚至有37%的人并不知道绿色金融为何物。可见，推广绿色金融仍需要很大努力，我们仍有很长一段的路要走。

左重阳：通过这次毛概社会实践调查，我们深刻了解到绿色金融对国家的重要性，绿色金融最突出的特点就是，它更强调人类社会的生存环境利益，它将对环境保护和对资源的有效利用程度作为计量其活动成效的标准之一，通过自身活动引导各经济主体注重自然生态平衡。它讲求金融活动与环境保护、生态平衡的协调发展，最终实现经济社会的可持续发展。近几年来，“绿色金融”概念越来越受到国内众多金融机构，特别是银行的追捧，成为社会各界普遍关注的焦点了。虽然目前我国服国金融机构普遍对发展“绿色金融”颇为热心，但在具体实践中却又面临着诸多的障碍。

刘江峰：绿色金融首次被提出在 2015 年 9 月，由中共中央国务院发布的《生态文明体制改革总体方案》里，其中第 45 条明确提出“要建立我国的绿色金融体系”；第二次被提出是在中央对我国“十三五规划”的建议中，再次明确要发展绿色金融；最近一次是在 2016 年两会，由国务院总理提出，绿色金融已经由一个新名词逐渐深入到全国人民之中了。我们有幸接触到这样一个新的理念，新的生活方式，相信以后我国绿色金融会得到巨大的发展成果。构建绿色金融体系是一个长期的过程，是要通过政府、金融机构和社会各界人士一起努力的结果。绿色金融将会服务于社会。

黄梓阳：这次的毛概社会实践调查我们组的调查主题为“大学生对绿色金融的认知度与实践度”，通过这次实践调查，我意识到了许许多多的问题，作为与绿色金融直接挂钩的环境保护问题，现如今已经成为当今时代重点关注的问题。然而绿色金融在我国的发展仍受到多方面制约，群众基础不够、顶层设计不完善以及绿色金融产品单一等成为制约发展的关键因素。通过这次调查，我还得到如下感想：当代大学生，作为即将步入社会的主要成员，也作为未来企业发展的栋梁之才，将会是社会金融的主要客户，也将会是推动绿色金融发展的主要动力，在绿色生产、绿色消费和绿色政策的认知度，和以绿色消费行为作为主导的绿色金融实践度将直接影响我国可持续发展战略的进一步推动。

◎参考文献

[1]李致远，许正松．发达国家绿色金融实践及其对我国的启示[J]．鄱

阳湖学刊，2016(1).
[2]张云．国外绿色金融发展状况[J]．经营管理者，2016(2).
[3]叶秀．中国绿色金融市场发展法律分析[J]．经济论坛，2016(2).
[4]国务院发展研究中心"绿化中国金融体系"课题组．发展中国绿色金融的逻辑与框架[J]．金融论坛，2016(2).
[5]林欣月．我国绿色金融的内涵、现状和发展对策[J]．金融天地，2016(7).
[6]张承惠．绿色金融发展中的政府角色[J]．中国金融，2015(10).
[7]王红珠．浅谈绿色金融创新对绿色发展的促进作用[J]．绿色科技，2013(6).
[8]葛林，黄海峰，王美昌．"两高"和新能源产业的绿色信贷信用风险研究——基于KMV模型的经验数据检验[J]．数学的实践与认识，2016(1).

附录：

调查问卷样表及结果统计

1.【单选】您目前所处的年级是？*

A. 大一　　B. 大二
C. 大三　　D. 大四
E. 其他________*

2.【单选】您所属的专业为？*

A. 经济类　　B. 管理类
C. 理工类　　D. 文学类
E. 其他________*

3.【单选】您认为下列企业社会责任中，银行、证券公司、保险公司等金融机构所承担责任的重点在于：*

A. 支持慈善事业，保护弱势群体
B. 服务国家重大战略，引导资金流向保护环境与社会资源的方向

C. 对股东、员工、消费者的利益负责

D. 其他________*

4. 【单选】您是否了解绿色金融？*

A. 非常了解　　B. 了解

C. 有所耳闻但不了解　　D. 从未听说

5. 【单选】您眼中的绿色金融是什么？*

A. 碳金融　　B. 绿色信贷

C. 以环保为基础的金融　　D. 不太清楚

6.【单选】您是否认为商业银行在发展绿色金融中扮演主力军的角色？*

A. 认为　　B. 不认为

C. 不太清楚

7.【单选】您认为实现绿色金融的最主要的目的是什么？*

A. 单纯盈利

B. 政策导向必须推行

C. 主动承担社会责任，提高企业形象

D. 其他

8.【单选】您认为当前普及绿色金融知识对促进环境保护事业的发展有无必要？*

A. 有必要　　B. 一般，可能作用不大

C. 没有必要　　D. 不知道

9.【多选】您认为绿色金融现阶段在我国存在的问题有哪些？[多选题]*

A. 回报率低　　B. 耗资高昂

C. 群众基础低　　D. 外部制约

10.【多选】您更愿意以哪种方式去了解绿色金融？[多选题]*

A. 不感兴趣

B. 举办专题讲座

C. 举办相关知识竞赛

D. 把绿色金融作为一个专题嵌入学习中

E. 其他________*

11.【单选】您平时消费注重环保吗？*

A. 非常注重　　B. 偶尔关注

C. 不看重

12.【单选】您认为您有责任为当前的环境问题采取行动吗？*

A. 有责任和义务

B. 没责任，自愿

C. 与我无关，反正环境不是我破坏的

D. 我的行动对环境保护没多大作用

13.【多选】您日常是通过哪些渠道购买环保绿色产品？[多选题]*

A. 广告宣传

B. 政府或者金融方面优惠政策

C. 亲朋好友或者同学介绍

D. 商场挑选

14.【单选】购买标志性绿色产品时，即使价格比同类产品贵，您还会购买吗？*

A. 从没买过　　B. 偶尔会买

C. 大多时候会买　　D. 每次都买

15.【单选】您是否关注过政府金融机构的政策？*

A. 非常关注　　B. 比较关注

C. 一般　　D. 不关注

16.【单选】您最常使用的消费方式是？（或者支付宝/微信所绑定的银行卡类型）*

A. 现金支付　　B. 银行卡支付

C. 信用卡支付　　D. 借记卡支付

17.【多选】您在选择银行时，哪些是您主要考虑的因素[多选题]*

A. 服务态度和银行口碑　　B. 专业品质和产品安全

C. 制作背景和行业经验　　D. 金融产品的环保性社会效益

E. 银行服务办事效率

18.【单选】如果在您使用银行卡或者信用卡购买环保产品有积分奖励或其他优惠活动，您是否愿意购买同款更环保的产品*

A. 肯定会　　B. 要看其他因素

C. 不重视环保要看价格　　　　　D. 不会

19.【单选】如果您参与某银行推出的节能低碳计划就会获赠信用卡及贷款优惠，您愿意参与其中吗？*

A. 非常愿意　　　　　　　　　　B. 要看是否方便

C. 个人并没有低碳生活的意愿　D. 不清楚

非物质文化遗产的保护与传承

成员：曾文进　张雪晨　袁乾峰　陈晶　严寒冰　肖向前
指导老师：柳雨春

一、引　言

（一）本选题的背景

1. 2005 年，我国国务院首次提出要对于我国的非物质文化遗产实施保护。最近这几年，“非物质文化遗产”这一术语出现在我们的生活中的频率越来越高。非物质文化遗产是以人为本的活态文化遗产，由于其不能脱离民族而存在，所以他们是一个民族个性和审美的“活”的体现。2015 年羊年春晚中项目《锦绣》以 36.04%的得票率排名“2015 年央视羊年春晚最喜爱项目”第一。而近年来，由于时代发展、全球化以及与外来文化的交融，我们国家本民族的文化也受到了侵袭，许多非物质文化遗产逐渐离我们而去。因此，加强我国非物质文化遗产的传承和保护刻不容缓。

2. 这座城市——江城武汉，长江与汉水横贯市中央，境内江河密集，武昌、汉口、汉阳三镇鼎立，因其独特的地理位置，在三千多年以来孕育除了丰富的非物质文化遗产资源。其除了内涵深厚的荆楚文化之外，也有南北文化。至今，武汉市共有 6 批 167 个项目进入了武汉市市级非物质文化遗产名录。这些项目涵盖了民间文学、传统音乐、传统体育、传统技艺、传统医药、民俗等。然而，武汉市的非物质文化遗产的传承和保护工作并没有因为其丰富性就变得轻松，和全国其他的城市一样，形式不容乐观。如何采取科学合理的措施对其进行保护利用并其使其能够传承和发展下去？这是一个很重要的问题，也是一个亟待解决的问题。

3. 武汉的非物质文化遗产不仅推动了文化创意产业，还推动了城市的经济发展。黄鹤楼，闻名中外，是武汉市的文化名片，推动了武汉市旅游业的发展；蔡林记热干面，香飘万里，是每个吃货的向往……这些都说明，保护，传承，发展非物质文化遗产是非常必要的。

4. 我们小组的成员来自不同的城市，每个城市由于地域环境各方面的不同，其非物质文化遗产也呈现出不同的特点。就连湖北省内的各个区域，其非物质文化遗产的风格也有所不同。由于我们现在身处武汉市，而武汉市又是湖北省的省会城市，我们对其非物质文化遗产也产生了浓厚的兴趣。除此之外，我们在讨论中发现，当代大学生对于非物质文化遗产的了解程度也偏低。

（二）目的

1. 了解武汉的非物质文化遗产，对当地的非物质文化遗产的特色以及其与所处地域环境相联系。

2. 了解武汉的非物质文化遗产的传承和发展情况，让当代大学生认清，武汉虽然拥有富的非物质文化遗产资源，但是传承和发展却岌岌可危。

3. 让更多的人能够注意到非物质文化遗产的传承，推广宣传非物质文化遗产，使其能够传承发展下去。

二、本调查基本情况介绍

（一）调查时间

问卷发放时间：2018 年 4 月 22 日　　问卷回收时间：2018 年 5 月 16 日

(二)调查对象

群众。

(三)调查方式

网络问卷调查，实地考察。

(四)发放回收问卷数量

295 份。

三、调查数据分析

经过本次调查，我们发现，达到多数人对于非物质文化遗产有所了解，但是其了解程度不够深，许多人只是知道非物质文化遗产的项目，却不知其根本。由图 1 可知，81.05%的人民群众对非物质文化遗产是有一定涉猎的。而造成这种现象的原因是国家对于非物质文化遗产的宣传，但其宣传力度显然不够，鲜少人会深入去调查。

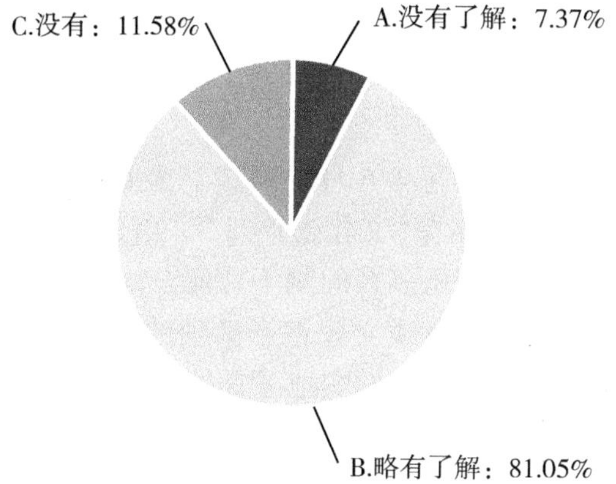

图 1

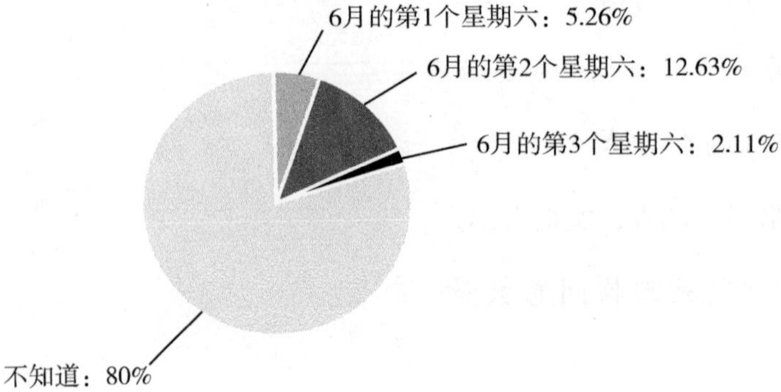

图 2

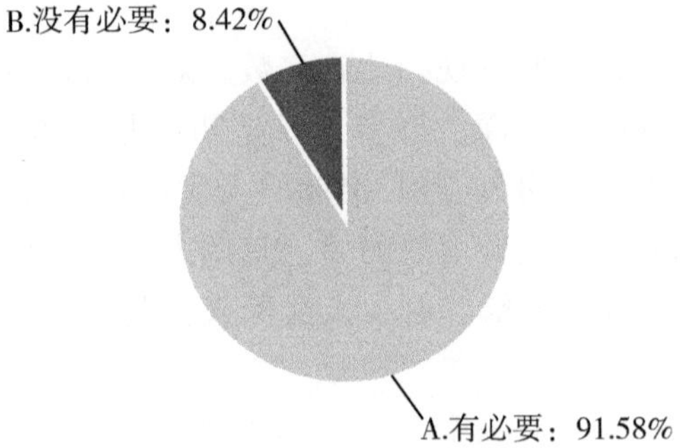

图 3

甚至将近90%的人不知道每年6月的第二个星期六是国家文化遗产日，其中80%的人并不知道存在"文化遗产日"。由此可见，对于非物质文化遗产的传承和保护发展是多么的刻不容缓。对于该问题："您认为在学校或居民社区有开展非物质文化遗产活动的必要吗?"91.58%的群众的答案是肯定有必要的。在我们实地考查过程中，很多人表明，在他们的学校或者社区周围，并没有类似的宣传非物质文化遗产的活动，如果有这样的活动存在，他们很乐意参与其中。尽管有些城市是存在非物质文化遗产的展览活动，但由于其在特定地方举办，许多人并不会特地前去参观，并且这种展览相对较少，就武汉而言，我们在网上查阅，武汉本地鲜少存在大型地非物质文化遗产总展览。尽管武汉的非物质文化遗产资源丰富，但其传承性太低。对于非物质文化遗产的保护传承方面，我们提出了以下问题：“请问您觉得阻碍非物质文化遗产发展传承的最主要因素是什么?”“您认为一个非遗项目需要保护或放弃主要取决于?”“您觉得当前非物质文化遗产保护面临的最大的问题是什么?”“您认为您能为传承保护作出什么贡献?”这些问题的数据分别如下四图。

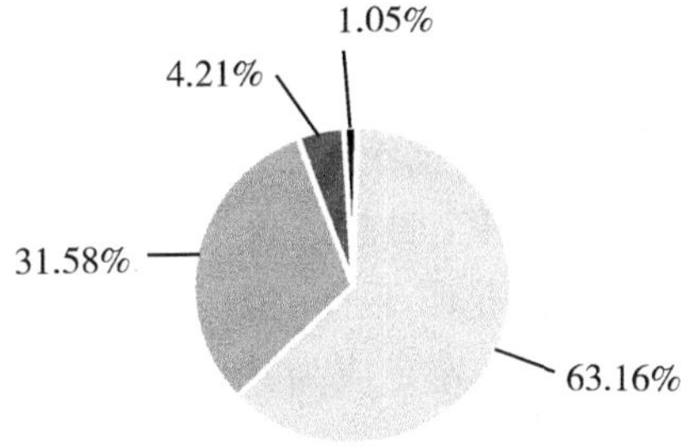

图 4

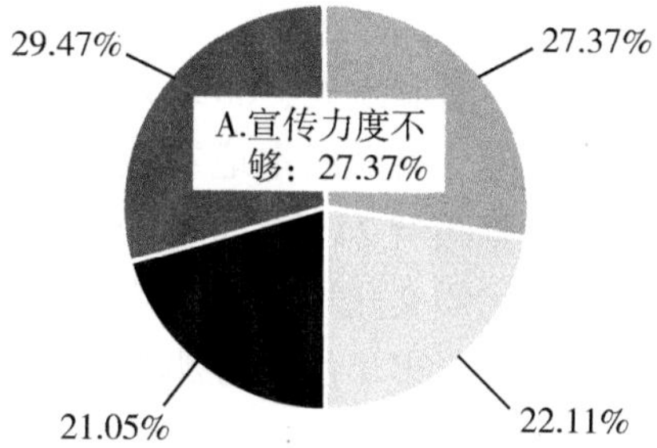

图 5

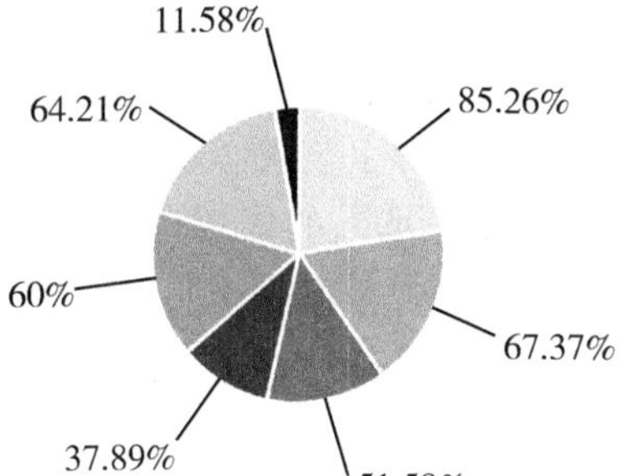

图 6

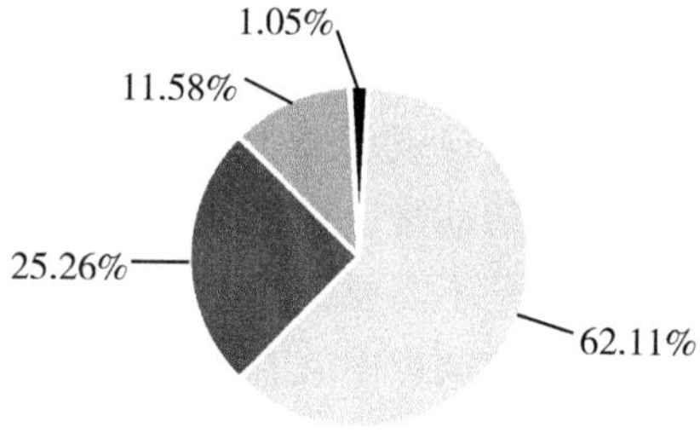

图 7

通过数据分析得知，阻碍非物质文化遗产传承和发展的因素众多：宣传力度不够、民间艺人分散，青少年对其的不重视以及时代变迁，人们观念变化等。这四大主要原因使得非物质文化遗产的传承与发展停滞不前。宣传力度是政府方面的原因，民间艺人的分散式地域原因，青少年对其不重视是社会原因而时代变迁则是时代原因。就此看来，非物质文化遗产的保护和传承需要多管齐下。63.16%的人觉得，物质本身是否具有文化价值，成为一个地方的文化标签是决定保护或放弃非遗项目的关键。

那么，非物质文化遗产面临的问题又是什么呢？如图六，我们所面临的问题是非常多的，这也是阻碍非物质文化遗产传承和发展的原因。85.26%的人认为是人们意识不够，67%认为是保护机制的缺乏，64%认为传承机制缺失，60%认为是其传承人的老化。传承是其面临的最重大的问题，就武汉本地戏剧种类——楚剧而言：据统计，1985年全省专业楚剧团有24个，但如今不到13个，演职员工日趋老化。那么我们能为非物质文化遗产做些什么呢？平时多关注是眼下我们力所能及的，除此之外，多了解学习那些古老的手艺，并不一定是成为其传承人。而政府在这方面更应加大力度，宣传、保护、投入资金。

四、本研究主要发现

我们从数据分析中可以看出，非物质文化遗产现在面临的最大问题就是宣传力度。来自于各个方面的宣传力度，人们对于非物质文化遗产的了解太过浅显。非物质文化遗产只存在于小部分手艺人心中，绝大多数人对其持观望态度。然而非物质文化遗产对传承人的依赖性非常强，一旦传承活动终止，这种非遗就会消失。我们发现，那些众所周知的非遗的传承是不需要担心的，特别是小吃类。如蔡林记、如老谦记，我们这次的实地调查中就有老谦记这一老牌子。老谦记店现已拥有了许多连锁经营店，品种也已经形成更多的系列，如枯炒、软炒、糊汤等三大系列。这种发展不仅是对其的传承，也是在与当代社会相结合。而另两种非遗项目——楚剧和汉剧，则恰恰相反。由于时代的发展，越来越少的人会对于传统戏曲有兴趣，这就导致汉剧和楚剧的传承人老龄化。汉剧和楚剧的剧组越来越少，除此之外，他们也面临着经济问题，这加剧了这两种戏曲的消失。越来越多的人看中非物质文化遗产的文化和经济效应，武汉的黄鹤楼，古代文人骚客在此留下笔墨，如“黄鹤楼中吹玉笛，江城五月落梅花。”如毛泽东的“烟雨莽苍苍，龟蛇锁大江。”蔡林记的热干面，源远流长的汉剧以及具有武汉本地特色的楚剧都能很好地说明这一点。而这更是因为社会和时代发展需要这一特点。这一特点能推动当地经济和文化的发展，因此其传承和发展力度相对其他而言也就会更高。

当代的人一边渴望去深入了解非遗，一边又认为其与当代主流不相符；当地政府一边在加入申遗“浪潮”，一边又只看重非物质文化遗产所带来的经济文化效应；非遗的传承人担心非遗的消失，却又分散在各地。因此，非物质文化遗产的传承和保护是一个需要多方面考虑的问题，甚至需要系统性地去解决。

五、建议及对策

1. 加强立法，用法律来保护我国非物质文化遗产。因为非物质文化遗产十分特殊，普通的保护是不足够的，而且我国现如今对非物质文化遗产保护的法律也不够健全，因此我们可以借鉴其他国家的做法，加强立法，建立完善的法律体系来对非物质文化遗产进行更全面的保护。

2. 提高百姓人民对非物质文化遗产的保护意识。从古至今，人民在对非物质文化遗产的保护过程中是起到一个主导作用的，从另一方面来说，非物质文化遗产的受保护程度的高低与人民素质高低是有关联的。

3. 建立完善的非物质文化遗产保护体系，这一体系并不是指法律体系。而是以下几点：(1)建立国家级、省级等不同级别的保护体系；(2)建立相关的专家咨询；(3)建立文化艺术馆等的运作体系。

4. 各地方政府也要重视非物质文化遗产的保护工作，不为了当地的经济发展而去破坏非物质文化遗产。

5. 将我国的非物质文化遗产保护工作与国际上接轨，也就是说将申报更多的世界遗产，这样可以将我国的非物质文化遗产推向全世界，让全世界来关注我们的非物质文化遗产。

六、总　结

曾文进：我们小组的选题是对非物质文化遗产的传承和保护的调查，确定下这个大主题后，每个人纷纷提出自己的建议该如何切入，当时的氛围现在也是印象深刻，因为好似自高中毕业后就很少有这样的讨论各抒己见。小组内的分工也尤其明确，在调查上，有三人负责网上调查问卷的设定，我们集体宣传发放问卷，再由他们三人进行最后数据的统计分析。我和小组内另外两名成员则是去往实地，因为时间及其他原因，我们只对食品方面有实际探寻，主要是武汉五芳斋汤圆和武汉老谦记传统豆丝，然后在网上搜索了武汉戏曲类的非物质文化遗产，主要是汉剧和楚剧两方面。

从任务发下来小组分工合作开始，到最后的调查实验报告完成，大家一起很认真的去完成这份实践调查。而且其中出乎意料的，在这过程我们小组没有过矛盾，当有其他想法提出时，其他人会思考之后讨论其可行性，这也可以看出我们大家都是在认真的在想怎么去做这份实践调查会更好，大家不仅是想要一个好成绩，在开始调查之后，发现其实很多非遗就连当地人也并不是很清楚，这真的是十分令人寒心。知晓的相关非遗的大多是老一辈的人，他们会想要去宣扬自己家乡的代表事物，并且引以为傲。但也正是因为这些，才让我们更想去了解，去了解连有些当地人也不清楚的文化，也是想为非遗尽绵薄之力，让其能够更好更完整的被宣扬出去，毕竟这都是中国人的传承，也是中国的瑰宝。

张雪晨：在这次调查中，我和小组的其他两个成员一起去了老谦记和五芳斋汤圆，由于经费和时间原因，关于汉剧和楚剧的了解，我们则是同步在网上进行的。观看了几幕比较出名的剧。

武汉的非物质文化遗产资源是非常丰富的，在调查过程中，我们发现，武汉人越来越注重非物质文化遗产这一文化传承了。作为武汉人，人们是偏爱豆丝这种小吃的，而老谦记这个老牌子就更加出众了。随着时代的发展，老谦记也成为非遗，连锁店增加，品种也增多了。可能在之前，我们提到非遗，会觉得他是古老的，与时代脱节的。但在这次调查之后，我们的思想也发生了变化。我们应该向更多的人宣扬非遗这一种文化，这也是我们的思想。除此之外，在关于戏剧这一方面，我们的收获也是颇多的。我们从完全不了解戏剧，到发现其独特的韵味，节奏感强烈的汉剧，别具一格。楚剧也是平易近人。但是因为其非常的小众，现在也是越来越少的人去接触这些了。

作为一个学生，我们能做的不算很多，但也不能说少，譬如做这次的调研活动，至少我们先了解了“非遗”这一名词，我们不再带有有色眼镜去看待我们的文化。然后我们也就会去发扬它。

袁乾峰：通过我们对非物质文化遗产的多方面了解，它具有很多种类，例如民间文学、传统音乐、传统舞蹈、传统戏剧、民俗以及等等。还具有历史、文化、审美等多重价值。另一方面，与物质文化遗产比起来，非遗也被喻作中华传统文化的活化石。它是可感、可触、可传、可用甚至可歌可舞的传统文化，让人感受到它的活态性和日常性，也正因如此，它在当代的文化建设、道德建设与社会建设中有着不可替代的位置。这也是我们小组最终决定选这个题目的原因之一。

此次调查我们先去吃了五芳斋汤圆和老谦记传统豆丝，然后再去其他地方品尝相同的东西，通过几家店的对比，传统老店的味道还是非常可口正宗的。这是那些挂着老字号牌子的但是味道却远不及老字号店所不能比的。传承一定要继承传统老字号的手艺和技能，而不是老字号的名字。

通过这一次调研，也算让我们对非物质文化遗产有了些许的了解，你看就连这小小的吃食也会是非遗，它更需要我们去传承去发扬。

最后非物质文化遗产是中华民族智慧和文明的结晶，也是中华优秀传统文化的重要组成部分，需要国家和广大人民共同去保护与传承。

陈晶：这次毛泽东思想与中国社会主义理论体系概论的活动让我接触到了一个全新的世界，感受到了非物质文化遗产的魅力所在。如果是在以前，我估计也就只听说过“非物质文化遗产”这个词，但是对此再也没有别的印象了，可以说是对此一无所知。以前在电视上看到过，也就是糖人之类的，民间手艺人，感觉很神奇，一种独特的技艺让人眼前一亮。换作是天天在忙忙碌碌的大城市里生活的人，估计看到这种手艺肯定会称奇，这就是非物质文化遗产的独特魅力。让人在平凡的生活中感受到不一样的魅力，心灵会得到慰藉、安定。

但是尽管如此，非物质文化遗产也在慢慢的面临着危机，仔细算来，现在的手艺人，也就是掌握着非物质文化遗产的人估计都是老一辈人了，中国现在也面临着老龄化。也就是说，这种民间手艺将面临着无人继承，甚至消失的处境。这就需要我们现代青年人站出来为保护和传承非物质文化遗产做贡献了。一些手艺人的后人也不想继承这份遗产，因为现在的社会是信息化时代，年轻人都沉迷于网络，根本没人会去想着继承这种文化。手艺人就需要来自社会政府的帮助，从而让一些人了解，这样才能引起他们的共鸣从而来保护非物质文化遗产。

肖向前：通过这次非物质文化遗产的传承和保护调研，我明白了传承和保护非物质文化遗产的重要性，传承和保护非物质文化遗产是我们每一个中国人都需要了解并付诸实际行动的事情。但是，仅仅依靠个人的力量肯定是不够的，传承和保护非物质文化遗产也需要国家的帮助，人民政府也要对非物质文化遗产的传承和保护更多的宣传，传承和保护是很重要的事，每一个人和人民政府都要重视这件事，非物质文化遗产的传承和保护也不是一天两天就能搞完的，经过这次的调研，我个人觉得非物质文化遗产的传承和保护是非同寻常的意义的，所以我很喜欢非物质文化遗产的传承和保护，越来越多的人会加入进来，我也很期待这样的事情发生，如果非物质文化遗产的传承和保护能做到比较好的话，我想这次的调研也会变得更加有意义，非物质文化遗产的传承和保护调研让我了解到了很多事情，对我的大学生活有很大的帮助，我很喜欢这次的调研，眼界也打开了不少。我希望后来的人们能够做好非物质文化遗产的传承和保护，调研才能更好地理解这些。

严寒冰：在经济快速发展的今天，非物质文化遗产越来越难以发展和传承下去，越来越多的非物质文化遗产正在走向消亡。目前，非物质文化面临的最大问题是人们对其关注度不高，现在人们的空闲时间娱乐的方式很多，不像往常人们空闲的时候还能看看皮影，听听曲什么的。而现在呢，人们大都沉浸在网络和游戏之中，尤其是年轻一代越来越远离民族的传统文化，他们都觉得这太没意思了，相比于非物质文化遗产，网络和游戏要有趣得多。这使得民族文化的传承和发展受到巨大的阻力。非物质文化遗产是一个国家和民族发展的重要标志。所以加强我国非物质文化遗产的保护已经是刻不容缓。

人们缺乏对非物质文化的认识是导致其发展受阻的最重要的原因，所以提高对非物质文化遗产认识是最有效的保护方法。对非物质文化的认识听起来很简单，但在我们日常生活中往往会被我们所忽略。在这次实践活动之前我也不知道非物质文化遗产是什么，感觉在生活中根本就没有出现过一样。说到底，还是我们缺少对非物质文化遗产的关注和非物质文化遗产的宣传和活动做得太少了。非物质文化遗产是无形的，所以传承下去更有难度，我们应多做宣传，多办活动，只有深刻地认识理解非物质文化遗产，才能将其传承下去。

在本次非物质文化遗产实践活动中，我意识到了它对于我们民族的精神意义所在，我希望会有更多的人关注非物质文化遗产，一起将它发扬光大。

◎参考文献

[1]王文章：《非物质文化遗产概论》，文化艺术出版，2006 年版。

[2]姚伟钧：《武汉饮食老字号与非物质文化遗产保护》，《武汉文博》2012 年第三期。

[3]李任：《武汉非物质文化遗产传承和发展研究》，2015 年。

拜金主义对当代大学生的影响调查

成员：邱静雯　张家园　王妙妙　丁梦婷
曾芳芳　唐漪棋　郑月明　肖晓月
指导老师：卢佐冬

一、引　　言

（一）本选题的背景

近些年来，中国奢侈品消费不断上涨。奢侈品消费背后存在着拜金主义。但是许多购买奢侈品的人并不拥有这样的消费力，而仅仅是因为“炫耀”和“有面子”等原因“打肿脸充胖子”。消费观念的差异不断增大，奢侈品已成为向别人炫耀或是进行攀比的工具，这也变相推动了盲目消费、拜金主义等不良风气的传播。从个人发展来看，拜金主义与人的全面发展相违背，它侵蚀着人的积极一面，使人沦为金钱的奴隶；从社会来看，拜金主义盛行的社会必然是一个纸醉金迷、冷漠无情的社会，是一个人心不古、浮躁虚荣的社会。

拜金主义的思想也在不断向年轻阶层侵袭。当代年轻人对于新观念的包容度更大，更愿意尝试新生事物，有更强的冒险精神。当前，社会主义市场经济蓬勃发展，对外开放继续深化，在各种思想文化相互冲击、碰撞的环境中，部分大学生出现了被外来的思想所迷惑，出现了所谓追求生活品质，过分注重追求物质消费，表现出拜金主义倾向。这种倾向不利于学生身心的健康成长，也不利于教育和现代社会的发展。

(二)目的

本实践调研小组希望进一步更深入地研究这个社会现象，在大学校园这个特殊的“小社会”中，了解当代大学生对于拜金主义及其年轻化趋势的看法，探寻切实可行的建议与对策，为大学生思想文化建设建言献策。

二、本调查基本情况介绍

(一)调查问卷

本实践调研小组在查阅大量资料的基础上制作并发布了调查问卷，搜集了大学生关于拜金主义年轻化的看法与意见。

1. 调查时间

问卷发放时间：2018 年 4 月 21 日　　问卷回收时间：2018 年 5 月 13 日

2. 调查对象

以武汉科技大学本科生及研究生为主，辐射周边地区部分大学

3. 调查方式

以线上回答问卷为主

4. 问卷的基本情况

小组共回收 320 份有效问卷。问卷共设 14 题，其中单选题 7 道，多选题 7 道。

5. 问卷的网络链接

https：//www. wjx. cn/jq/22854323. aspx

(二)小组讨论并形成报告

本实践调研小组在回收调查问卷后，多次召开小组会议，集思广益。分配任务后各成员各尽其责，共同完成了此次报告。

三、调查数据分析

(一)问题数据分析

问卷题目形式主要有询问认知、态度、程度、原因、表现形式、危害及建议等题目。

问题1：您目前是？

问题1选项	小计	比例
大一在读	33	10.31%
大二在读	210	65.63%
大三在读	64	20%
大四在读	10	3.13%
研究生在读	3	0.94%
本题有效填写人次	320	

问题1主要收集调查对象的基本情况，65.63%的调查对象为在读大二学生；其次为大三在读学生，比例为20%。

问题2：您认为“拜金主义”是什么？

问题2选项	小计	比例
金钱万能观	117	36.56%
不择手段地获取金钱	133	41.56%
金钱成为评价一切的首要尺度甚至是唯一尺度	230	71.88%
其他	7	2.19%
本题有效填写人次	320	

问题 2 主要收集大学生对于拜金主义的认识，其中 71. 88%的调查对象认为金钱成为评价一切的首要尺度甚至是唯一尺度是拜金主义，41. 56%的调查对象认为金钱万能观是拜金主义；另外 36. 56%的调查对象认为不择手段地获取金钱是拜金主义。这说明目前的大学生仍然对拜金主义有着较为正确且清晰的认识。

问题 3：拜金主义被认为是盲目崇拜金钱、把金钱价值看作最高价值、一切价值都要服从于金钱价值的思想观念和行为。您认同这样的价值观吗？

问题 3 选项	小计	比例
认同，金钱是不可或缺的，值得不顾一切去追逐	39	12. 19%
有些认同，追逐金钱无可厚非	69	21. 56%
有些不认同，不该为了金钱而没有底线	125	39. 06%
不认同，拜金主义是错误思想，应该抵制	73	22. 81%
不认同，但认为与自己无关	13	4. 06%
值得不顾一切去追逐金钱	1	0. 31%
本题有效填写人次	320	

问题 3 主要收集大学生对于拜金主义价值观的认同度，39. 06%的调查对象有些不认同拜金主义价值观，他们认为不该为了金钱而失去底线；同时，26. 87%的调查对象不认同拜金主义并且其中 22. 81%的调查对象认为应该抵制这样的错误思想。但遗憾的是，仍然有 33. 75%认同拜金主义，觉得金钱不可或缺、追逐金钱无可厚非；甚至有 12. 19%的调查对象认为值得不顾一切去追逐金钱。

问题 4：对于拜金主义者，您的态度是？

问题 4 选项	小计	比例
拜金主义是错误的价值观，应进行劝告	79	24.69%
拜金主义是错误的价值观，但与我无关	80	25%
拜金主义个人喜好，与我无关	97	30.31%
不了解拜金主义者，不做评价	52	16.25%
拜金没什么问题	6	1.88%
其他	6	1.88%
本题有效填写人次	320	

问题 4 主要收集大学生对于拜金主义者的态度，约 60%的调查对象不认同拜金主义，但约 55%的调查对象认为他人的拜金主义行为与自身无关；这说明其实学生群体中大部分人不认同拜金主义，但是对于拜金主义者的行为都并不关心，也不会进行阻止与劝告。

问题 5：您认为这种现象的存在是社会发展阶段的必然结果么？

问题 5 选项	小计	比例
是	200	62.5%
不是	120	37.5%
本题有效填写人次	320	

问题 5 收集拜金主义现象的存在是否为社会发展阶段必然结果的认识。其中高达 62.5%的调查对象认为这种现象的存在是受到了西方不良社会思潮的影响，在一定程度上是社会发展阶段的必然结果。

问题 6：您觉得钱重要吗？

问题 6 选项	小计	比例
非常重要，没钱万万不行	53	16. 56%
挺重要的，有钱会让生活更为便利	172	53. 75%
一般重要，日常生活都要靠钱	73	22. 81%
不重要，清贫的日子也挺好	16	5%
非常不重要，钱乃身外之物	6	1. 88%
本题有效填写人次	320	

问题 6 主要收集大学生对于金钱重要性的态度。53. 75%的调查对象认为金钱作为物质生活的基础，比较重要，有钱会让生活更为便利；其次是 22. 81%、16. 56%的调查对象认为金钱一般重要与非常重要。仅有 6. 88%调查对象认为金钱不重要或是非常不重要。

问题 7：您认为金钱和幸福感有直接关系吗?

问题 7 选项	小计	比例
当然有，坚实的物质基础能让我感到很幸福	88	27. 5%
有，金钱有时候能锦上添花	134	41. 88%
有一点，毕竟温饱是幸福的基础	78	24. 38%
没有，心态最重要	15	4. 69%
其他	5	1. 56%
本题有效填写人次	320	

问题 7 主要收集大学生关于金钱与幸福感相关联的感受。41. 88%的调查对象认为有直接关系。金钱能使幸福的生活锦上添花；而选择

“没有关联”的调查对象仅有4.69%。这说明大部分学生都认为拥有金钱确实能提升幸福感。

问题8：在您看来哪种行为算得上拜金?

问题8选项	小计	比例
金钱至上，把它当成衡量一切的标准	213	66.56%
盲目追求高消费，购买奢侈品	181	56.56%
利益至上，不惜违背道德	208	65%
能力不大却喜欢攀比	132	41.25%
其他	8	2.5%
本题有效填写人次	320	

问题8主要收集大学生对于拜金主义行为的认识。66.56%的调查对象选择了“金钱至上”，认为以金钱为标准衡量一切是拜金主义行为；其次是65%的人选择了“利益至上，不惜违背道德”。关于“追求高消费，购买奢侈品”与“喜欢攀比”也分别有56.56%与41.25%的调查对象选择。在界定拜金主义行为这一方面，个人有个人不同的标准。

问题9：您有听说过或知道大学校园里面有这些拜金主义的现象吗?

问题9选项	小计	比例
传统的情义为重的同学之交，出现了向有利可图的方向倾斜	166	51.88%
考虑以后就业时，过分注重就业的物质待遇	166	51.88%
物质追求时尚、品牌，互相攀比	182	56.88%
其他	32	10%
本题有效填写人次	320	

问题9主要收集大学生对于校园内拜金主义各种表现形式的了解情况。在人际关系方面，51.88%的调查对象认为出现了利益驱动的趋势；在毕业就业方面，同样有超过半数的调查对象认为现在的大学生更注重工作后的薪资与福利；在学校生活方面，有56.88%的调查对象认为物质需求越来越大，出现了攀比、炫耀的情况。这说明了部分大学生中确实出现了拜金思想。

问题10：您认为大学校园里出现拜金主义的原因是？

问题10选项	小计	比例
教育缺乏正确的引导方向	126	39.38%
利己主义观念盛行，群体性义利观失衡	189	59.06%
消费欲望的膨胀，大众媒体对于物质的宣扬	206	64.38%
学生群体存在攀比的现象，跟风从众心理的影响	182	56.88%
追求物质享受的家庭环境影响青少年的心理成长	138	43.13%
家庭经济地位低微使学生产生极度的不安全感和自卑心理，认为金钱是万能的	133	41.56%
以个人主义为核心价值的部分西方思想助长了自私观念，催生了拜金主义思潮	107	33.44%
本题有效填写人次	320	

问题10主要收集大学生认为的校园内出现拜金主义现象的原因。64.38%的调查对象认为现在社会浮躁，消费欲望不断膨胀；56.88%认为是学生群体存在从众跟风情况，导致互相攀比、炫耀。有近45%的调查对象认为与家庭环境相关。

问题11：您认为拜金主义对大学生个人会有以下影响吗？

问题 11 选项	小计	比例
学习目标功利化	171	53.44%
职业选择现实化	166	51.88%
人际关系庸俗化	206	64.38%
物质生活享乐化	191	59.69%
理想追逐物欲化	174	54.38%
其他	17	5.31%
本题有效填写人次	320	

问题 11 主要收集大学生认为的拜金主义现象对于个人的危害。就近期影响来讲，拜金主义使得部分学生的学习目标功利化，同时在生活中追求物质享乐，人际交往也倾向于结交各类利益至上的朋友；就长期影响来讲，拜金主义使得这部分群体在选择就业方向时更加现实，倾向于选择“热门”的、薪资高、福利好的工作岗位，而不考虑自身发展需要、社会国家需求，其追求也更注重物质利益。

问题 12：您觉得拜金主义思潮会有哪些社会影响？

问题 12 选项	小计	比例
使人际关系变得复杂	124	38.75%
过度崇拜金钱而失去温情	220	68.75%
道德沦落，一味追求金钱，错误引导学校、社会风气	240	75%
也许会激励一些人努力奋斗，某种程度上有利于促进经济发展	121	37.81%
本题有效填写人次	320	

问题 12 主要收集大学生认为的拜金主义现象对于社会的危害。从道德层面来说，75%的调查对象认为一味追求金钱会导致严重的不良风气。从感情层面来说，68.75%的调查对象认为过度崇拜金钱会失去温情。但值得关注的是，仍有 37.81%的调查对象认为拜金主义思潮也许会激励一些人努力奋斗，某种程度上有利于促进经济发展。

问题13：您认为拜金主义这种现象需要扼制么？

问题13选项	小计	比例
非常有必要	39	12.19%
在某种程度上，有必要	211	65.94%
有一点点的必要	54	16.88%
没有必要	16	5%
本题有效填写人次	320	

问题13主要收集大学生对于抵制拜金主义的态度，65.94%的调查对象认为在某种程度上有必要扼制拜金主义；12.19%的调查对象认为非常有必要；但仍然有5%的调查对象认为没有必要扼制拜金主义。这说明在大学生群体中仍有一小部分没有意识到拜金主义的危害。而有16.88%的调查对象则认为有一点点必要扼制，说明反对的决心不够坚定。

问题14：您认为解决上述问题，合理可行的方法有：

问题14选项	小计	比例
加强中国特色社会主义文化建设，积极倡导践行社会主义核心价值观	151	47.19%
利用媒体和舆论效应宣传正确健康的价值观	172	53.75%
缓解贫富差距现状，增加助学贷款等途径	149	46.56%
关注学生心理健康，增强归属感、幸福感	165	51.56%
学校应主动引导，营造良好的校园环境	117	36.56%
加强家庭教育，帮助树立正确的金钱观	132	41.25%
传承中华传统美德，弘扬优秀传统文化	93	29.06%
“拜金主义”问题无法被彻底解决	31	9.69%
其他	4	1.25%
本题有效填写人次	320	

问题 14 主要收集大学生对于遏制拜金主义的建议及对策。大部分调查对象都认为通过切实可行的方式可以解决拜金主义问题；而有 9.69%的调查对象则认为“拜金主义”问题无法被彻底解决，持悲观态度。

(二)交叉数据分析

通过问题 4 与问题 6 交叉对比，从图 1 中，我们获得以下信息：即便认为金钱非常重要的受访者中，仍有 52.83%认为拜金主义是错误的价值观，仅有 5.66%认为拜金没什么问题。而在认为金钱不重要的受访者中，高达 50%不认同拜金主义。

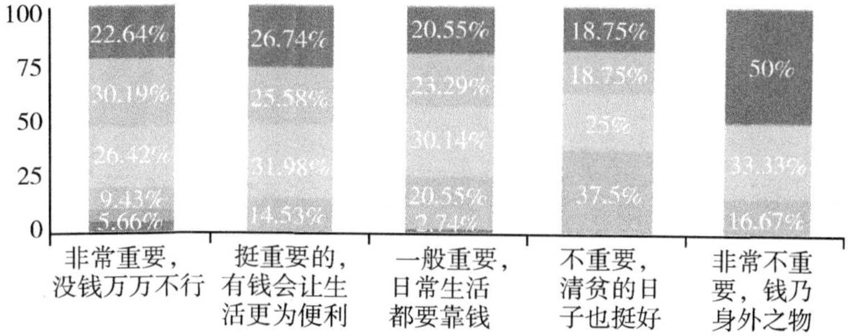

图 1

通过问题 5 与问题 13 交叉对比，图 2 数据显示：无论受访者是否认为拜金主义现象的存在是社会发展阶段的必然结果，绝大多数(分别为 69%与 60.83%)调查对象仍然认为有必要扼制这种不良思想的蔓延。这说明虽然拜金主义思想在大学生群体中一定程度上存在，但是绝大部分人都对此能保持清醒认识，并支持扼制拜金主义不良思想。

通过问题 1 与问题 4 交叉对比，数据显示如下：通过折线图 3 可以比较清晰地看出，在大一到大三群体中，认为拜金主义是错误价值观且应进行劝告的比例不断下降至 13%，但从大三至研究生群体有逐渐上升至 33%。这说明虽然对于正确认识拜金主义的比例在波动，但仍然在朝着好的方向发展着。但令人遗憾的是认为“拜金没什么问题”的比例也在研究生群体中上升到了 33%，侧面反映了研究生阶段的教育、宣传并不到位。

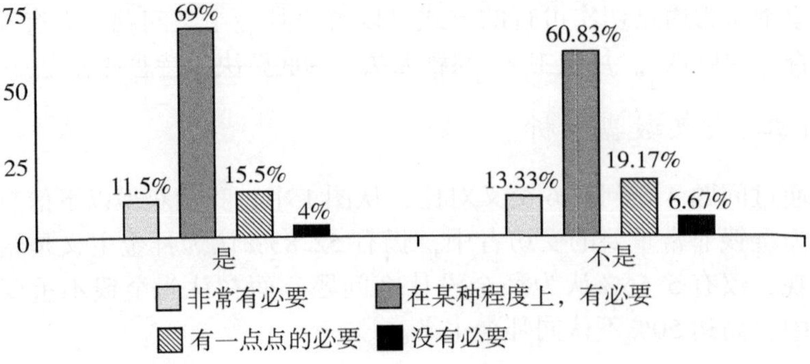

图 2

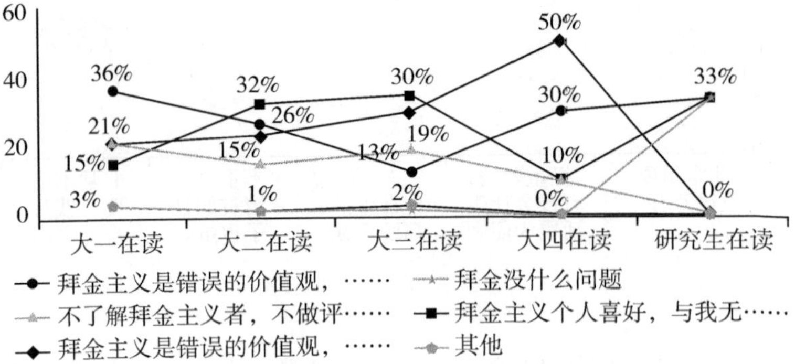

图 3

四、本研究主要发现

(一)大学生对金钱的态度分析

在问卷第六题中，绝大多数调查对象(93.12%)对金钱的重要性表示了肯定，而在剩下的6.88%的调查对象中，认为金钱丝毫不重要的仅占1%，可见大学生对于金钱的价值与重要性还是有较高的认同。再回归认同金钱价值的这些调查对象，在“一般重要”，“挺重要”，与“非常重要”中，认为“挺重要”的部分占大部分，为样本总体的 53.75%；“一般重要”次之，为 22.81%；最后是“非常重要”，仅占 16.56%。由此可推断出：绝大多数人认同金钱的重要性，而在认同的同时，赋予了金钱较高的价值，但否决了金钱绝对主义。可以认为人们对以一种较为理性的态度来对待金钱，同时又反对拜金主义。

在问卷第七题中，将金钱与幸福感结合，进一步调查了调查对象在一定条件下对于金钱的态度。在“是”与“否”的问题上，结果与第六题相似——95%左右的调查对象认为幸福感与金钱存在或多或少的关系。不同的是，在低、中、高三种程度中，中等程度的相关所占比例没有过半，占 41.88%，而高程度的相关比例上升十个百分点。由此不难发现：脱离宽泛意义上的金钱，将其与某一特定条件结合起来时，人们倾向于进一步提升金钱的重要性；可见，在实际情况中，人们认为金钱很重要，然而这仍在理性的范围内。

在问卷第八题中，从反方向来探讨调查对象对金钱的态度，即由调查对象对“拜金主义”的态度分析其对金钱的态度。在对样本的调查中，除“其他”这一选项除外，其他选项的选中率很高。其中“金钱至上”“盲目高消费”与“利益至上”皆超过半数，尤其是“金钱至上，为一切的标准”和“利益至上，不惜违背道德”这两个涉及原则性的选项中，选中率均超过 65%。可见人们对金钱还是有一个较为理性的认识，原则性问题上理性占优。

综上，关于人们基本认同金钱的重要性，在实际生活中会提高对金钱重要性的认同，但大多数人仍然是反对拜金主义的；而在认同金钱重要的同时，理性占优。

(二)对于拜金主义危害认识的分析

从问题十一数据来看，调查对象普遍认为，拜金主义对大学生个人的影响多以消极为主。这种影响主要表现为人际关系庸俗化、物质生活享乐化、理想追逐物欲化、学习目标功利化以及职业选择现实化，以上五项均为问卷中所设立作为多项选择的选项，但这些选择都占半数以上。

在拜金主义的影响下，部分大学生过于注重就业的物质待遇，对工作岗位是否有利于自己的专长得到充分发挥，是否符合自己的个人兴趣，是否与国家和社会进步大方向和大趋势的关注不够。这不利于个人的长远发展。

调查对象普遍认为，拜金主义显然对社会产生了显著影响。在“拜金主义思潮有哪些社会影响”的问卷调查中，“道德沦落，一味追求金钱，错误引导学校、社会风气”和“过度崇拜金钱而失去温情”这两个选项占比在70%上下，说明大众对拜金主义思潮的消极影响是有所认识的；而“使人际关系变得复杂”和“也许会激励一些人努力奋斗，某种程度上有利于促进经济发展”这两个选项的占比不分伯仲，占比在38%上下，人们在受拜金主义思潮的消极影响下，对拜金主义思潮也有一个比较全面的认识。

(三)对于拜金主义产生原因的分析

根据我们回收的问卷调查，多数调查对象认为拜金主义在一部分学生群体中产生了影响，主要原因是：

1. 缺乏有效的教育引导：不论是从学校还是家庭，对大学生树立正确的金钱观和价值观的指引存在一定的不足，这是导致对金钱的看法出现了偏差重要因素。

2. 消费欲望的膨胀：当前，大学已高度与社会接轨，社会上存在的一些不良风气的涌入校园，而部分年轻的学生对此不能正确对待，过分关注物质的消费，导致了对金钱的盲目崇拜。

3. 部分学生之间存在攀比现象，一些学生有跟风从众心理：大学生思维活跃，对新事物高度关注，对周遭事物的敏感度高。在消费差异化的大趋势下，在小范围内彼此之间的相互消费攀比确实存在。部分学生个体容易陷入不合理的消费陷阱，产生不健康的消费心理。

五、建议及对策

改革开放后，我国引进了资金、技术和优秀文化成果，同时，西方资产阶级的思想也不断在涌入，这些思潮冲击着中国社会，与中国社会本身存在的思想糟粕结合，甚至是披着“外来文化”的幌子不断影响着国人的思考，造成了不良的影响。调查问卷结果显示，拜金主义对大学生个人的影响多以消极为主，并且认为拜金主义对社会产生了显著影响。

为解决上述问题，消除拜金主义给大学生带来的负面影响，现提出本调查研究的对策建议：

（一）社会层面

1. 加强中国特色社会主义先进文化建设，积极培育、践行社会主义核心价值观

要大力弘扬中国特色社会主义共同理想，帮助大学生树立社会主义共同理想，引导大学生以实现民族复兴为目标而努力学习和工作，抵制拜金主义思潮。新时代中国特色社会主义思想，强调坚定道路自信，理论自信，制度自信，文化自信。其中，文化自信对解决当代中国拜金主义群体年轻化有极大借鉴意义。只有在心中坚定文化自信，对国家优秀文化高度认同，才会在生活中贯彻中国文化的根本精神。在大学校园内，要坚持文化自信，发扬社会主义新风尚，践行社会主义核心价值观，引导大学生树立正确的金钱观。

2. 大力弘扬优秀传统文化，传承中华传统美德

习近平同志在党的十九大报告中指出要深入挖掘中华优秀传统文化蕴含的思想观念、人文精神、道德规范，结合时代要求继承创新，让中华文化展现出永久魅力和时代风采。艰苦奋斗是中华民族传统美德，勤俭节约是我们的传家宝，我们应传承中华民族传统美德，让中华民族精神大厦巍然耸立。

3. 学校应加强思想引导和教育工作，关注学生心理健康，营造良好的校园环境

学校是贯彻党的教育方针，落实立德树人根本任务的阵地。加强对大学生的思想引导和教育工作是落实工作完成任务的必然要求。为了促进大学生的全面发展，帮助树立正确的价值观，应该加强高校自身的校园文化建设，在中国特色社会主义文化强国精神的指引下，加强校园文化建设，开展形式多样的、具有时代特征、青年人喜闻乐见的校园活动，丰富校园的学习生活。引导学生正确认识当下存在的一定程度的生活水平的差异，在生活和消费上不能盲目攀比。同时利用国家的良好政策，如助学贷款、助学金、奖学金等，切实解决部分学生存在的生活困难，鼓励学生注重学习，加强多方面素质培养，树立正确的世界观、人生观。

(二)个人层面

1. 加强思想理论学习，提升马克思主义理论修养

马克思主义是科学真理，是人们的信仰，给了我们认识世界改造世界的科学方法。一些大学生之所以陷入拜金主义的深渊，是因为他们没有掌握马克思主义的基本观点和方法，不能运用马克思主义的基本观点和方法剖析社会现象，不能透过复杂的社会现象看清本质，不能辩证的看待问题。因此，要引导大学生抵制拜金主义，就要加强马克思主义理论学习，提升思想理论水平，提升应对错误问题和抵御错误思想的能力。

2. 树立正确的金钱观，理性消费不攀比

个人应树立正确的金钱观，明确金钱不是万能的。大学生应当以学业为重，认真学习马克思主义思想与先进的科学文化知识，以知识武装自己，明辨是非，以为国家与社会做贡献为目标，而不是着眼于追求物质财富。

抵制拜金主义的侵蚀要求大学生理性消费，克服攀比心理。当今大学校园内，学生来自五湖四海，家庭经济背景悬殊，经济条件落后的同学羡慕条件优越的同学，为了“面子”而去攀比，做出了很多不理性的行为。其实，这种攀比是没有任何必要的，很多真正有意义的活动并不是以金钱条件的。

3. 弘扬正确的金钱观，传递正能量

大学生不仅要树立正确的金钱观，更要弘扬正确的金钱观，做正能量的传递者。如今我国经济处于快速发展之中，社会财富不断累积，人民的物质生活质量不断提高，更易受到拜金主义的影响，大学生处于这种背景下，应当肩负起时代赋予的责任，弘扬正确的金钱观，为和谐社会的建设做出自己的贡献。

马克思主义思想建设是一个需要坚持的、长远的过程，消除大学生的拜金主义观念并非一时半刻能做到，这需要社会，学校，以及家庭与个人共同的努力来引领大学生树立正确的金钱观，发扬中华民族优良的美德；广大青年更应在新时代以自身的努力奋斗赋予传统美德崭新的诠释。

六、总　　结

邱静雯：作为组长，首先需要建立清晰的团队工作的目标，接着需要将组员们聚在一起，大家共同进行讨论，不断提高团队的凝聚力。通过整合个体优势，弥补个体不足，让组员之间互相学习、共同进步、发挥整体的作用，使得团队工作高效有序。目前校园内存在的拜金主义现象引起了小组注意。我们查阅资料后，都提出了自己关于拜金主义的想法，于是我根据大家的思考列出提纲，并再次召集全员开展小组会议。大家在会议上集思广益，最终确定下问卷题目。我制作完问卷后，由小组成员们共同发布，希望扩大调查对象范围，最终获得较为真实且具有普遍性的数据。小组成员积极参与讨论，配合也比较默契，在遇到新问题的时候能够及时、有效地讨论并提出相应的解决办法。

在团队合作中，不可避免的是摩擦，作为组长，我必须肩负起责任，积极地化解团队成员之间的矛盾冲突，创造和谐的团队关系。要学会聆听，给予成员更多的理解与包容，处理团队矛盾公平公正。在带领团队的过程中，既要做好指挥工作，和成员保持良好的沟通，也要在工作、实践中反思工作方式，随时接受监督并及时改正，获得提高。才能让团队自上而下达到良好的协调，在工作中相互配合，目标一至，圆满完成团队的目标。本次实践活动不仅是更深地了解了拜金主义这一不良思想，也在实践过程中提升了我的个人能力，非常感谢我的组员们的配合与努力。

王妙妙：整个调查实践活动以小组形式展开，各个组员贡献自己的力量，完成自己的分工任务并密切配合他人，组内分工撰写报告。我们先讨论了一下，将解决方法分成不同方面，再各自撰写，最后再次讨论、修改、整合，使对策体现多角度的思考，使其更完整、更全面。写文章要有条理，分层次，这样才能一目了然，这也对我以后的毕业论文写作提供了很大的借鉴意义。整体的报告是大家共同努力的果实，和同学们一起合作，也提高了自己的沟通能力与合作能力。

肖晓月：通过这次毛泽东思想概论课上的社会实践活动，我意识到作为当代大学生，我们应该树立正确的人生观、价值观、世界观和金钱观。在大学生活中，应该以学习为首要任务，避免盲目崇拜金钱、把金钱看作是衡量一切事物的价值尺度。

曾芳芳：这次社会实践调查，给了我一个可以实践运用我所学知识的机会。我们每个人都作为小组的一员，团结协作，顺利完美地完成了这次社会实践调查。

唐漪棋：在这个调查实践的过程中，对于拜金主义，我深入剖析了其存在的根本原因和意识到了其所带来的巨大危害，对其有了更加深刻的认识。

郑月明：在完成本次调研任务的过程中，我收获了友谊，领悟到了团队合作与分工的重要性，以及每个人在团队中都是不可或缺的力量。在调研过程中，加深了同学情谊，领悟了团队精神。

张家园：一个小组的调查问卷并不只意味着对社会环境及相关人员的调查，对我们实施者来说更是一个学习的过程。做问卷调查时，小组成员需要确立主题，一步步完善问卷，对题目以及选项进行多次斟酌，锻炼了各位成员的逻辑思维与辩证思维。

丁梦婷：这次调研，时间虽不长，但却让我感受到团队合作的重要性和必要性。合理的分工、高效的执行是小组合作顺利进行的保障。我们组内每个人都有自己在组内的定位，清楚地知道自己该干什么以及怎么干。为了更好地完成任务，我阅读了大量材料，包括网上的论文，百科知识，网友观点，前期准备完成后。总的来说，在团队合作中，每个人各司其职，互相配合，高效执行才能呈现整体大于个体之和的效果。

◎参考文献

[1]决胜全面建成小康社会　夺取新时代中国特色社会主义伟大胜利——在中国共产党第十九次全国代表大会上的报告．中国政府网. http：//www. gov. cn/zhuanti/2017-10/27/content5234876. htm.

[2]王凤云．拜金主义思潮对当代大学生的影响及抵御措施[J]．现代妇女(下旬)，2013.

[3]李红美．拜金主义思潮对当代大学生价值观的危害及其对策[M]．河北师范大学出版社，2013.

[4]李美惠．拜金主义对我国大学生正确价值观形成的消极影响及对策[J]．开封大学学报，2016.

[5]刘长贵，姜迎春．简论拜金主义的表现、危害及其抵制[J]．中共南京市委党校南京市行政学院学报，2005.

附录：

调查问卷样表

拜金主义对当代大学生的影响

非常感谢您在百忙之中抽空完成本次问卷调查！

1. 您目前是：[单选题]*

○大一在读

○大二在读

○大三在读

○大四在读

○研究生在读

2. 您认为“拜金主义”是什么？[多选题]*

□金钱万能观

□不择手段地获取金钱

□金钱成为评价一切的首要尺度甚至是唯一尺度

□其他

3. 拜金主义被认为是盲目崇拜金钱、把金钱价值看作最高价值、一切价值都要服从于金钱价值的思想观念和行为。您认同这样的价值观吗？[单选题]*

○认同，金钱是不可或缺的，值得不顾一切去追逐

○有些认同，追逐金钱无可厚非

○有些不认同，不该为了金钱而没有底线

○不认同，拜金主义是错误思想，应该抵制

○不认同，但认为与自己无关

○其他

4. 对于拜金主义者，您的态度是？[单选题]*

○拜金主义是错误的价值观，应进行劝告

○拜金主义是错误的价值观，但与我无关

○拜金主义个人喜好，与我无关

○不了解拜金主义者，不做评价

○拜金没什么问题

○其他

5. 您认为这种现象的存在是社会发展阶段的必然结果么？[单选题]*

○是

○不是

6. 您觉得钱重要吗？[单选题]*

○非常重要，没钱万万不行

○挺重要的，有钱会让生活更为便利

○一般重要，日常生活都要靠钱

○不重要，清贫的日子也挺好

○非常不重要，钱乃身外之物

7. 您认为金钱和幸福感有直接关系吗？[单选题]*

○当然有，坚实的物质基础能让我感到很幸福

○有，金钱有时候能锦上添花

○有一点，毕竟温饱是幸福的基础
○没有，心态最重要
○其他

8. 在您看来哪种行为算得上拜金？[多选题]*
□金钱至上，把它当成衡量一切的标准
□盲目追求高消费，购买奢侈品
□利益至上，不惜违背道德
□能力不大却喜欢攀比
□其他

9. 您有听说过或知道大学校园里面有这些拜金主义的现象吗？[多选题]*
□传统的情义为重的同学之交，出现了向有利可图的方向倾斜
□考虑以后就业时，过分注重就业的物质待遇
□物质追求时尚、品牌，互相攀比
□其他

10. 您认为大学校园里出现拜金主义的原因是？[多选题]*
□教育缺乏正确的引导方向
□利己主义观念盛行，群体性义利观失衡
□消费欲望的膨胀，大众媒体对于物质的宣扬
□学生群体存在攀比的现象，跟风从众心理的影响
□追求物质享受的家庭环境影响青少年的心理成长
□家庭经济地位低微使学生产生极度的不安全感和自卑心理，认为金钱是万能的
□以个人主义为核心价值的部分西方思想助长了自私观念，催生了拜金主义思潮

11. 您认为拜金主义对大学生个人会有以下影响吗？[多选题]*
□学习目标功利化
□职业选择现实化
□人际关系庸俗化
□物质生活享乐化

□理想追逐物欲化

□其他

12. 您觉得拜金主义思潮会有哪些社会影响？[多选题]*

□使人际关系变得复杂

□过度崇拜金钱而失去温情

□道德沦落，一味追求金钱，错误引导学校、社会风气

□也许会激励一些人努力奋斗，某种程度上有利于促进经济发展

13. 您认为拜金主义这种现象需要扼制么？[单选题]*

○非常有必要

○在某种程度上，有必要

○有一点点的必要

○没有必要

14. 您认为解决上述问题，合理可行的方法有：[多选题]*

□加强中国特色社会主义文化建设，积极倡导践行社会主义核心价值观

□利用媒体和舆论效应宣传正确健康的价值观

□缓解贫富差距现状，增加助学贷款等途径

□关注学生心理健康，增强归属感、幸福感

□学校应主动引导，营造良好的校园环境

□加强家庭教育，帮助树立正确的金钱观

□传承中华传统美德，弘扬优秀传统文化

□“拜金主义”问题无法被彻底解决

□其他________

新时代大学生群体对“中国梦”的认同现状调查

成员：韩常伟　李帆　赵涛　苏键　柯铮蕴　陈静　段亦雪
指导老师：向艳

一、引　言

（一）本选题的背景

1. 中国共产党第十八次全国代表大会召开以来，习近平总书记提出“中国梦”，并把“中国梦”定义为“实现中华民族的伟大复兴，就是中华民族近代以来最伟大的梦想”，并且认为“中国梦”是一定能实现的。

2. 自提出以来，“中国梦”就成为热议词并且热度居高不下，近年来时常出现在各类媒体报道上，人民对于中国梦的关注程度和认识程度也日益增长。

3. 习总书记提出“中国梦”的这五年来，我们国家的经济，文化，政治，军事，科技等方面取得了一系列举世瞩目的成就，我们比任何时候都要接近我们的中国梦。

（二）目的

1. 了解当代大学生对中国梦的认同现状：对于中国梦有怎样的认识程度，在生活中又是如何做的。

2. 通过发放问卷的方式，帮助大学生初步了解中国梦的基本内涵与意义。

二、本调查基本情况介绍

(一)调查时间：5月4日至5月25日

(二)调查对象：面向武汉科技大学全体在校学生

(三)调查方式：网上问卷

(四)发放回收问卷的数量：143

三、数据分析

新时代大学生群体对“中国梦”的认同现状调查

第6题：党和国家计划最终实现中国梦的时间是 [单选题]

X\Y	A. 2020年	B. 2025年	C. 2049年	D. 2050年	小计
A. 大一	7(30.43%)	8(34.78%)	2(8.7%)	6(26.09%)	23
B. 大二	17(23.94%)	17(23.94%)	10(14.08%)	27(38.03%)	71
C. 大三	4(12.5%)	8(25%)	13(40.63%)	7(21.88%)	32
D. 大四	0(0%)	2(22.22%)	5(55.56%)	2(22.22%)	9
E. 研究生在读	3(37.5%)	1(12.5%)	3(37.5%)	1(12.5%)	8

我们对不同年级阶段对第6题的回答进行了交叉分析，这个题目的正确答案是2049年。我们可以从表格看出无论是整体还是不同的年龄阶段，正确率都不高，为什么会这样呢？在这里我们要了解一个概念，我们国家的两个一百年奋斗目标：第一个一百年，就是到中国共产党成立100年时，也就是2021年，全面建成小康社会的目标一定能实现；第二个一百年，到新中国趁成立100年时，也就是2049年，中华民族伟大复兴的梦想一定能实现。这也是在党的十八大报告中重申了的，所

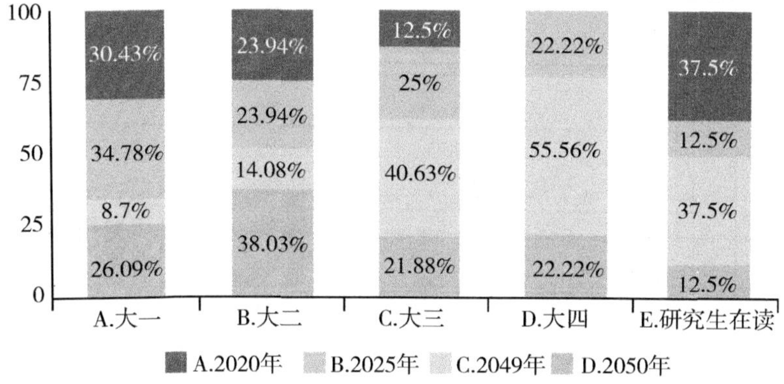

以，时间节点在2049年，但是我们同时也能发现越是到高年级正确率相应的会提高，这也反应我们的思政课起到了很大的作用。

综合来看，我们对中国梦的了解程度，不够深，不够全。应该加强对学生们的思想教育工作。

第7题：你觉得我们伟大复兴的中国梦能实现吗？　[单选题]

X\Y	A. 一定能	B. 有希望	C. 完全不可能	D. 不清楚	小计
A. 非常关注	35(77.78%)	10(22.22%)	0(0%)	0(0%)	45
B. 有点关注	36(52.17%)	30(43.48%)	1(1.45%)	2(2.9%)	69
C. 关注	11(52.38%)	7(33.33%)	0(0%)	3(14.29%)	21
D. 一点也不关注	2(25%)	2(25%)	2(25%)	2(25%)	8

通过对同学们对中国梦的关注程度和对中国梦能否实现的交叉分析，我们发现绝大多数同学对中国梦的实现持积极的态度。从关注度来看，有80%的调查者对中国梦十分关注，说明中国梦已经成为一个全民关注的话题。从对中国梦能否实现的调查来看，超过95%的受访者表示对中国梦的实现很有信心，这表明广大中国人民群众对国家复兴信心十足，中国正处于全国人民齐心协力为把我国建设成为富强民主文明

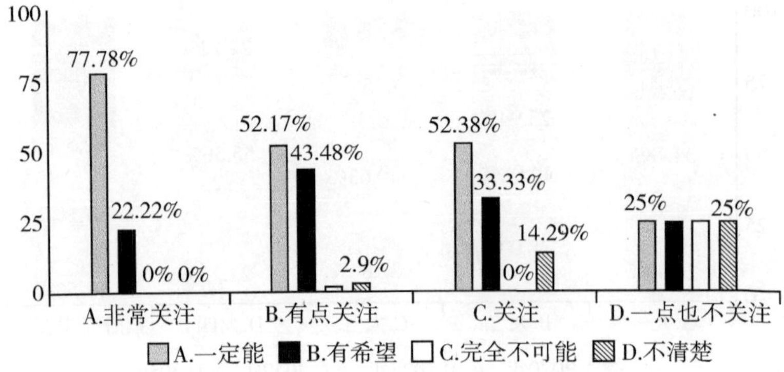

和谐美丽的社会主义现代化强国努力奋斗的时期。从交叉分析的结果来看，对中国梦的关注程度越高，对中国梦能实现的信心越高，表明真正关注中国梦的人民群众都能真正感受到中国梦正在生活的点点滴滴实现，因此他们都对中国梦的实现信心满满。

第 12 题：作为当代大学生，我们可以做什么来实现中国梦 [多选题]

X \ Y	A. 努力学习，做国家栋梁	B. 认真学习十八大精神	C. 从身边小事做起，爱国爱人	D. 与我无关	小计
A. 共青团员（入党积极分子）	89(97.8%)	80(87.91%)	79(86.81%)	2(2.2%)	91
B. 中共预备党员	20(80%)	20(80%)	22(88%)	0(0%)	25
C. 中共党员	14(100%)	13(92.86%)	11(78.57%)	0(0%)	14
D. 群众	10(76.92%)	12(92.31%)	9(69.23%)	0(0%)	13

通过同学们的政治面貌与当代大学生如何实现中国梦的交叉分析，我们可以清晰地看出，随着同学们政治面貌的提升，同学们的政治性与承担性逐渐提高。特别是在共青团员阶段，中国的青年们开始自觉的去

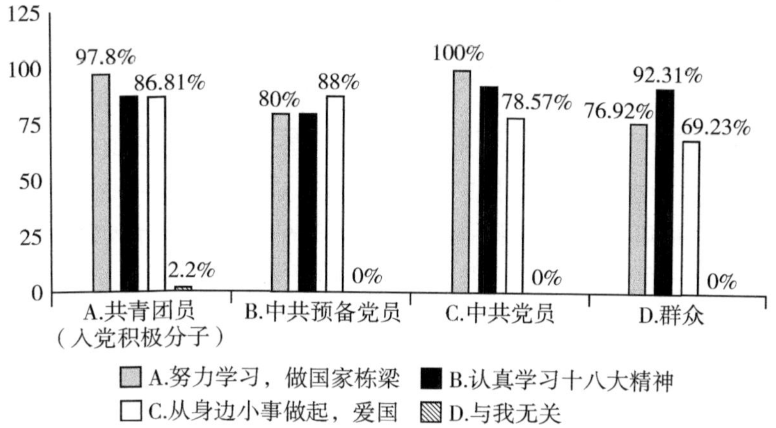

学习十八大精神，通过不断努力的学习和从身边小事情做起，来为中国梦的实现贡献自己的一份力量。中国的青年们开始懂得为祖国的未来有所担当，爱国之心愈加强烈。青年崛起，是国家之幸，是未来之星。但是在共青团员之后，同学们的积极性开始下降，对自身的约束有所懈怠，说明同学们没有持之以恒下去。学校应加强对同学们的思想教育，让同学们能够坚持下去。

四、本研究主要发现

根据调查结果我们可以看出身为当代大学生的我们对中国梦的关注度非常之高(占到 90%以上)。对于中国梦的实现也充满了信心。认为中国梦有希望，一定能实现的比例高达 93%。而参与调查问卷的这一部分人正是我们国家的青年一代，他们是未来祖国的栋梁之才，这也说明青年一代对祖国的未来充满希望，这也是党的十八大以来，以习近平同志为核心的党中央奋发有为，解决了过去想解决而没有解决的问题，办成了过去想办而没有办成的大事，使我们的中国梦越发越来越有可能实现。同时我们可以看出网络是青年大学生了解中国梦的一个重要途径，在了解途径上网络的占比达到了 86%，所以我们要把网络充分的利用起来，这也是意识形态建设的一个重要组成部分。

同时，在对一些需要一定理论水平的问题进行分析时，例如党和国家计划最终实现中国梦的时间是什么这一问题上，真正的答案是2049年，而在整体上能够答对这一题的比率只有23.08%，而关于在实现中国梦过程中，三个必须是什么，答案A. 是实现中国梦必须走中国道路，C. 实现中国梦必须弘扬中国精神，D. 实现中国梦必须凝聚中国力量，而我们最后得到的结果是有将近82.71%的人选了B选项，正确率极低，可见我们在中国梦的理论宣讲方面还有很大的不足，广大的青年对中国梦的认识不够深，不够全，学习得不够系统。在对中国梦的内涵选择上中国梦是民族复兴的梦，追求幸福的梦，国泰民安的梦，追求和平的梦这些被选中的概率均高达90%，可见广大的青年学生对中国梦内涵的认识很充分，这也体现了中国梦与世界梦的联系。

这五年来，习总书记在提出和阐述中华民族伟大复兴的中国梦后，奋发有为，中国梦要实现民族复兴，国家富强，是富强之梦，是和平之梦，是共赢之梦，我们与世界各民族是命运共同体，中国的发展必将惠及全世界，为人类做出更大的事业，在国际和平事业中，贡献中国智慧和提出中国方案，这也是中国梦和世界梦的联系。

五、建议和对策

为了解决上述出现了的一些问题，我们应该在这几个方面做出改善，第一，充分利用网络媒体的宣传，新时代我们要紧跟时代潮流，利用新媒体做好主旋律宣传工作，以广大青年喜闻乐见的方式向他们宣讲中国梦，我们讲其精，传其神，让中国梦更加深人心。第二，各级基层部，团支部，要加大学习的力度，培养大学习的氛围，做到讲学和践学相结合，在学习和生活中体现学习精神，同时领导干部要带头学，党员要起到标杆作用，这样就会形成一种良好的学习风气。第三，我们要培养一批优秀青年，中国梦的学习不单单只学习其表面含义，我们也要学习其内涵，我们要让广大青年将个人的梦想，同国家，民族的梦想结合起来，以习近平新时代中国特色社会主义思想结合起来，做到青年兴，则国兴，青年强则国强。

六、总　　结

习近平总书记曾在2014年访问北京师范大学时指出，今天的学生就是未来实现中华民族伟大复兴中国梦的主力军。当代大学生即将成为社会的中流砥柱，是中国梦发展道路上必不可少的一部分。

在此次调查中，我们发现，当代大学生并没有辜负祖国与人民群众的期望，在努力学习的同时，大学生也心系着中国梦，对这个话题普遍十分关注，并且对中国梦的实现充满了信心，我们由此不禁想起《少年中国说》之言：故今日之责任，不在他人，而全在我少年。少年智则国智，少年富则国富；少年强则国强，少年独立则国独立；少年自由则国自由；少年进步则国进步；少年胜于欧洲，则国胜于欧洲；少年雄于地球，则国雄于地球。大学生对于对中国梦的普遍认同，对实现中国梦的十足信心将成为我们国家不可小觑的最深沉、最持久的力量。

我们也必须了解到，中国梦的实现是有阶段性的，在不同的历史时期，中国梦的内涵也各不相同。它既不是一蹴而就，也不会成为昙花一现，百年来，无数中华儿女为其付出了自己的青春热血，绵延着它的生命。它既不是一成不变，也不会是日异月殊，它是在中华民族不同的阶段中散发光芒的星星，指引着人们去追逐。

1840年，帝国主义用坚船利炮撬开了中国的大门，他们仿佛饿绿了眼的狼，在华夏大地上抢食着肉，中国变为了半殖民地半封建社会，但是有志气的中华民族并没有折断自己的脊梁，民族独立，民族复兴，这个念头深深的种进了人们的血液里。于是中国梦起航了，那一代人的梦，是中国能自立于世界民族之林。此时长夜难明，五四运动，一二·九运动，是学生们不屈的呐喊。最终在中国共产党的带领下，上下求索，不屈不挠，夺回了自己的山河，抢回了自己的命运。1949年，中华民族的民族独立与人民解放的中国梦基本实现了。

中华人民共和国成立以后，我党在社会主义的道路上摸索着，总结历史经验，艰辛探索，初步确定了社会主义的基本制度，为当代中国的一切发展进步奠定了根本政治前提、制度基础和物质基础。全国人民一起努力，面对处处虎视眈眈的捕食者，我们毫不低头。十一届三中全会后，中国梦是让人民摆脱贫困，富裕起来，走向小康社会，让国家强盛起来。现在，社会主义的强大生产力从根本上改变了我国落后的面貌，人民的生活大大改善，国家日益兴盛，经济实力综合国力都大大提升，这是中国梦下的必然奇迹，是伟大的历史成就。

今天的中国梦，不再是最基础的梦想，而是在几十年的努力后，在我国现在民族独立，人民解放与经济快速发展的前提下诞生的。今天的中国，正在阔步走向世界，对世界产生巨大的影响力。民族复兴不再是空中楼阁，不再是百年前留下一滴不可能的泪水，而是“比历史上任何时期都更接近中华民族伟大复兴的目标，比历史上任何时期都更有信心，更有能力实现这个目标”。在这个背景下提出来的中国梦，是国家，民族与人民的一体化，国家利益，民族利益与个人利益都紧密的联合在一起，是协调发展，共同进步，国家富强，民族振兴，人民幸福。

党的十八大以来，以习近平同志为核心的党中央奋发有为，解决了过去想解决而没有解决的问题，办成了过去想办而没有办成的大事，使我们的中国梦越发越来越有可能实现。同时我们可以看到网络已经成为当代大学生了解中国梦的一个最重要的途径，因此网络宣传和规范应该更加重视起来。与此同时，调查过程中我们发现不少同学对中国梦的理解过于片面，不理解其内涵，对于两个一百年奋斗目标与中国梦的联系了解不充分。这就要求基层党，团组织加大宣讲力度，我们的青年大学习是六位一体的学习体系，即导学，讲学，研学，比学，践学，督学，我们要开展好，将我们对中国梦的学习用这个来体现，把中国梦的教育宣讲讲生动，讲形象，把中国梦讲明白，讲透彻，让中国梦真正的深入人心，夺取新时代的胜利。

心得体会

——韩常伟

在本次的毛概社会实践调查中我收获了很多东西，有第一次发布自己设计的调查问卷的喜悦，也有很多难忘的教训。作为调查小组的组长，经过这次实践活动，一方面，我从中真正感受到了中国梦在广大大学生中的普遍认同感，另一方面，我深刻体会到团队力量的强大和人际关系和合作能力的重要性。

确定了调查课题后，我们大家一起商讨和设计了问卷问题，在明确了调查目的的同时制定了调查问卷的样板。在调查问卷出来以后，我将组员分为三队分别负责通过QQ、微信和二维码向目标人群发放调查问卷的各种链接。回收之后，我们把调查数据汇总到一起，经过筛选和反复研究最终确定了有效的数据。这些事情说起来非常简单，但是做起来也还是非常繁复的，在试调研过程中，由于先前没有经验，导致调查样本较少和调查报告质量不高的问题。在正式调研前，我们积极寻找工作中的问题并予以改正，最终取得了令人满意的效果。

在正式调查中，我们也遇到了一些困难。首先是由于话题与政治有关，总是会被平台所屏蔽，于是我们便不断修改我们的调查问卷。几次修改过后，问卷终于符合要求。再后来，我们发现有的同学在填写问卷时过于敷衍，只是随便点几个选项。鉴于此情况，我们选择了关停问卷，重新设置填写要求，尽可能的保证数据的真实性。收集完数据样本后，我们分别对调查人的政治面貌和对中国梦的关注程度进行了交叉分析，对大学生希望在实现中国梦的过程中的作为进行了单独分析。这些结果都令我们十分兴奋，这也许正是本次实践活动独有的乐趣吧。

对于中国梦，每个人都有自己的理解，有的人是希望国家更加繁荣富强，有的人是希望有套属于自己的房，但无论怎样，这些点点滴滴的梦想汇聚成希望的光，那就是我们中国梦最动人的地方。一次调查实践也许根本不起波澜，但我们希望在我们能够触及的地方就能有中国梦的光芒。

在本次的社会实践中，我们小组成员通力合作，努力做到完美，也许一个人的力量是那么的微不足道，但你永远无法想象几个人奋力合作的团队会爆发出无与伦比的能量。于是，我认识到只有把理论和实践紧密结合起来同时注重团队的力量才是大学生成长成才的正确之路，才能为中华民族伟大复兴的“中国梦”贡献更强大的力量。

心得体会

——李帆

我们这次选择的调查对象是在校的大学生，习总书记说青年兴，则国兴，青年强，则国强。青年一代怎么想，怎么做决定了国家未来的前进方向，未来属于青年，所以他们最具有代表性。而我在此次的调查的过程中，设计了问卷的题目以及一些细节，我们的问卷采取了由简单到困难的设计，想看出各个阶层对中国梦的认知程度，并且涉及了一些理论水平的题目。通过这次的调查问卷，我明白了我们的成长与国家的发展密不可分，我们身上肩负着伟大的历史使命。作为一名学生，我们要不忘初心，牢记使命，努力学习，坚定理想，为实现中华民族伟大复兴的中国梦贡献青春力量。我相信在我们的努力下，我们的中国梦一定能实现。

心得体会

——赵涛

通过本次“新时代大学生对‘中国梦’的认同现状调查”，作为调查的发起者之一，在对调查报告进行整理分析之后，本人也收获颇丰，感慨不已。这让我对于“中国梦”有了更加深刻的理解和感悟。经过此次调查，我了解到了中国的强大，同时在调查的过程中，我发现大学生对于“中国梦”的关注度很高，对于“中国梦”也十分了解。作为新时代的大学生，要想对实现“中国梦”做出一份贡献的话，便要增强自身的学习和道德修养，在大学期间掌握更多的知识技能，在日后出身社会，能够回报社会、回报祖国，为人民服务。

心得体会

——苏键

通过学习这门课程和参加实践调查，我深刻地体会到：新时代翻开新的篇章，根据中国的具体国情，习近平总书记提出了包括努力实现中国梦，建立五位一体格局，发展四个全面战略布局，全面推进国防和军队现代化等符合中国基本国情的战略方向。我们作为新时代新中国的新青年，我们应该积极努力深刻学习习总书记提出新的战略方针，奠基我们的思想基础，为新中国的未来而努力奋斗，贡献出我们自己的一份力量。

心得体会

——柯铮蕴

本次概论实践调查报告我们小组选择了“青年学生对‘中国梦’的理解和看法调查分析”为实践调查主题。在此次调查中，我学习到了很多。首先是团队合作，这是一项团队的调查，大家分工合作，一起查资料，提问题，分析数据，撰写实验报告，共同完成任务，在这个过程中，队伍中的同学越来越默契，都承担起了自己的责任。其次是在这个过程中加深了对中国梦的深层次认识。从调查问卷中看来，了解中国梦的大学生并没有达到预期的数值，在中国梦这条路上，我们还要更加努力。

心得体会

——陈静

在这次社会实践活动中，我了解到了许多当代大学生对于“中国梦”的看法。从问卷回收的结果来看，填问卷的大多是共青团员，对于“中国梦”这个话题还是有一定的认识的，其中，对于“中国梦”能否实现的这个问题，超过百分之六十的人都认为一定可以实现，剩余的也大多认为有希望，从中可以反映出大学生对于中国、对于中国共产党的信任，和对中国未来发展的自信。而身为大学生，我们能做的就是学好知识，不断提升自身的能力，在将来走上社会，走上工作岗位的时候能真正的做出贡献，这也算是对于实现中国梦所做的一份努力吧。

心得体会

——段亦雪

“中国梦”是要实现中华民族伟大复兴，是中华民族近代以来最伟大的梦想。刚开始的时候，我抱着完成学习任务的想法去接触时事政治，但是在完成整个报告过程中，我发现深入了解“中国梦”的定义、内涵、以及实现非常有意义。对于理科生而言，学习中国梦地抱着对中国梦的信心以及作为国家未来栋梁的责任感来完成的。报告有很多不足，但是是我们努力的结晶。实现中国梦的路上还有很多困难等着我们去克服，但是我们知道“如果只做你力所能及的事，你就没法进步”。我们要在路上成长，成长为强大又温暖的国家，这是我理解的“中国梦”。

◎参考文献

[1]习近平．习近平谈治国理政[M]．北京：外文出版社，2014.

[2]习近平．决胜全面建成小康社会夺取新时代中国特色社会主义伟大胜利[M]．北京：人民出版社，2017.

[3]习近平．我们有责任创造和实现亚太梦[N]．人民日报(海外版)，2014-11-10(1).

[4]习近平．习近平在蒙古国国家大呼拉尔发表重要演讲[N]．人民日报，2014-08-23(1).

[5]汪青松．中国梦与世界梦的人类高度[J]．毛泽东邓小平理论研究，2016(4)：72-75.

附录

附录一：新时代大学生群体对“中国梦”的认同现状调查

1. 您的性别？*

A. 男　　B. 女

2. 您的年级？*

A. 大一　　B. 大二

C. 大三　　D. 大四
E. 研究生在读

3. 您的政治面貌是？*
A. 共青团员(入党积极分子)　　B. 中共预备党员
C. 中共党员　　D. 群众

4. 你是否关注中国梦这个话题 *
A. 非常关注　　B. 有点关注
C. 关注　　D. 一点也不关注

5. 请问中国梦是由以下哪位国家领导人提出的？*
A. 毛泽东　　B. 邓小平
C. 胡锦涛　　D. 习近平

6. 党和国家计划最终实现中国梦的时间是 *
A. 2020 年　　B. 2025 年
C. 2049 年　　D. 2050 年

7. 你觉得我们伟大复兴的中国梦能实现吗？*
A. 一定能　　B. 有希望
C. 完全不可能　　D. 不清楚

8. 你认为“中国梦”的内涵是什么？* [多选题]
A. 民族复兴的梦　　B. 追求幸福的梦
C. 国泰民安的梦　　D. 追求和平的梦
E. 称霸世界的梦

9. 您平常通过什么途径来了解“中国梦”？* [最少选择 2 项]
A. 网络　　B. 电视
C. 报纸　　D. 他人
E. 其他

10. 中国梦中的梦是什么？*
A.《红楼梦》中的梦　　B. 庄周梦蝶中的梦
C. 有理想的梦　　D.《梦的解析》中的梦

11. 在实现中国梦的过程中，三个必须是？* [多选题]
A. 实现中国梦必须走中国道路

B. 实现中国梦必须坚持中国信念

C. 实现中国梦必须弘扬中国精神

D. 实现中国梦必须凝聚中国力量

12. 作为当代大学生，我们可以做什么来实现中国梦 * [多选题]

1. 努力学习，做国家栋梁

2. 认真学习十八大精神

3. 从身边小事做起，爱国爱人

4. 与我无关

13. 实现中华民族的中国梦，就是要实现 * [多选题]

A. 国家富强　　B. 民族振兴

C. 人民幸福　　D. 社会和谐

14. 作为新时代的大学生，我们能为中国梦的现实做些什么？ *

大学生对饮用水水质认知情况调查

成员：李大琳　陈雪琪　李丹琳　陈　琛
吴　贝　张　顺　禹　晨　唐雨欣
指导老师：肖震

一、引　　言

如今，我国的经济不断发展，国内的环境问题也不断显现，环境资源都受到了不同程度的影响。饮用水作为人类生存必不可少的能源供应，其质量直接影响到了饮用者的身体健康。大学作为青年的主要集中地，孕育着国家未来的希望。青年肩负着国家兴旺的重任，了解大学生饮用水水质情况，选择优良饮用水、改善饮用水水质，对保证大学生健康具有一定作用。

除此之外，可以饮用的淡水资源逐渐减少，水资源短缺，水资源危机已经成为了全人类共同面临的问题。在国内，水资源总量虽居世界排名前列，但人均水资源占有量却不容乐观。因此，有必要提高大学生节水意识，号召全民节水护水，缓解水资源危机。

通过调查在校大学生对日常饮用水的了解、消费情况，分析出各种饮用水的消费比例。再结合查找的饮用水水质相关资料，在调查结果的基础上提出对水质的选择及改良建议，保证大学生饮用水水质的安全性。同时，也借用这次调查机会，向大学生普及饮用水小知识，提高大家的节水意识，从而更好的保护水资源，保护我们自己。

二、调查基本情况介绍

(一)调查时间

调查时间达半个月，从 2018. 4. 20 到 2018. 5. 4。

(二)调查对象

主要调查对象为在校大学生。

(三)调查方式

采用网上制作、宣传、收集问卷的线上调查形式。

(四)问卷数量

截至 2018 年 5 月 4 日，共计收到网络调查有效问卷 162 份。

(五)调查流程

1)小组成员商议确定主题并分工;

2)集体讨论确定线上问卷调查题目及线下采访内容;

3)小组分为三队进行调查活动：三人负责收集整理各类饮用水的水质情况，并对饮用水的优劣情况粗略总结；两人制作网络问卷并在微信、QQ 等公众平台上推广，采集相关信息；三人对收集到的信息进行汇总分类。

4)对收集到的信息及数据进行分析总结，针对现状提出有利建议;

5)成员分工撰写论文，集体修改。

三、调查数据分析

(一)数据整理及分析基本情况

由调查结果可知，大学生对于饮用水的安全有着基本的认知。大概得知大家平时喝哪种水比较多，有没有因为饮水问题得过病。并且发现大家也大都清楚怎样提升饮用水的品质，比如烧水喝，喝凉白开。饮用水的污染源有哪些，哪些水对大家人体安全更有保障等问题。

（二）代表性问题数据统计分析

1. 问题：您是否认为平时喝的水健康无污染？

分析：被调查者大都认为水质存在轻微污染但不影响健康。少部分人认为水质干净，对健康无丝毫影响。只有很少一部分认为平时喝的水质不干净，有很多细菌，对健康存在危害。说明大家都清楚我们喝的水并不是特别干净健康，但是都秉着不干不净喝了没兵这一老话安慰自己不会影响健康的。如图 1。

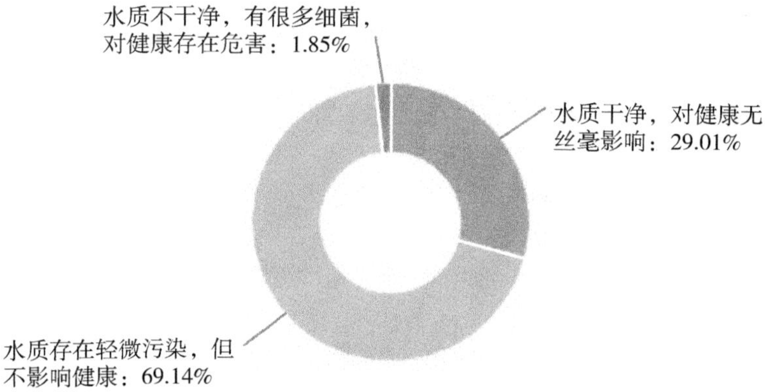

图 1　对于是否认为平时喝的水健康无污染问题的数据统计

2. 问题：您认为水烧开了喝就是安全的吗？

分析：被调查者中有一半的人认为水烧开了喝就是安全的，有31%的人认为不安全，还有一小部分人无所谓。说明大家对于水的安全问题了解不够，水烧开了的确要安全一点，但并不表示一点危害都没有。很多有害物质都是不害怕高温的，并且水里有的微生物也是耐高温的。如图 2。

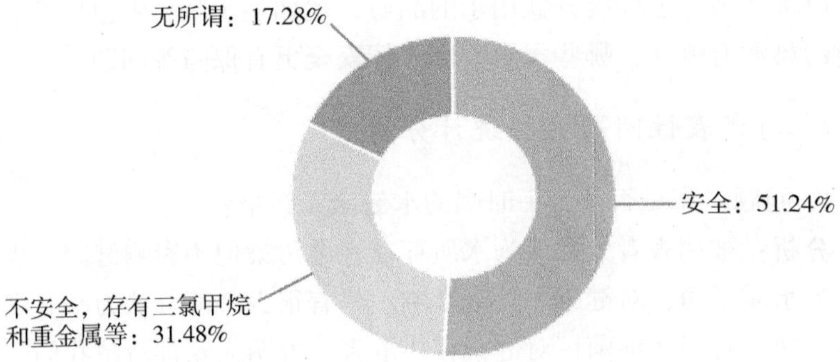

图2 对于水烧开了喝就是否安全的数据统计

3. 问题：您认为饮用水的污染源主要是？

分析：被调查者大部分都认为饮用水的污染源众多，小部分认为只有工业及生活废水，大家基本上都认为饮用水的污染源众多，也就是说，我们日常的饮用水的确存在着许多方面的安全隐患。如图 3。

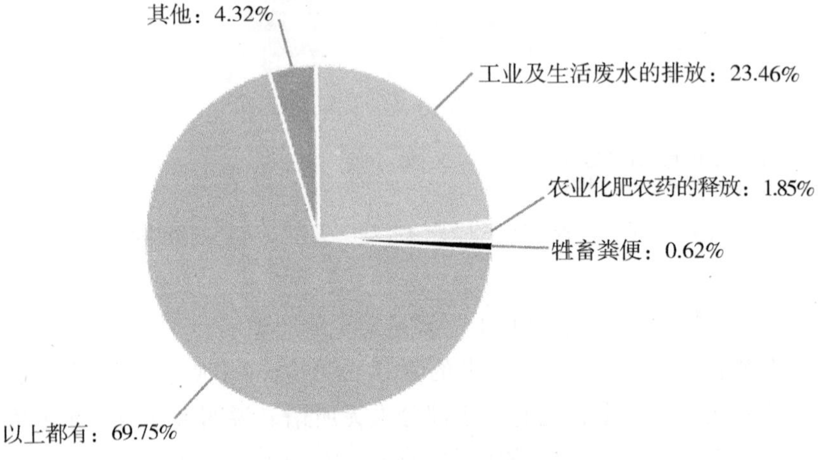

图3 对于饮用水污染源认识的数据统计

4. 问题：您了解饮用水中的重金属(汞、铬、镉、铅、砷等)对人体的危害吗？(多选)

分析：被调查者绝大部分都知道饮用水的重金属对人体的各种危害，只有14%的人不清楚，说明大家对于重金属的危害了解的还行，毕竟这个危害在网络电视上宣传的比较多。日本的水俣病，铊中毒之类的。如图4。

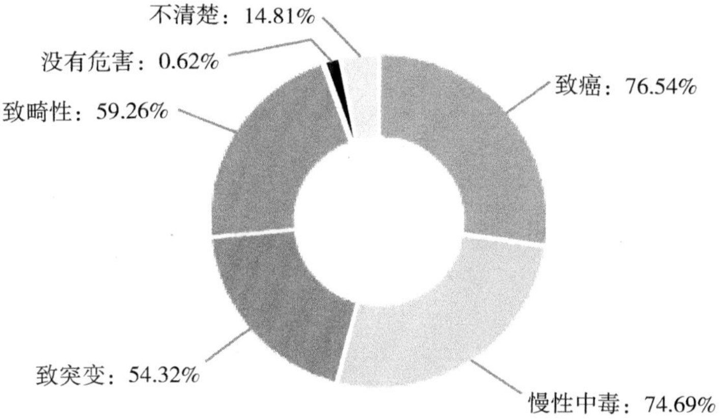

图4　对于饮用水中重金属对人体的危害了解数据统计

5. 问题：您知道可以提高饮用水的安全性的方式吗？

分析：被调查者绝大部分都知道一些方式提高饮用水的安全，有16%的人完全不知道，还有小部分人知道很多，说明大家日常会做出一些行动来提高自己所喝的水的质量，大家比较关心自己和身边人的健康问题。对此都有一些基本的了解。如图5。

(三)交叉分析

1. 关于平时喝什么水较多问题，以性别为划分得出以下数据，如图6：

对比可以发现，男生喝桶装矿泉水较多，瓶装矿泉水其次；女生喝寝室楼热水占大多数，其次瓶装矿泉水，且均没有人喝生自来水。

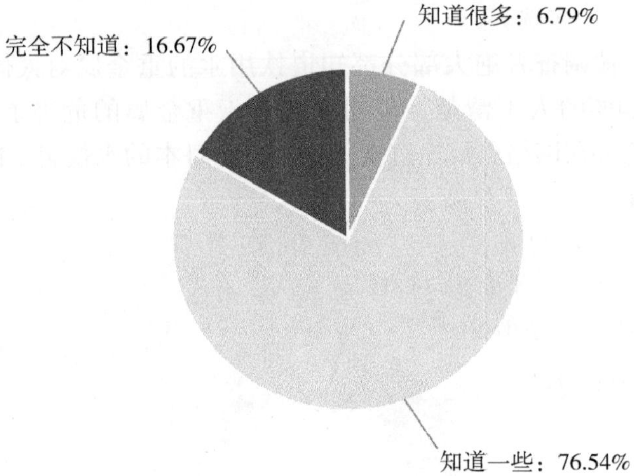

图 5　对于提高饮用水的安全性方法的数据统计

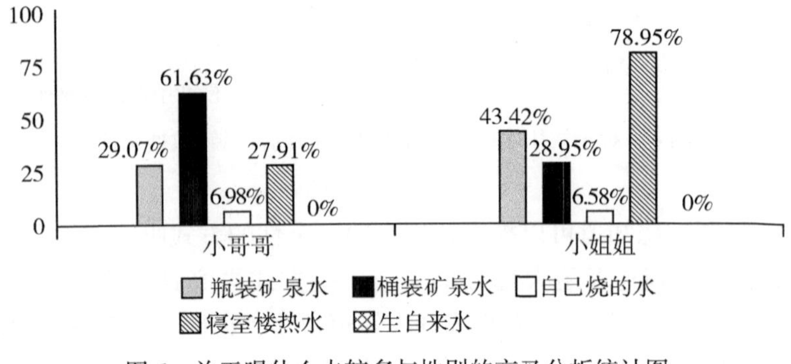

图 6　关于喝什么水较多与性别的交叉分析统计图

2. 关于是否认为平时喝的水健康无污染问题，按性别为划分得出以上数据，如图 7：

对比可以发现，女生男生绝大多数都认为水质存在轻微污染，但是并不影响健康；女生没有人认为水质不干净有很多细菌但是有少数男生认为水质不干净有很多细菌。

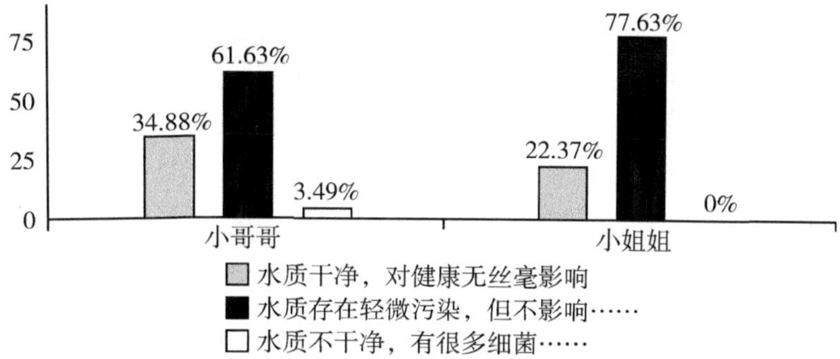

图 7　关于对平时喝的水情况了解与性别的交叉分析统计图

3. 按专业划分得出以下数据，如图 8：

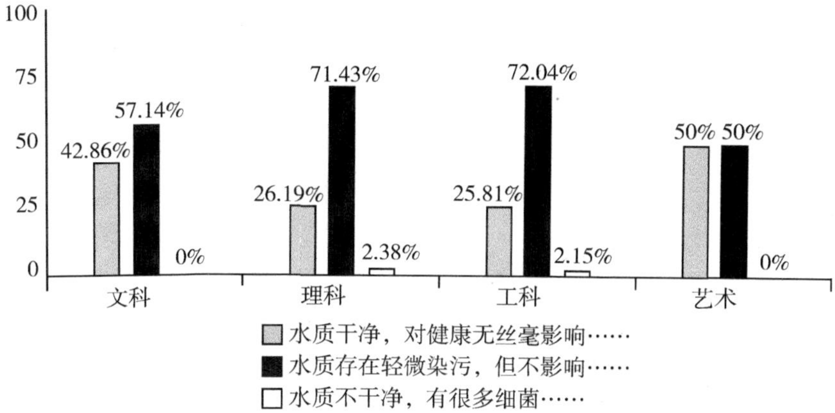

图 8　关于对平时喝的水情况了解与专业的交叉分析统计图

对比可以发现，工科理科绝大多数人认为水质存在轻微污染，但是并不影响健康；然而文科跟艺术类学科认为水质干净和水质存在轻微污染，但是并不影响健康各占一半。

4. 按年级划分得出以下数据，如图 9：

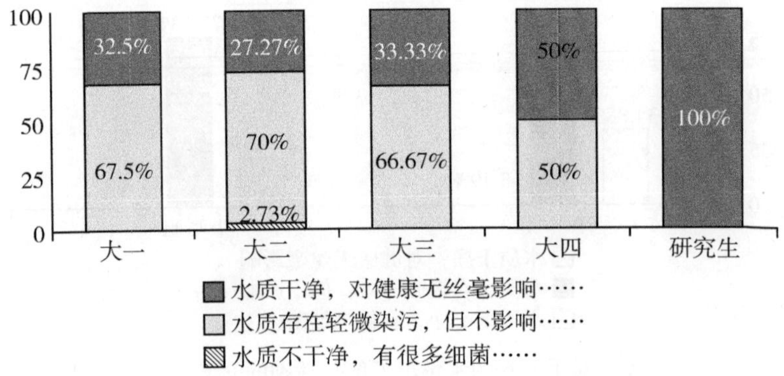

图 9　关于对平时喝的水情况了解与年级的交叉分析统计图

对比可以发现，各年级的人均大多数人认为水质存在轻微污染，但是并不影响健康。

5. 对于哪种饮用水对人体是最安全有益的问题，按性别进行划分得出以下数据，如图 10：

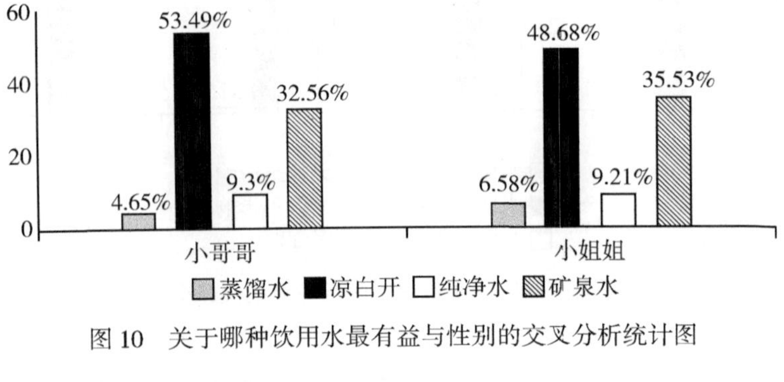

图 10　关于哪种饮用水最有益与性别的交叉分析统计图

可以发现男女基本一致。

6. 按专业进行划分得出以下数据，如图 11：

可以发现文科、工科、理科均是认为凉白开安全的人最多。

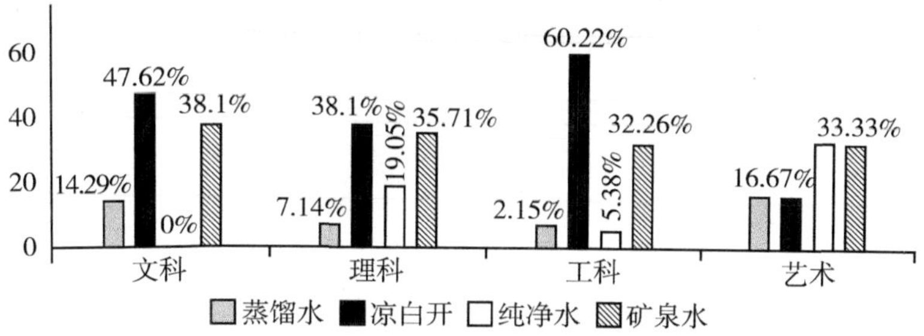

图 11　关于哪种饮用水最有益与性别的交叉分析统计图

四、调查研究主要发现

水是生活中不可或缺的一部分，在社会的发展中，人们从最早的喝的白开水逐渐衍生出各种各样的饮用水，如矿泉水，纯净水，维他命水等等。面对这么多种类的饮用水，大学生群体在选择饮用水时的现状及当今饮用水状况如下：

本次问卷调查共收到 162 份有效填写答卷。经分析得：

(一)调查对象基本情况分析

大部分为大一和大二的学生，占总人数的 93%。男女比例接近1∶1。工科专业的学生是主体，占 57. 41%，理科和文科专业学生分别占 25. 93% 和 12. 96%，艺术专业学生最少，占 3. 7%。数据见图 12。

大学生平时饮用水的选择分析

问卷显示大学生平时饮水主要来源基本上都是购买的瓶装水和桶装水以及寝室楼开水机，少部分人选择自己烧开水(6. 79%)，没有人喝生的自来水，说明大学生都知道自来水不能直接喝这一基本常识。有一半的大学生喝寝室楼里的开水机烧的水，说明大家对寝室开水机的水质还是比较放心的。

总的来说，根据数据分析，大部分大学生主要的饮用水还是以烧的水和桶装矿泉水为主(学校统一品牌)，没有人喝生水，可见大家都比

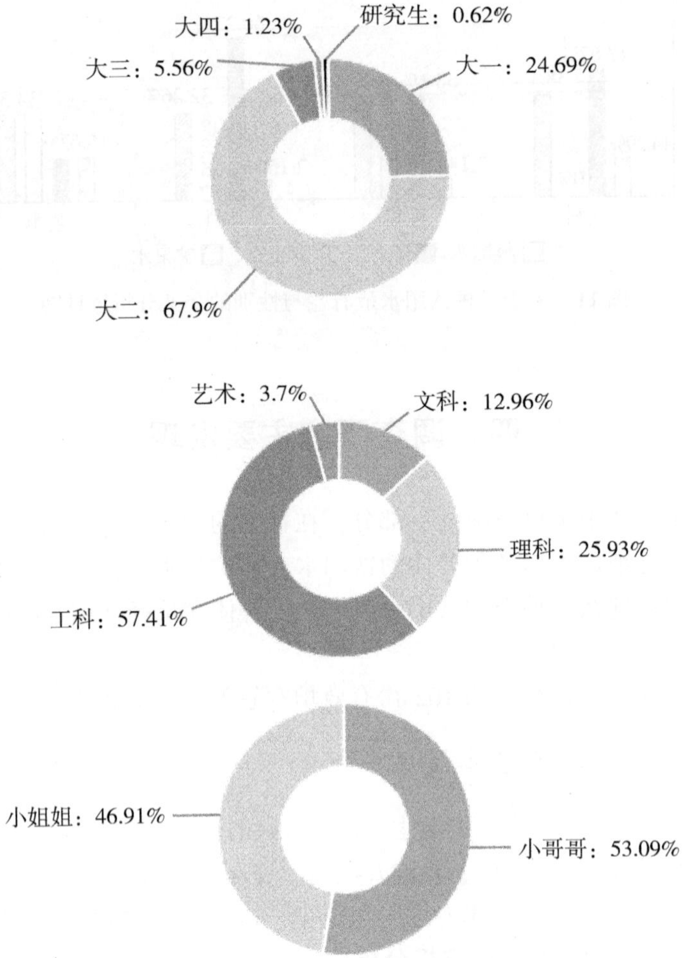

图 12　调查对象基本情况分析数据统计表

较重视自己的身体健康。数据见图 13。

大学生对平时喝的水水质状况了解分析

有 69.14% 的人认为平时喝的水存在轻微污染，但不影响健康；还有 1.85% 的同学认为平时喝的水不够干净，对健康有一定影响。这个数据反映出很大一部分大学生对于平时生活中的饮用水水质都有不同程

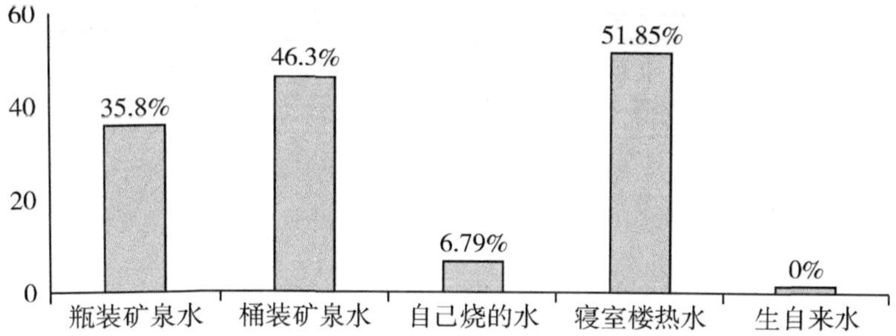

图 13　大学生平时饮用水的选择分析数据统计表

度的担忧和不放心。同时，有 14.24% 的同学因为饮用水的问题生过病，还有 30.68% 的同学对此表示不清楚，说明部分人确实有饮用过不干净或质量不达标的水的情况，而更多的是并不了解饮用水质对健康是否产生过影响的同学，他们并没有对平时所和的水的水质有足够的敏感性。数据见图 14。

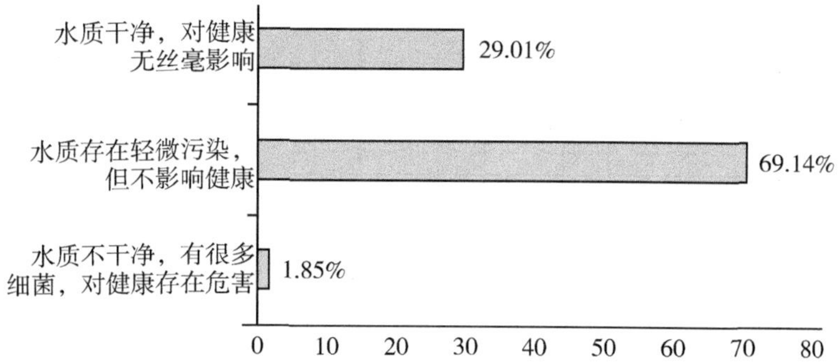

图 14　大学生对平时喝的水水质状况了解分析数据统计表

对饮用水中有害物质的认知情况分析

从问卷的反馈可以看出来，大家基本上都认为饮用水的污染源众多，也就是说，我们日常的饮用水的确存在着许多方面的安全隐患。其中一半的人认为烧开的水就就是安全的，只有 14% 的人不清楚水中重金属的危害。实际上烧开的水并不能除去大部分的重金属，然而有一半的人却认为烧开的水就是安全的，产生这种情况的原因是大家还是对饮用水的水质问题不够重视。[1]对于饮用水的危害，有 15% 的同学因为饮用水问题得过病，说明饮用水的的确确存在着安全问题，但是大家因为饮用水带来的影响不大所以就没有把饮用水的安全问题放在心上，只有将这个问题具体提出来的时候才能意识到问题的严重性。数据见图 15。

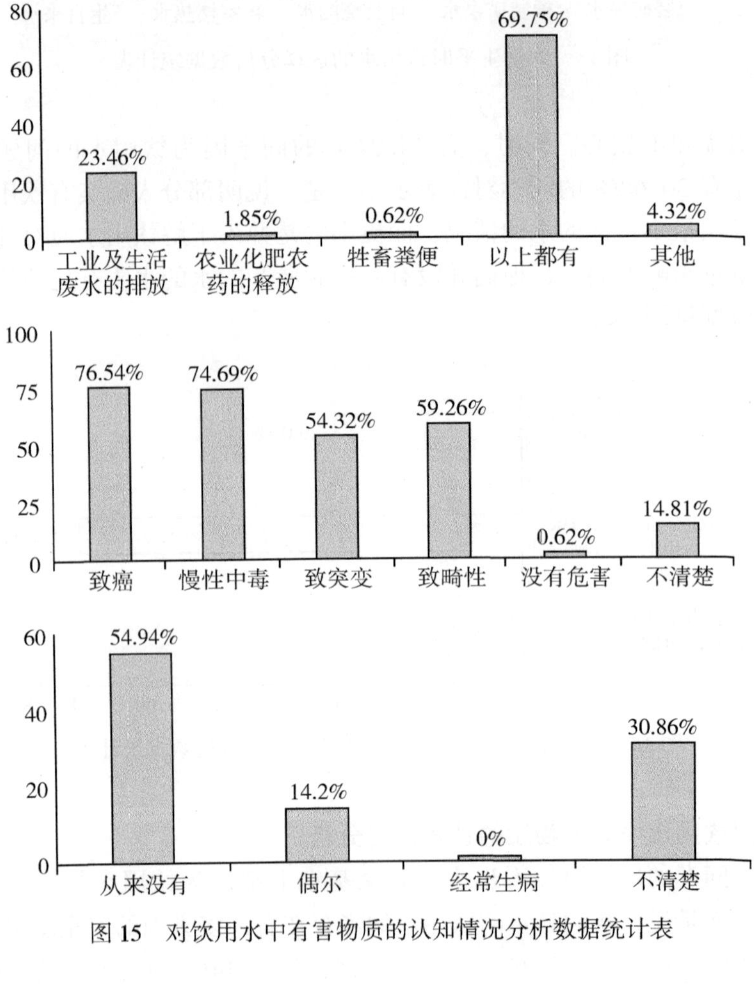

图 15　对饮用水中有害物质的认知情况分析数据统计表

(二)饮用水存在的问题

桶装水

就数据反映的情况来看，一半的大学生的饮用水源都是学校统一的桶装水，而桶装水本身有着各种各样潜在的问题。

首先是，饮用水所用的水桶有可能是不合格的材质，也就是所说的劣质桶，这种有问题桶的危害极大。目前，市场上出现的饮用水水桶大概有3类：食品级的PC(聚碳酸酯)桶、非食品级PC桶、PET桶。另外还有丧心病狂的黑心商家用各种不可回收的塑料垃圾制成的“黑心桶”。

我国国家质检总局颁布的《食品用塑料包装、容器、工具等制品生产许可审查细则》规定，PET桶不可用于食品级的包装。2004年5月1日实施的《定型包装饮用水企业生产卫生规范》规定，只有PC材料可以制成循环使用的桶；不得使用废弃塑料和回收的旧PC料制成的桶或瓶。国家质检总局还规定：桶装水生产企业重复使用的水桶必须为PC桶，由于PET桶加热后会释放有毒物质，所以PET作为饮用水桶是被严令禁止的。由于PC桶的价格是PET桶价格的2~3倍，就在这种情况下，不法商家为了自己的利益，反复使用明令禁止的PET桶，极易产生致癌物质，造成严重后果。

另外，桶装水的二次污染极为普遍，主要是由于使用超期服役的饮用水桶。超时服役水桶极易滋生细菌，造成桶装水的二次污染。有关部门曾检测过开封饮用两周的桶装水，结果显示其细菌总数超过了桶装水出厂标准上限的12.5倍。桶装水普遍存在着的“二次污染”是无法避免的。

按照规定，每只水桶在反复使用100次后，就要报废。但是一些不法桶装水厂家对回收的空桶并不进行认真消毒，简单冲洗过后便投入使用，把干干净净饮用水污染，这种损人利己的行为给人们的健康造成了极大的威胁。

饮水机

饮水机并不是一直保持卫生的。实际上，饮水机在我们的使用过程中，也很容易滋生细菌。如果长期不清理，也可能带来安全风险。我国也曾发生多起因为饮水机而导致的中毒案件，可见饮水机对饮用水安全也是不可忽视的重要环节。

总的来说，饮水机中的污染来源主要是以下两个方面：

1. 饮水机在使用时，由于空气不断进入桶内，细菌、病毒和微生物可能随着空气进入饮水机中，同时，空气又为好氧细菌提供了生存条件。而且，空气中本身存在的灰尘等也可能进入饮水机里，成为细菌等微生物生长繁殖的“温床”。

2. 饮水机的基座与桶接触的部位存在一些不容易清洗的死角，如果长期清洗不到，就会为细菌等微生物疯狂生长提供了场所。

当然，不止每个寝室的饮水机，寝室楼道的开水机也有着一定的卫生问题。时间长了，机器内部的水垢会造成堵塞，过滤净化的滤网也会老化失去功效。使用这么长时间，学校寝室楼道里的开水机似乎从没有进行过清洁和检查，机器内部必然会被细菌、病毒等污染，对学生健康造成威胁。

所以说，既然学校已经指定了桶装水的商家，那么就应当给师生提供更多关于桶装水的安全信息。同样，无论教学楼还是寝室的直饮水和开水的饮水机，处理水的技术主要是靠滤芯，但是在运行过程中有没有按时维护保养，这些我们都不得而知。所以，对于这些有关学生切身利益和安全的信息，校方应该做到公开透明，以供大家监督。

自来水

自来水的供水是个相当复杂的工程。简单概括就是：地表水进入水库，水库的蓄水经过引水渠流向自来水厂，在水厂完成消毒后流入地下自来水管网，管网接入各个小区，在水泵水箱的协作下，从水龙头到达我们的手中。

自来水的问题主要存在于水厂的消毒过程、后续的输送过程以及小区的水箱加压过程中。

消毒大致包括混凝、沉淀和过滤。氢氧化铝等水处理剂，可以吸附胶粒及微小悬浮物，形成絮状体并在沉淀池中被分离出来。再进入石英砂等粒状滤料层中进一步去除细小杂质，最后经过氯化消毒生产出符合安全标准的自来水。

经过以上步骤，水中悬浮物和颗粒物都能除去，但水中的溶解物是无法去除的。由于成本技术的限制，我国 TDS(溶解在水中的物质含量)国标仅为 1000，远达不到直饮的标准。偶尔还会有原水被污染，导致投加氯气超标的情况，这些氯从管网到人身体中危害健康。

除此之外，自来水厂还有许许多多种潜在污染物。藻类是其中一种，藻类加大量氯气杀灭后，一部分成为可溶物藻毒素溶解在水中，这些毒素对人体危害严重而自来水厂是无法去除的。除了几项基本的指标，还有许多指标自来水厂都是不测的。我们日常喝的水，某些指标或许就是严重超标的。这些指标可能不是很重要，短期的影响不大，但日积月累的在人体内积聚，必然会产生长期的作用和危害。

自来水的输送需要经过一个城市数千甚至数万公里的毛细血管般的地下自来水管网。输水管网就像是一个巨大的封闭反应器，经过数十年长时期的运转，化学物质不断反应在管道中留下污染物，管道大量被锈蚀和堵住。不管我们所在的学校或小区是否位于供水管网末端，只要接入了管网，水就是经过了运行数十年的老管网到达我们手中的。经过输水管网，自来水很难保证不被二次污染。所以可能自来水出厂时是干净达标的，但到达学校时就变成了不达标的水了。如果自来水公司对管网的定期消毒维护工作不到位，也会对大学生自来水使用造成影响。

自来水到达学校后，管网末端的水压能将水送到 14 米左右的高度，而更高的楼层则需要配置水箱，通过水泵二次加压输送到高层。水箱和水泵自然也面临着二次污染的问题，水箱是个封闭的环境，要保证安全卫生的环境，必须做到定期的维护和修复。

总的来说，对于大学生，最重要的是提高自己对水质安全的认知和警惕性，对自己的身体和健康负责，养成良好的卫生习惯，避免喝到不干净不卫生的水。

五、建议及对策

(一)饮用水的选购方面

1. 根据网上已有的各项水质指标检测数据分析，对这四类饮用水的建议饮用顺序为：矿泉水〉自己烧的开水〉桶装水(及时更换)〉寝室楼开水机的开水。

2. 选购矿泉水建议：

①观察说明书，检查矿泉水瓶包装的成分说明标签是否符合食品标签标注的要求，其中主要查看配料表、生产日期、保质期、水源类别、生产商等重要信息。如果这些信息不完善或者不准确，那么这种水就不适合同学们选购。

②整体观察，看瓶盖是否为完好、平整，还可以将瓶身反复翻转颠倒看是否会有漏水的现象。优质合格的矿泉水多用无毒的食品级塑料瓶包装，其造型较为美观精致；其造型较为美观精致；一般的矿泉水瓶盖会使用扭断式的塑料盖，有些瓶盖还设有防伪标志；瓶身上一般采用塑料制的全贴商标，其色彩鲜明，文字清晰，质量优秀。

③直接观察水质，观察水是否澄澈透亮，颜色是否正常，以及水中有无不正常的沉淀及絮状物质。合格的矿泉水无异味。比如，钙镁离子含量高的水有苦涩口感，铅钠离子含量高的水会带有淡淡的咸味，二氧化碳含量高的水喝起来则会有刺激感。除以上几种成分特殊的矿泉水以外，正常的厂家生产出的矿泉水都应是无异味杂味的且包装完整干净清晰的。

④观察其味道和口感：优质合格的矿泉水应该是清爽没有味道和气味的，除了有的特殊口味的矿泉水可能带一点甜或者咸涩味道。

⑤市面上正规的通过国家质量检测标准的都可供日常正常饮用，对于没有收入的大学生来说，选择价格较低的品牌即可。

对于白开水方面

1. 在水即将烧开时(即80℃~90℃时)，应将开水壶的壶盖打开散发有害物质。现如今水质污染越来越严重，污染物也越来越复杂，自来水厂可能处理不到位，因此，在烧水过程中，可能会产生一些可挥发的有害物质，水烧开加热时可以伴随着水蒸气一起飘散到空气中。所以，在水快要烧开时将壶盖打开，可以尽可能的让可挥发的有害物质大幅度减少。[5]

2. 水烧开后等 3 到 5 分钟左右再关火。学校里洗漱池的自来水，为了清除一些微生物以及其他杂质，都是在自来水厂经过氯化消毒处理过的，然而氯气会与水中残存的某些有机物质发生化学反应，还有可能会生成一些以氯仿、卤代烃等物质为例的对人体危害很大有毒的致癌化合物。除此以外，当水温不断上升一直到90℃的时候，水中某些有害物质的浓度还会发生较大变化，比如氯仿在水中的含量将会由43.8微克/升增加到177微克/升，而卤代烃的含量会从最初的53微克/升增加到191微克/升；而当水温逐渐上升到100℃时，氯仿的含量将会下降到110微克/升，卤代烃的含量将会下降到99微克/升，而这个数据与国家饮用水相比较来说，显然是不合格不达标的。[6]但是，如果将刚烧开的水持续煮沸三到五分钟后，其有害物质的含量将会大幅度下降，氯仿的含量将会下降到9.2微克/升，卤代烃的含量将会下降到8.3微克/升，这时，其含量才是符合国家标准的，此时烧好的水才是可以正常饮用的安全的饮用水。

注意：并不是烧的越久，水就越干净，随着时间的流逝，水不断蒸发，那么那些没有挥发性的有害物质的浓度就会越来越高，这对人们的身体健康来说，更加不益。

3. 已烧好的开水最好不要反复烧煮，也最好不要隔夜喝，最好是现煮现喝。

对于桶装水方面

1. 最好在十天以内将塑料封口拆除后的桶装水饮用完毕。

2. 不宜将桶装水随意摆放，不可将其摆放到及其潮湿或者有阳光直射的地方(比如阳台)。

3. 保持饮水机的清洁液十分重要，一般来说，一到两个月就应该拆下来完全清洗消毒一次。

4. 因为各种类别的水所含有的成分有所不同，所以纯净水和矿泉水以及蒸馏水应轮换着饮用。

5. 桶装水要及时饮用，不要放置时间过长(一般不超过两周)。

6. 每次换水前，清洗饮水机内部构件。

7. 注意保持寝室的卫生清洁，要多开门窗，注意空气流通。

8. 健康用水，养成良好的饮水习惯。

对于开水机方面

1. 饮用开水机的开水时，留意水是否有气味、颜色等不良状态，如有，暂停饮用并且及时反馈给学校相关部门。

2. 不要过于依赖开水机，常备一些矿泉水或者桶装水。

3. 向学校建议定期更换开水机滤芯，定期检测水质状况。

4. 建议同学们多读水与健康相关的读物，多看相关视频，加强理论学习，提高对水安全的认识，丰富用水基本常识，形成健康用水的理念。

六、总　结

调查过程中遇到的问题及处理

1) 在收集饮用水相关信息时，我们原打算向老师申请使用实验室，自己采集水样进行相关指标的测定，但是最后却没有得以实现，导致论文进展停滞不前。为了弥补实验数据的空缺，我们选择在网上收集数据，虽然数据不全，但还是成功完成了分析过程。

2) 在宣传线上问卷时，恰逢毛概问卷调查高峰期，大部分同学都对填问卷感到反感，导致问卷数不足。我们与多个小组联合宣传，扩大宣传范围，互填问卷，使得问卷数量大大提高。

成员心得体会

李大琳：第一次做问卷写报告，作为组长带领大家一起完成调查论文，虽然有时候会很累，但是还是坚持下来了，感觉很自豪。

调查的问题与专业相关，大家都比较有兴趣。通过这次调查，让我们更加了解了自己日常生活中饮用水的情况，也提升了自身专业素养，意识到了我们肩负的责任与使命。同时也让身边的同学们了解到了水质大致情况，从而选择更好的饮用水，保证自身健康。

调查过程中，大家一起讨论主题，确定问题，分发问卷，然后共同撰写论文，这一切都是我们共同努力的结果。

陈雪琪：经过这一段时间的调查分析，在我们小组八个人的共同合作努力下，这次的毛概社会实践报告顺利完成。回想这段时间，收获颇丰结合我们专业特色以及我们组员的兴趣点，我们选取了研究大学生对饮用水认知情况的调查作为我们的选题。这次我负责的部分主要是统计分析结果。

李丹琳：饮用水不仅与我们专业紧密相关，更是跟人们生活生产息息相关密不可分的存在，我认为运用专业知识对大学生对日常饮用水水质的了解状况进行分析指导非常有意义。我认为这个分析能让我们意识到当代大学生对生活常识的了解问题，也能更好地指导他们选择对健康更有益的饮用水类型及饮用习惯。

陈琛：这次的毛概社会实践我们是调查大学生对饮用水安全的认知情况，得知，大家对饮用水安全都有基本的了解。大概得知大家平时喝哪种水比较多，有没有因为饮水问题得过病。大家也大都清楚怎样提升饮用水的品质。实践的过程我们分工很清晰，大家都努力完成分配给自己的任务，众人拾柴火焰高，受益匪浅。

吴贝：在此次的调查活动中，我们采访了许多同学，通过采访也使他们对此问题加以思考，引起重视，我认为这是十分有必要的。而通过这一个月断断续续的研究，锻炼了我们每一位小组成员的动手能力、合作能力、创造能力，在实验报告最后做出来的那一刻我们每个人都感到由衷的开心，想不到我们每个人微小的努力能凝聚成如此强大的力量。

张顺：本次的社会实践不是我想象的那么简单，虽然过程中我们遇到了诸多问题，但是，凭借着每个人的坚持、队友的互相鼓励、帮助和团结，以及肖老师的指导，我们才能顺利地完成这次实践。感谢我亲爱的队友，感谢肖老师！

禹晨：通过与小组成员合作，做出一篇正式的报告，我学会了很多，比如：调查问卷该怎么设计，怎样分析问卷所得到的数据，从哪些角度思考这些数据所反映出的问题，这个调查对于我们的专业有什么启发和引导。更重要的是，和其他同学一起讨论问题、设计问卷，合作完成一件任务的过程是非常有意义的。

唐雨欣：通过本次社会实践，调查了大学生饮用水的具体情况，我更多的感触是我们生活中所饮用的水是否达标，例如教学楼中的开水机是否定时清洁，需要大家树立对饮用水安全的意识。

◎参考文献

[1]王玮．青岛市城市供水水质现状与优质饮用水标准研究[D]．青岛理工大学，2016.

[2]林华影．福州地区生活饮用水水质状况及影响因素分析[D]．福建医科大学，2015.

[3]麦晨．黄埔口岸国际航行船舶生活饮用水水质现况调查分析[D]．华南农业大学，2016.

[4]王玮．青岛市城市供水水质现状与优质饮用水标准研究[D]．青岛理工大学，2016.

[5]林华影．福州地区生活饮用水水质状况及影响因素分析[D]．福建医科大学，2015.

[6]余燕素．永嘉县农村饮用水安全现状及对策研究[D]．浙江海洋大学，2017.

附录：

完整问卷及数据

1. 您现在的年级？[单选题]

A. 大一　　B. 大二

C. 大三　　D. 大四

E. 研究生

2. 您的性别：　[单选题]

A. 小哥哥　　B. 小姐姐

3. 您所读的专业属于？　[单选题]

A. 文科　　B. 理科
C. 工科　　D. 艺术

4. 您平时喝的什么水较多？　[多选题]
A. 瓶装矿泉水　　B. 桶装矿泉水
C. 自己烧的水　　D. 寝室楼热水
E. 生自来水

5. 您是否认为平时喝的水健康无污染？　[单选题]
A. 水质干净，对健康无丝毫影响
B. 水质存在轻微污染，但不影健康
C. 水质不干净，有很多细菌，对健康存在危害

6. 您因为饮用水的问题生过病吗？　[单选题]
A. 从来没有　　B. 偶尔
C. 经常生病　　D. 不清楚

7. 您认为水烧开了喝就是安全的吗？　[单选题]
A. 安全
B. 不安全，存有三氯甲烷和重金属等
C. 无所谓

8. 您认为饮用水的污染源主要是？　[单选题]
A. 工业及生活废水的排放
B. 农业化肥农药的释放
C. 牲畜粪便
D. 以上都有
E. 其他

9. 您了解饮用水中的重金属(汞、铬、镉、铅、砷等)对人体的危害吗？[多选题]
A. 致癌　　B. 慢性中毒
C. 致突变　　D. 致畸性
E. 没有危害　　F. 不清楚

10. 您知道用哪些方式可以提高饮用水的安全性吗？　[单选题]

A. 知道很多　　　　　　　　B. 知道一些

C. 完全不知道

11. 就你的生活经验，你觉得哪种饮用水对人体是最安全有益的？[单选题]

A. 蒸馏水　　　　　　　　　B. 凉白开

C. 纯净水　　　　　　　　　D. 矿泉水

当代大学生恋爱观与婚姻观的调查

成员：蔡方清　王溱翠　李姗姗　李蔷薇　杨滔　何沅泽　高川淳
指导老师：唐建军

一、引　　言

对甜蜜爱情、美满婚姻和幸福家庭的追求，是人类永恒的主题，是我们不懈求索的奥义。拥有健康的婚恋观将会为我们的人生锦上添花。当代大学生是一个非常前卫的群体，应该如何面对恋爱，如何面对婚姻，应该有怎样的爱情观念，应该如何经营爱情是一个历久常新的话题。当代大学生的择偶标准受自身观点影响，甚至及于婚姻。大学生的恋爱观与婚姻观应该是理想、道德、义务的有机结合，是责任和义务的有机统一。

目的：

1. 调查当代的大学生的恋爱观
2. 树立一个正确的婚恋价值观

二、调查情况简介

有了浪漫才有爱情，有了爱情，随之而来的就是婚姻。而大学时代是人生美好的时光，会遇到爱情等人生的重大问题。大学生对爱情应该持慎重的态度，避免在恋爱问题上把握和处置失当。不能错置爱情的地位，把爱情放在人生最高的地位，奉行爱情至上主义，沉湎于感情缠绵之中。这样的恋爱观，很容易导致对人生目标的误解，这对需要将主要精力用于学习上的大学生来说危害尤大。大学校园中恋爱已经不是稀奇事，在校园中寻找自己大学四年甚至将来的伴侣，这也面临着会不会步入婚姻的问题。步入婚姻以后，面对婚姻中的种种问题是否有信心将他们处理妥当，维护感情的花朵继续绽放，这跟我们对待婚姻的态度甚至是实践密切相关。为了解当代大学生对待恋爱的看法和择偶标准以及对待婚姻的态度，是否有一个正确积极的恋爱观和婚姻观。利用网络和线下问卷的方式展开调研。

(一)调查目标

1. 调查当代大学生对恋爱的态度和不同恋爱观点的看法以及对婚姻问题的看法；
2. 分析大学生对如今不同婚恋观的态度如何形成；
3. 得出当代大学生应当树立正确的恋爱观和婚姻观。

(二)调查时间

时间(2018. 3. 29—2018. 5)	内　　容
3. 29	组队、确定组长
4. 8	开会讨论，确定选题
4. 12	调查问卷初稿制作整理，开会讨论
4. 15	预调研阶段，预调研分析
4. 17	根据预调研结果调整问卷，生成正式问卷
4. 19—5. 10	线下问卷发放、收集、采访
5. 12	调查数据初步分析开会讨论，修改分析
5. 13	整合成报告
5. 25	调查报告的最终写该整理

(三)调查对象

武科大本科生为主。大学本科生中以大一、大二学生为主。

(四)调查方式

方法：问卷调研、实地采访。

途径：1. 线上 QQ、微信传播调研；

2. 线下校内外路人采访调研。

本次调查采取了抽样方式，问卷基于年级、学科、性别等维度，采取网上调研和实地采访调研两种方式，参与问卷的人数共有 237 人，其中男女生分别为 91 人和 146 人。问卷主要包含 15 个选择题，其中基础信息题 2 个，单向选择题 10，多项选择题 3 个。本次调查发放问卷 237 份，回收有效问卷 237 份，回收率为 100%，其中线上问卷 132 份，线下问卷 105 份。我们对其 100 份问卷进行了抽样分析，大一年级占比 23%，大二年级占比 71%，大三年级占比 3%，大四年级占比 3%。

三、调查数据分析

1. 大学生恋爱态度观

在大学生对恋爱的态度方面，43%的被调查者认为“要么不开始，要么不结束”，32%的人认为“不求天长地久，但求曾经拥有”，剩下 25%的人则选择“无所谓”。

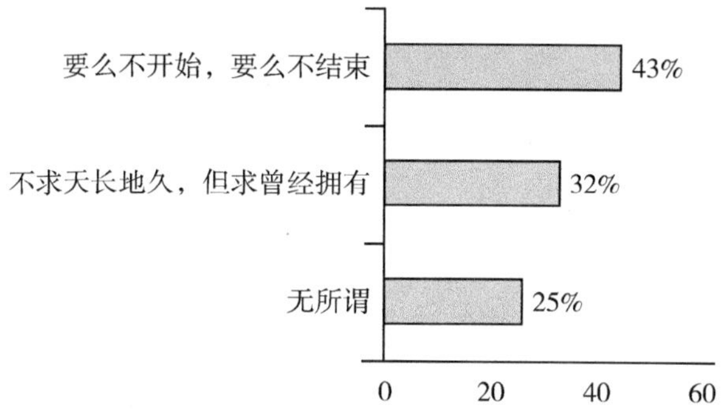

图 1

从调查结果中，我们可以发现，在当代大学生中，很多带着这样"但求曾经拥有"的心理与异性进行交往，把恋爱当成"爱的初体占验"和"充实大学的生活"，而不是为了将来的婚姻和组建家庭。两个人在一起想的是如何浪漫的度过每一天，所以"毕业那天一起分手"也成为正常现象，而双方们也表现出极为平静。这就是大学生的一种新型的恋爱观："在乎爱的过程，轻视爱的结局"。

2. 大学生择偶观

在大学生择偶标准方面，颜值占 41%，家庭背景占 9%，能力内涵占 79%，经济实力占 18%，性格特点占 87%，个人理想与奋斗目标占 36%。

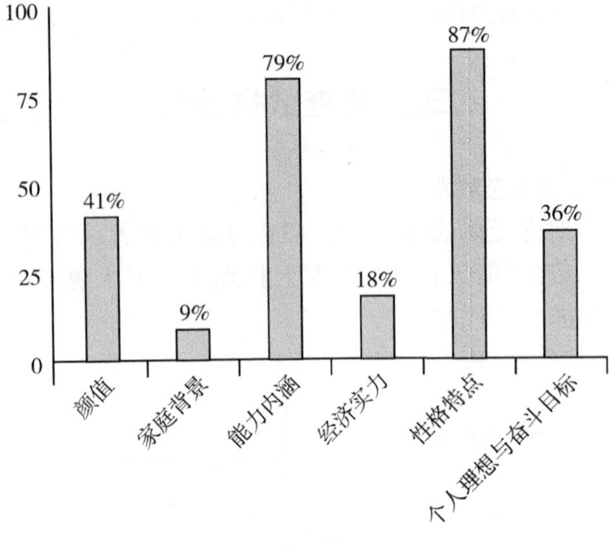

图 2

由此可见，大学生的择偶要求大多数看中对方的能力内涵和性格特点的，占了被调查人数的绝大多数。也有接近半数的同学表示对对方的颜值较为看中。其中，受到拜金主义和享乐主义以及中国传统的门当户对说法的影响，较少部分大学生择偶时较为看中对方的家庭背景。大学生的择偶观总体上看是严肃认真的，绝大多数学生在选择未来伴侣时标准是正确的、健康的、切合自身实际状况的，但也存在着随意的、不严谨的态度。

3. 大学生失恋态度观

根据调查数据分析，在面对失恋时，74%的人选择了转移注意力，55%的同学选择了向好友倾诉，14%的同学选择了长时间无法化解痛苦，26%的同学选择了再找一位，寻找感情寄托，1%的同学选择了报复对方寻求心理平衡。

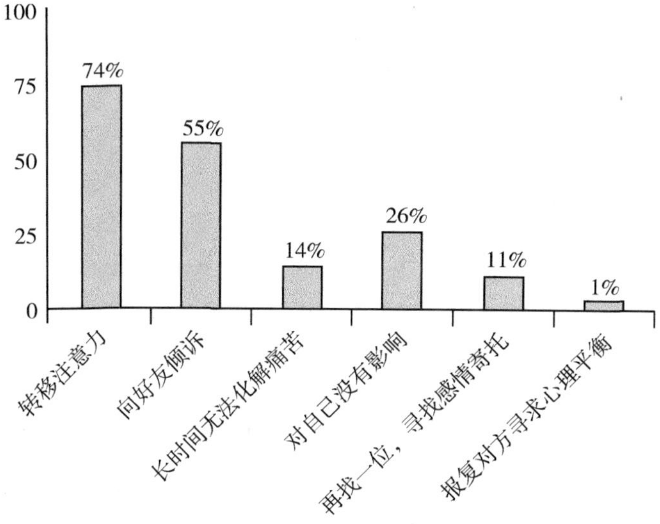

图 3

从调查数据中可以看出，在面对失恋时，多数人保持着一个较为积极的心理态度，能够选择正确的排解失恋情绪的方法。但是仍有部分同学存在“心理脆弱”问题，对这类学生而言，失恋有可能成为一个沉重的打击，以至于其难以走出失恋的阴影，甚至采取一些较为极端的方法，这显然是不可取的。

4. 大学生对不同的恋爱观点的包容度比较大，少数为此不能接受

当代大学生对是否能接受同性恋的问题，接受度与包容度都比较大，在受访人数中，有46%的占比，认为自己可以接受包容同性恋，不能接受的比重占16%，还有38%对此未表态，不关心意味着有可能支持也有可能反对。

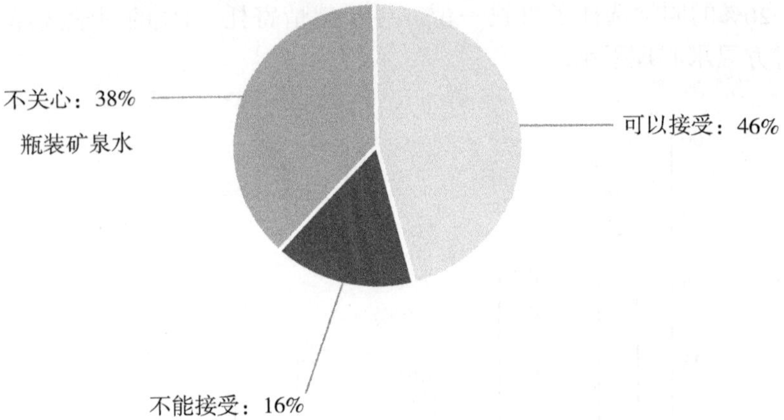

图4

成因分析：同性恋作为一种性取向，是指在心理、性爱、感情以及社交上的兴趣对象主要以同性为主的人群，而以前我们认为感情就应该是男女结合，这与我们的传统认知也是分不开的，而如今，同性恋群体在我们的生活中虽然少见但是仍然存在，我们呼吁平等对待，调查结果表明在大学生群体中，对同性恋的接受度和包容度在提高，这与我们受到的高等教育不可分割。

5. 调查群体对网恋持不相信态度

调查群体中对网恋的态度不乐观，网络虽然发达，但是同学们更倾向于实际恋爱。从图表中我们可以得出，超过78%的同学认为网恋太过虚拟不可靠。仅有3%的同学认为网恋与现实恋爱没有差距。

成因分析：网恋很难培养更多亲密感，很难让两人在心理上走得非常亲近。更多的是靠脑补想象来填充对方在自己心里的形象。一旦出现裂痕就可能难以弥补，对我们的识人能力有一定的影响。

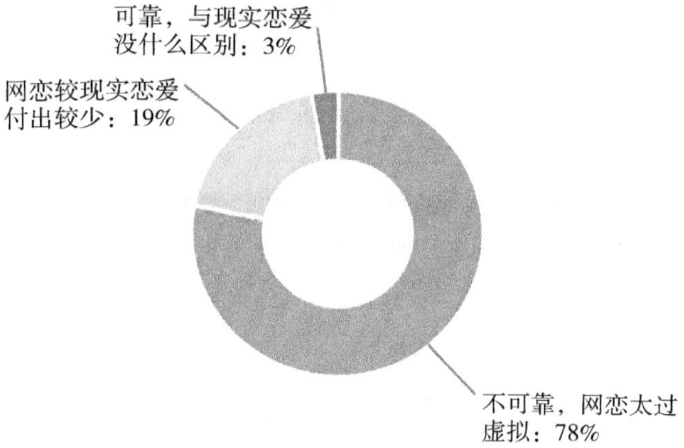

图 5

6. 当代大学生对于大学时代的恋爱与婚姻关系持较为保守的态度

从调查的第十题可以看出，在大学时代的恋爱走入婚姻的状况，有74%的人认为“一部分会”，而从第十一题有 50%的人接受“25—27 岁”结婚，有 37% 的人接受“27—30 岁”结婚。如下图调查结果：

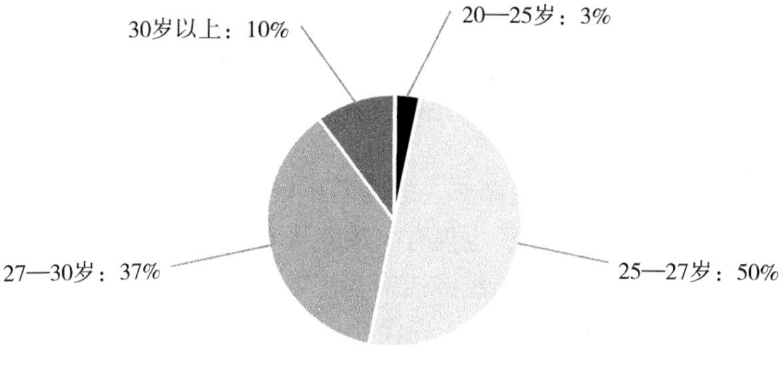

图 6

成因分析：在与毕业学长的交流中了解到由于各种原因，在校恋爱发展成为夫妻关系是非常少的，在校大学生对未来的规划与期望也是多方向的，现代的大学生都多较为现实，在恋爱的同时也会考虑各方面因素，来决定自己的恋爱婚姻走向，故大学生恋爱多较为保守，在考虑现实的同时不排除一部分会由恋爱发展到婚姻，也不希望过早结婚过或过晚结婚。

7. 当代大学生对于结婚的基础和条件较多看重经济基础

从第十二题，我们可以看到有66%的对于结婚的条件选择了“有一定经济基础”；有21% 的选择了“得到双方父母的同意”，仅有13%的人选择了有“稳定的工作”，调查结果如下图：

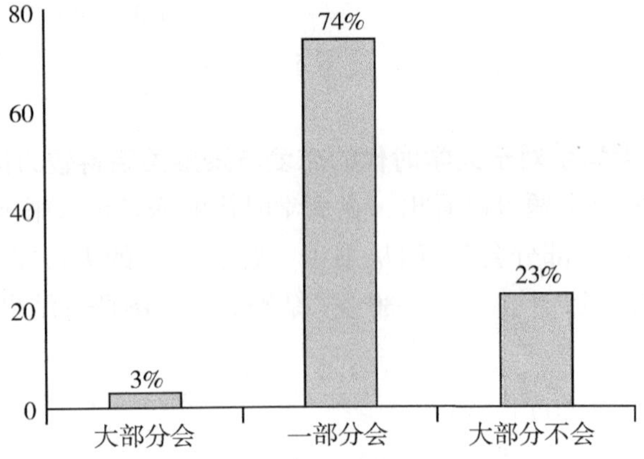

图 7

对于结婚的条件，大多部人较为看中经济，认为双方结婚要有一定的经济条件来支持婚姻，也仅有少数人认为有稳定的工作来支持婚姻稳定，较多数的人将结婚与经济挂钩。

成因分析：当代大学生对于现代社会的发展及各个方面的生活水平都已经有了初步的了解，而大学生又是一个即将步入社会的群体，对于经济方面的需求较重，从而影响对婚姻的看法。再者，当代大学生由多方面渠道都可以得到很现实的观念。“经济基础对现实生活非常重要”

“没有钱是万万不能的”等社会观念深入人心，由此也会影响他们对婚姻的选择。

8. 您认为当前社会离婚率的主要原因有

选项	结婚仓促，欠考虑	三观不一致或性格不合	第三者插足、家暴等婚后问题	生活压力大，矛盾激化	感情经不起婚后平淡生活的考验	人们思想越来越开放，社会在进步
百分比	70%	66%	35%	70%	68%	17%

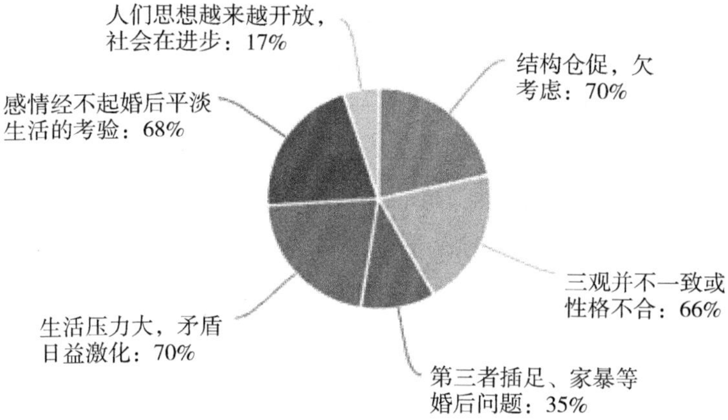

图 8

由图表可以发现当前社会离婚率最主要的原因是结婚仓促、欠考虑和生活压力大、矛盾容易激化。这两个原因在调查数据中持平各占70%；三观不一致或性格不合与感情经不起婚后平淡生活的考验是其次原因，所占比例也高达调查人数的半数以上分别是66%和68%；家暴与第三者插足虽然也是构成离婚率的原因，但从数据来看其不是主要原因，占35%；思想开放与社会进步对离婚率的冲击比较小只占到17%。

现在年轻人的离婚率居高不下，为什么总因为小事而离婚。仔细分析原因，其实是双方没有足够的了解进而没有太深的感情基础，结婚过于仓促。如今年轻人的婚恋方式比较多元，不像传统那般要知根知底门当户对要经过见面长期了解。现在一般通过网络认识日常联系也多在于网络，虚拟世界对人的性格、习惯容易隐藏，双方的个人信息习惯等不真实，更容易造成日后的矛盾。婚后热恋的劲头一过后双方才发现对方并不是自己想象中的那样，和自己了解的相差甚远。婚前对婚姻期望过高。部分夫妻婚前相处时间短，互相了解不全面，婚后性格差异渐渐显现，最终导致矛盾不可调和。

9. 对于婚前性行为的看法

对于大多数学生而言，对于婚前性行为的态度普遍是讳莫如深的，在本次调查的100名同学中，对于婚前性行为的看法，通过饼状图，我们不难发现，不能接受的只占少数，而可以接受的和视情况而定的分庭抗礼，对于视情况而定这一选项，其实是很模糊的，从被调查者的角度出发，他们并非不能接受婚前性行为，而是尚未出现如此情形，倘若出现了，也就大概率的会接受了，人的思想开化程度非有规律可循，人云亦云在很大程度上实为人类的金科玉律。

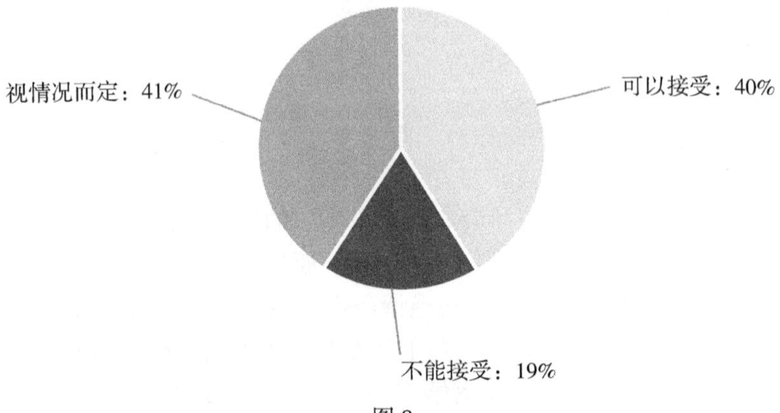

图 9

10. 大学生对相亲的看法

从调查的第15题数据显示，我们可以看到，大学生对于相亲的看法，有接近一半左右的人认为相亲是一个简单有效的寻找另一半的方式。对相亲的接受程度普遍提高。但还是有一部分人认为相亲不是自由恋爱，不适合现代社会。

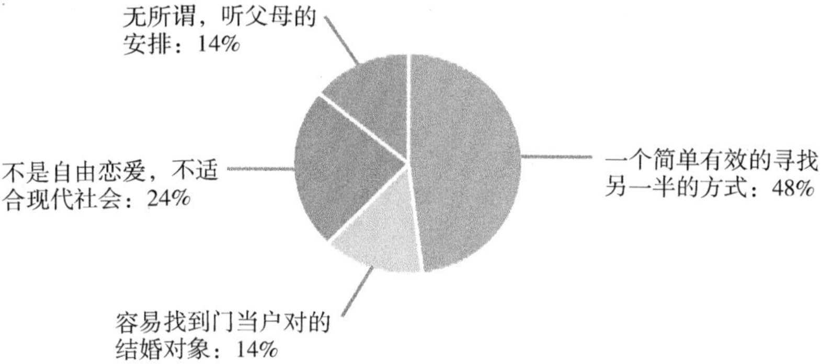

图10

随着“非诚勿扰”“我们约会吧”等一系列的相亲节目的出现，相亲这个词也着实火了一把，同时相亲现象也把其独特的一面展现在世人面前。人们对相亲有了新的认识，对相亲现象的接纳程度有了很大的改变。作为即将步入社会的大学生，他们对相亲现象的看法，也很大程度的反应了大学生的婚姻恋爱观。我们的身边也出现了越来越多的相亲现象，大学阶段的越来越多的人主动和被动相亲，并且相亲出现了低龄化的趋势。身为大学生的我们或多或少都经历过相亲或者对相亲并不排斥。相亲与我们的生活越来越密切。了解大学生对相亲现象的接纳程度可以帮助我们更好的了解大学生的人生观、价值观以及婚恋观。

11. 当代大学生的恋爱消费观

本次对恋爱消费观的调查，主要是通过恋爱双方的支付比例来反映的，通过统计数据可以发现，选择AA制或者轮流制的占了81%，大部分由男生买单占了17%，也有少部分人选择了由经济较好的一方来付，这部分占了2%，但没有人选择大部分由女生付。

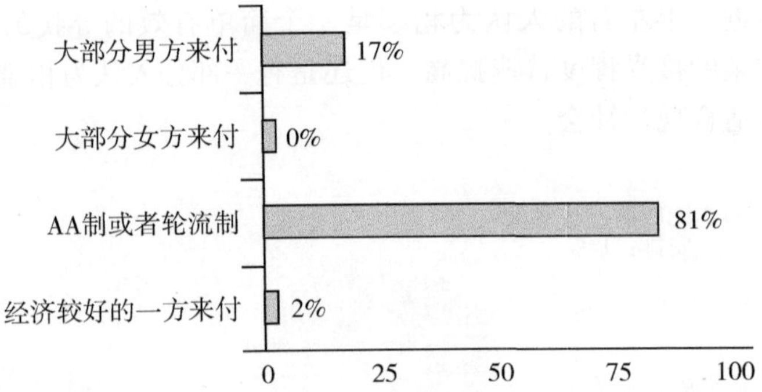

图11

这个调研结果也反映出“AA制”或轮流付款是当下十分流行的一种消费观念，特别流行于学生群体，男女双方对这个想法的出发点也是很好的，女方希望能减轻男方的负担，男方想要给予女方足够的尊重等。这个结果也从侧面反映了传统的“男生付钱”占主导的思维方式已经发生了根本改变，但这种思维方式对现在大学生的恋爱消费观仍然有着不小的影响。在传统的思维方式中，只要有男生在，就不会让女生买单，在调查中也发现没有人选择“大部分由女生付”，在恋爱中这种情况更是被认为是理所应当、人之常情，如果由女生买单，男生可能会被看不起，或者说被认为没有“绅士风度”，而这也是虚荣心作祟的体现吧。对于选择由经济较好的一方来付的，我们小组分析的原因主要有三个：第一，考虑到对方的经济状况，为对方减负；第二，不想分得那么清楚，抱着“谁有钱，谁就付”的想法；第三，就是我们所谓的“求包养”了。

四、研究主要发现

1. 当代大学生的恋爱观：“在乎爱的过程，轻视爱的结局”

据我们调查所知，在快节奏的生活节奏里，大学生的恋爱是简单的，也是快速的。感情来得迅速，一见钟情随时可能发生，并且大学生并不像我们以前所想像的那样，羞于表达自己的感情，他们大部分选择直接表达自己的想法和感情，毫不扭捏拖泥带水。这也是大学生们敢爱敢恨的一大特点。所以大学生们更愿意在一段感情中无畏无私的付出爱得热烈，不论结局如何，至少无愧于这段热烈的感情，但是这也体现出大学生对恋爱的不负责任。

2. 面对失恋仍有部分同学存在“心理脆弱”问题

在面对失恋时，我们调查发现，大多数的大学生有着独特的自我排解苦闷的方式，较为多的是向身边的好友倾诉，由时间来抚平这一段感情带来的伤痛。大家对待失恋的自我恢复能力似乎都不错，但仍然有一少部分同学在面对失恋时内心的苦闷无法排解。做出一些过激反应。

3. 当代大学生面对同性恋，婚前性行为有较大的包容度和接受度

同性恋行为在现代社会已经越来越多地被关注，通过调查我们发现大学生对于这种行为较之以前有了极大的变化，总体上比较宽容，能够合理接纳。大学生作为未来社会的支柱，具有包容性强、对新生事物敏感等特点，同性恋是一种开放性的选择，应该给予同性恋者同等的权利和保护，这也是因为大学生受社会前进、时代进步和思想多元化的影响较深。但也应认识到同性恋将导致艾滋病及一些性疾病传播概率上升等社会问题。

关于婚前性行为，调查发现总体上大学生对其态度是比较开放的，随着中国的迅猛发展，国际交流越来越频繁，西方观念的影响更加深入，中国人的传统观念不断遭受着冲击，大学生的性的价值观、道德观也随之发生了巨大的变化。这些观念的变化，有它进步的一面，也有它落后的一面，一方面体现出对人权的尊重，对人的性权利的尊重，另一方面其可能会引发出“未婚先孕”“爱情随意化”等问题。

4. 经济基础影响现实感情发展

经济基础对感情甚至婚姻的影响越来越大已经成为一个现实，即所谓“要么你足够优秀，要么你选择将就”。现实社会对于经济条件的追求无可厚非，但是不能过度，一旦过度则会导致不良的社会影响，如女方想嫁入豪门，经济与感情此刻就会有冲突，为了经济而得到一个并不幸福的余生现如今的社会不是没有。但挤入豪门的毕竟是少数，再有谈婚论嫁只考虑经济基础又会挫伤一些个人甚至是家庭的积极性，长此以往社会阶层的分化愈显严重。

五、建议及对策

1. 大学生应当树立正确的爱情观，发展健康恋爱行为，加强责任感

爱情在乎过程，这是美妙的，但如果不在乎结果，这个过程将充满不确定性而增加对安全感缺乏的恐惧，很多灾难性事件有相当一部分原因与之相关。所以大学生应该树立正确的恋爱观，应该懂得爱情是一种责任和奉献。要发展健康的恋爱行为，培养健康的恋爱观，培养爱的责任。

2. 正确面对失恋，学会自我调节，建立正确的“失恋观”

首先，大学生应首先，要了解失恋会对大学生的心里会造成怎样的影响。所谓“对症下药”，面对失恋，应该先了解其对自身可能造成的消极影响，才能有所针对性的去解决问题。其次，树立正确的大学恋爱观，积极面对爱情。绝大多数大学生因为不能正确面对恋爱观，盲目恋爱，导致失恋后无法正确处理。最后，大学生失恋后应当学会自我调节。自我调节是面对失恋时，最重要的一环，很多大学生都是因为无法正确的进行自我调节而陷入失恋的阴影无法自拔。

3. 加强对当代大学生的性教育，正确对待性行为

随着大学生性观念的变化，性教育更应该被重视。应从学校层面加强性教育，学校要开设性教育相关课程，将正确的性知识传递给学生，帮助其建立科学的性观念，树立良好的性道德。大学生应提高自身的性安全意识，若要发生婚前性行为，需做好安全措施。大学生还应培养自己的责任意识和自我保护意识，对恋爱负责，对自己负责。

4. 理性看待金钱对感情的影响

经济基础对感情的作用固然是重要的，但不能把感情的发展完全与经济基础挂钩，换句话说，钱不是唯一的，但对的人或许只有一个。应该理性看待金钱对感情的影响，结婚后就是生活，而要生活就需要一定的经济基础，但这并不要求奢侈的生活。男方应该有上进心，勇于拼搏，给女方安全感。女方应该少一些虚荣心，不要只想着嫁入豪门，要明白“钱”并不能给自己幸福，更重要的是对方。

六、总　　结

蔡方清：毛泽东思想与中国社会主义理论体系概论的实践调查是我做过的时间跨度较长的工作，从刚开始的无从下手几经易题到后来确定题目，最后得到成品。此次调研活动让我明白了问卷题目的重要性，必须要选出一些有实际意义的题目才能对研究主题有所帮助。而要确定题目，我们首先要明确想要研究的方向或者本质，以本质为主线来设置题目，这样得到的调研信息才有意义。本次社会实践活动让我获益匪浅。这是团队活动，分工合作必不可少。合作与分工相得方能益彰，一面的强调集体只会相互推卸，片面的推崇分工无法整体把握。一个团队中合理的分工是完成工作的一半，大家各司其职，保证自己负责的部分做到深刻剖析。同时团队合作也让我们同学间关系更加融洽。除此之外，一个好的领头人也至关重要，负责任的领头人是我们的核心。大家都有不同的想法，在团队中，不能简单的把自己的想法强加给别人，也不能一味的跟随别人，要学会交流，学会怎样以大局为重。其次，俗话说“众人拾柴火焰高”，通过每个人辛苦地付出，我们才能比较完美地完成此次调查活动。

王溱翠：在这次实践调查中最能体会到的就是与他人沟通，怎么与陌生人自如地交流和请求他们的帮助。分发问卷时，初次被陌生的同学拒绝可能会有点失落和尴尬，但是要让我们的工作继续下去，我们必须抛弃自己的一颗“玻璃心”，练就“厚脸皮”。

杨滔：通过本次的社会实践调查报告活动，首先，让我明白了团队合作的重要性，感受到了团队力量的强大。大家在一起完成工作的同时，也增加了队员之间的感情。通过此次调查，也明白了当代大学生的婚恋观的变化，以及怎样树立一个正确的婚恋观。

何沅泽：本次调研所得，需要我们受众群体相对广泛，不至于身临一叶蔽目的窘迫；受众对于实践的理解，社会信赖基础的丧失，某种程度上对我们的社会实践调研产生了阻碍，如此一来，如何保障获取调研结果的真实性，需要调研者加以审核。

高川淳：通过此次调研我发现了当代大学生恋爱观的变化，思想观念更加开放，恋爱消费观更加趋向于公平等，也对大学生的婚姻观有了新的认识。我觉得最重要的一点是明白了“学以致用”的重要性，只有不断学习、思考、实践，才能找到智慧的根源。

李蔷薇：在本次调查过程中，我认识到了团队协作的重要性，团队的分工是非常重要的。对于此次调查也让我对于当代大学生的恋爱观与婚姻观有了一个整体的认识，对于在大学生活中，此次调查也是一个很好的体验，让我收获颇多。

李姗姗：本次问卷调查给我最直接的一个感受——团结就是力量。不管是大家一起讨论选题还是一起线下调查、统计、分析数据一直到最后的整个阶段，每个人分配到的任务几乎都是超量完成的，这样就给最后整合论文的人很大的裁量权。

◎参考文献

[1]龚晓洁．当代青年的婚姻家庭和价值取向[J]．重庆社会科学，2012(8)．

[2]董彦禄．当代大学生恋爱现状的调查研究[J]．时代教育(教育教学版)，2010(01)．

[3]马福全．大学生恋爱及性心理健康教育策略研究[M]．黑龙江高教研究，2006(09)．

[4]王存同．当代在校大学生恋爱认同及行为选择研究[J]．青年研究，2011(03)．

[5]何文．大学生失恋的处置策略[J]．高校辅导员学刊，2017(04)．

附录：

调查问卷样表

关于当代大学生恋爱观与婚姻观的调查问卷

小哥哥小姐姐你们好呀！

为了更好地了解本校学生关于恋爱观与婚姻观，特设计此问卷，问卷由调查员统一回收，此问卷为匿名问卷不会对您产生任何不良影响。并且有其他众多的同学和您一起答卷。因此，您完全可以放心地如实地填答。这次调查完全是为了统计数据和学术研究。诚挚地感谢您的信任、支持和无私贡献。

1. 您的性别？

A. 男　　B. 女

2. 您的年级？

A. 大一　　B. 大二

C. 大三　　D. 大四

E. 研究生

3. 您现在的感情状态？

A. 单身但渴望脱单　　B. 热恋中

C. 有暗恋的对象　　D. 大学期间不打算谈恋爱

4. 您对待恋爱的态度？

A. 要么不开始，要么不结束

B. 不求天长地久，但求曾经拥有

C. 无所谓

5. 您最看中的择偶标准？（可多选，最多三项）

A. 颜值　　B. 家庭背景

C. 能力内涵　　D. 经济实力

E. 性格特点　　F. 个人理想与奋斗目标

6. 您如何面对失恋？（可多选）

A. 转移注意力　　B. 向好友倾诉

C. 长时间无法化解痛苦　　D. 对自己没有影响

E. 再找一位，寻找感情寄托　　F. 报复对方寻求心理平衡

7. 您对待网恋的态度是？

A. 不可靠，网恋太过虚拟　　B. 网恋较现实恋爱付出较少

C. 可靠，与现实恋爱没什么区别

8. 您对待同性恋的态度？

A. 可以接受　　B. 不能接受

C. 不关心

9. 您认为在恋爱中的消费该是怎样的？

A. 大部分男方来付　　B. 大部分女方来付

C. AA 制或者轮流制　　D. 经济较好的一方来付

10. 您认为大学生恋爱会走入婚姻的殿堂吗？

A. 大部分会　　B. 一部分会

C. 大部分不会

11. 您计划什么时候结婚？

A. 20—25 岁　　B. 25—27 岁

C. 27—30 岁　　D. 30 岁以上

12. 您认为双方结婚的基础和条件是什么？

A. 有稳定的工作　　B. 有一定的经济基础

C. 得到双方父母的同意

13. 您对婚前性行为怎么看？

A. 可以接受　　B. 不能接受

C. 视情况而定

14. 您认为当前社会离婚率高的主要原因有(多选)

A. 结婚仓促，欠考虑

B. 三观并不一致或性格不合

C. 第三者插足、家暴等婚后问题

D. 生活压力大，矛盾日益激化
E. 感情经不起婚后平淡生活的考验
F. 人们思想越来越开放，社会在进步

15. 您对相亲的看法是怎样的？
A. 一个简单有效的寻找另一半的方式
B. 容易找到门当户对的结婚对象
C. 不是自由恋爱，不适合现代社会
D. 无所谓，听父母的安排

关于当代大学生恋爱观的调研

成员：罗小玉　赵怡静　陈彩霞　叶泓婕　胡夏萍　张　必
闫晶鑫　王　军　张泽鹏　王泽毅　吴耀阳　唐林伊
指导教师：曹　蓉

一、引　　言

（一）本选题的背景

随着时代的进步，当今的大学生也面临着不同的问题，不仅仅局限在学习、工作方面，有研究表明大学生在恋爱交往方面更易受到困扰，许多研究者对于大学生恋爱观问题也提出了相应的建议。李卫成等在《95后大学生恋爱心理引导研究》中指出“恋爱是大学生正在经历即将经历的必选项，需要高校教育工作者深入了解其恋爱心理，并有针对性地开展教育，引导学生理性对待”。陆芳华在《浅析如何引导大学生树立正确的恋爱观》中提出，学校应充分利用课堂教育来让学生明白恋爱的真谛。可以看出各学者认为学校对如何引导大学生树立正确的恋爱观具有不可替代的地位。

大学不仅是大学生专业知识教育的主阵地，更是合理地引导大学生形成正确的三观的主阵地，然而部分学校对第二个“主阵地”没有足够的重视，忽视了对他们形成正确的恋爱观的引导，导致部分学生的恋爱观存在些许问题。习近平总书记在全国高校思想政治工作会议上强调要把思想政治工作贯穿教育教学全过程，实现全程育人、全方位育人。为了能够更好地实现“教书育人”的目标，将思想政治工作贯穿到教育教学全过程中，加强大学生恋爱观的教育也是十分重要的一部分。

关于大学生恋爱观的具体研究不少，但仍有不足之处，对大学生恋爱观的对策研究更多的是针对学校教育，还有就是社会，家庭教育，而关于大学生自我教育这方面比较缺失。时代的变更也引起每个人的思想的改变，大学生思想还不成熟，更容易受到外界的影响，我们需要去了解他们的思想，把握他们对爱情的心理和行为，才能让大学生在自我教育中树立健康的恋爱观。

(二)调查目的

为大学生树立正确的恋爱观，提出务实管用的意见和建议，有利于解答他们与异性交往中的困惑，帮助他们进行正确的人生选择，对规范他们的婚恋行为有重要的指引作用。另一方面，有助于丰富高校婚恋观教育内容，改进思政教育状况。

为了能够深入了解大学生在恋爱时的心态、动机以及所形成的恋爱观，了解他们所追求的爱情是什么样的，我们小组开展了此次课题研究，希望能够对大学生形成正确的恋爱观有所帮助。

二、本调查基本情况介绍

此次调查时针对我校的大学生进行，从 5 月 5 日开始至五月底为期三周。在调查开始前，

我们通过学校的数据库搜索了不少文献，为我们的研究打下良好的基础，提供更加广泛的思路。经小组讨论后，确定研究方案，开始调研工作。

调研过程是通过网上问卷调查以及对校内学生采访来进行，最后回收问卷，整理采访内容，小组讨论并对资料、数据和采访内容做分析，这次调查最终收到的有效问卷为 93 份，有效采访为 9 份。

在小组讨论后，每个人撰写实验报告负责其中的一部分，然后总结成报告，经小组的反复讨论检查，形成最终的报告。

三、调查数据分析

(一)问卷分析

二十岁的大学生正处于对爱情充满幻想的时期，也是自身恋爱观形成和发展的关键时期。根据问卷得到的数据，从大学生未恋爱的原因、大学生恋爱的原因、选择恋爱对象着重的方面、对于恋爱结果和恋爱和婚姻的关系的考虑、分手之后的态度、恋爱过程中产生矛盾的原因及维持感情的因素、恋爱对自身的影响这七个方面，对当代大学生恋爱观进行了简单的分析研究。

1. 大学生未谈恋爱原因

在参与问卷调查的93名大学生中，单身人员占总人数的68.82%——共64人，从图1分析可得，对于暂未谈恋爱的原因，46.88%的大学生是因为没有遇到合适的人，15.63%的人是因为学习方面的原因，10.94%的人是因为没有勇气向喜欢的表达自己的心意而单身，7.81%的人是因为告白被拒或者是暂时对恋爱没有兴趣，只有极少数的人是因为曾经受过伤而对恋爱有点丧失信心。

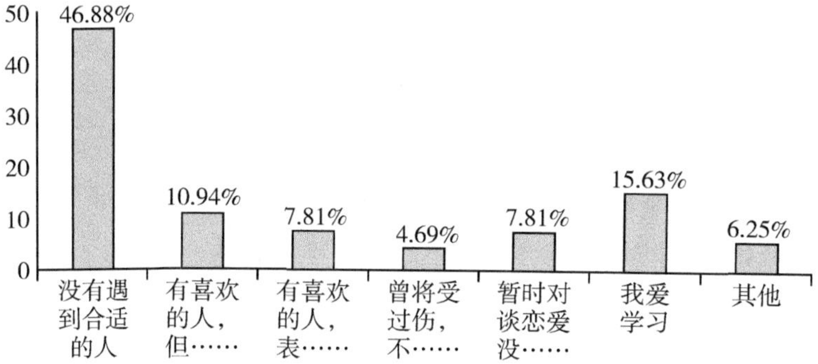

图1　大学生未谈恋爱的原因

2. 大学生谈恋爱的原因

由图2结果显示，对于大学生谈恋爱的原因，超过半数的人(52.69%)

是因为彼此有共同的话题、共同的理想、共同的追求；近半数的人(46.24%)是出于真心，认真相待，准备将来结婚；27.96%的同学则是为了弥补内心空虚、找精神寄托、消磨时间、缓解寂寞等原因而选择谈恋爱；24.73%的同学是希望找到学习上的伴儿，一起学习和进步；还有20.43%的人是因为受身边人的影响，别人都谈恋爱了，自己不谈似乎“落伍”，典型的从众心理；极少部分的人是为了积累经验、体验人生和满足生理上的需求。这说明当代大学生谈恋爱的原因的主流方向还是比较正确的，也呈现出多元化的趋势，但还是要避免从众心理导致的恋爱。

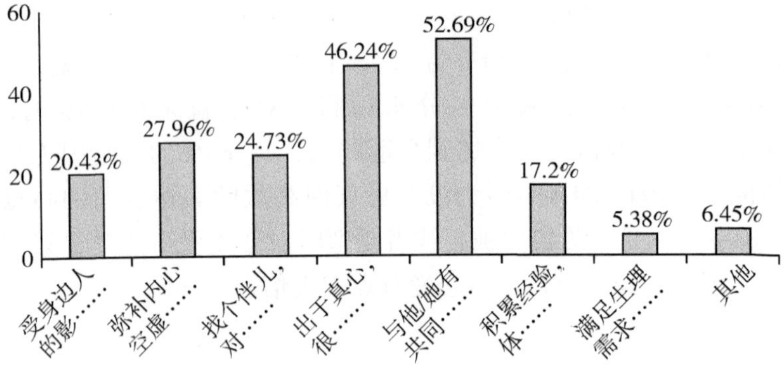

图2 大学生谈恋爱的原因

3. 选择恋爱对象着重的方面

由调查结果显示，大学生在选择恋爱对象的时候，大部分的人看重对方的性格(82.8%)、感觉(63.44%)和人品(52.69%)；其次是比较看重对方的外貌(39.78%)，拥有较强的责任心(22.58%)、两个人之间有共同语言(21.51%)；然后依次是工作能力强和未来潜力较大(9.68%)、拥有不错的学历学识(9.68%)、身体健康(8.6%)；对于对方的经济能力、家庭背景、星座是否相符、智商和贞操等其他方面，则没有什么太大的要求。这说明现在大学生还是主要看重对方的内在条件(性格、人品、责任心等等)和感情方面的因素，但不难看出，外貌方面也是占了不小的比重。

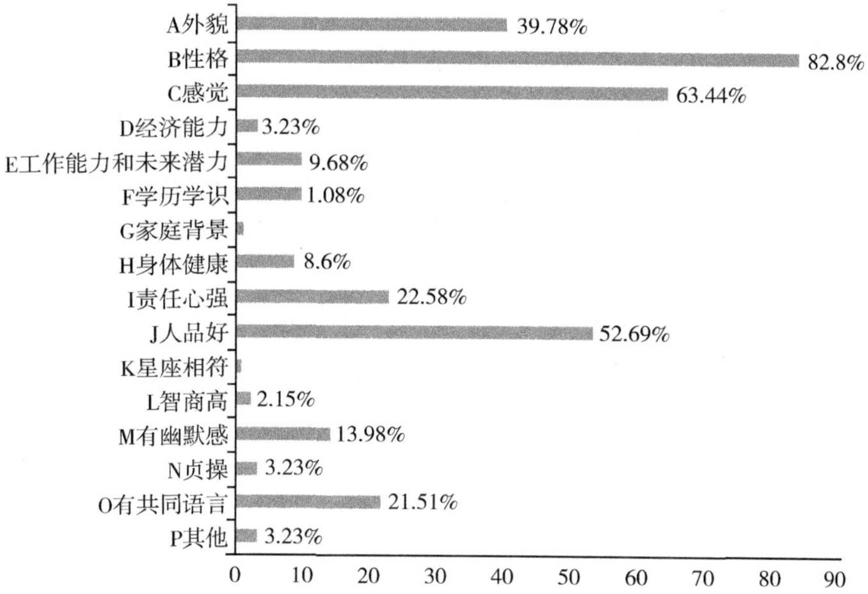

图 3　选择恋爱对象着重的方面

4. 对于恋爱结果及恋爱与婚姻的关系的考虑

由图 4.1 可得，有 72.04%的大学生希望自己能找到和自己天长地久的伴侣，并且在将来可以走入婚姻殿堂；10.75%的人希望自己能有一个长期一点的伴侣，但是在大学毕业后并不打算结婚；还有 9.68%的人只是把对方当作大学的伴侣，毕业后就各奔东西；但还有极少数人是以即时享乐的心态来谈恋爱，只是找人来填补自己的课余生活。

由图 4.2 可得，不同的年级在看待恋爱与婚姻的关系的问题上有着不同的理解。对于大一的学生，超过一半的人认为恋爱不一定非要结婚，彼此爱过即可，21.21%的人认为恋爱应该以结婚为目的，剩下的人则没有考虑过或者有着其他的想法；对于大二的学生，则以前两个观点为主，但没考虑过和有其他想法的人的数量较大一有少量增加，只有

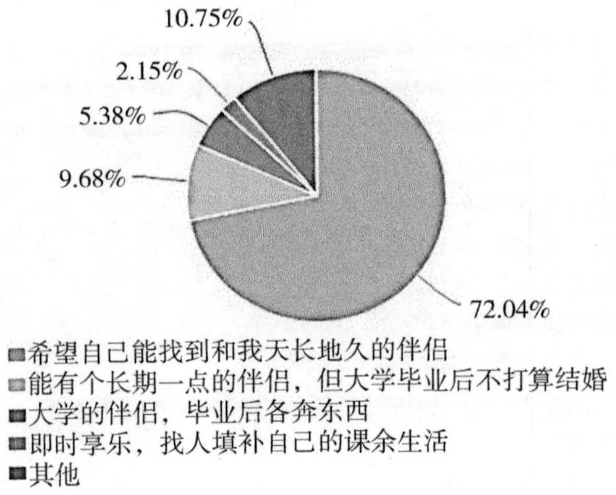

图 4.1　对于恋爱结果的考虑

极少数的人把恋爱当作游戏；对于大三、大四的学生，同意前两个观点的人各占一半。随着年龄的增长，大学生在恋爱的过程中会考虑的更多一点，不管毕业后是否会结婚的问题，但还是会真心对待，不会抱着游戏爱情的态度。

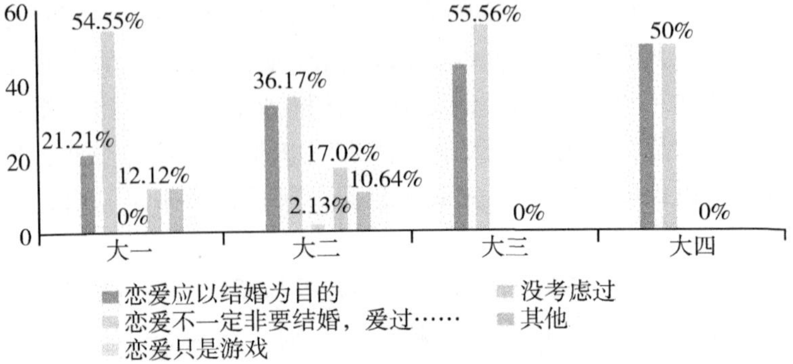

图 4.2　不同年级的人对恋爱与婚姻关系的理解

结合图4.1、4.2和4.3三个图来看，虽然大部分的人希望自己能够找到和自己天长地久的人并且将来步入婚姻殿堂，但在面对恋爱与婚姻关系考虑的时候，只有41.79%的人认为恋爱应以结婚为目的，38.80%的人认为恋爱不一定非要结婚，爱过即可，剩下的人则是没有考虑过这个问题或者有其他的想法。虽然大学生都希望与自己的对象有一个美好的结局，但却只有半数的人在恋爱过程中会抱有结婚的念头，这种现象也显示了很多大学生在恋爱过程中其实并没有很认真的考虑过结果，注重当下，把恋爱与婚姻剥离，由此导致了前后的差异。

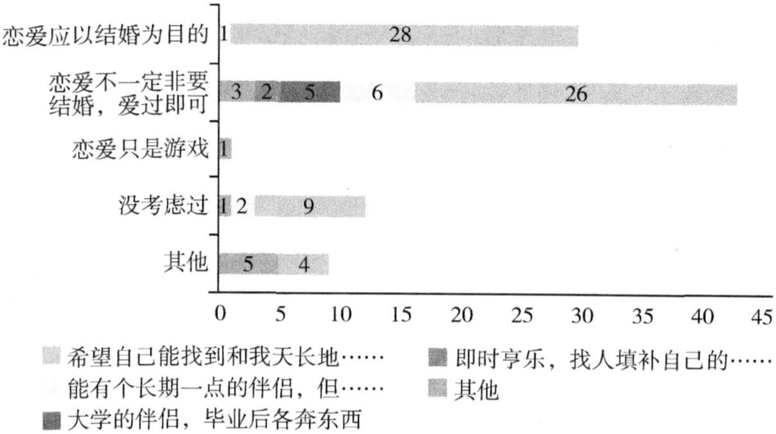

图4.3　恋爱结果和恋爱与婚姻关系的交叉分析

5. 分手之后的态度

从图5中分析可得，不管是男生还是女生，大部分人在分手之后都采取比较温和的态度，不管是“做不成恋人但还可以做朋友”，还是“祝福对方以后会找到更合适的人”，都是希望与对方可以保持一个良好的关系。但从中也不难看出，女生相较于男生会比较偏激一点，与对方形同陌路，从此之后老死不相往来，或者是让对方有多远滚多远，女生在感情方面会比较极端一点，但也是要结合实际情况来分析。

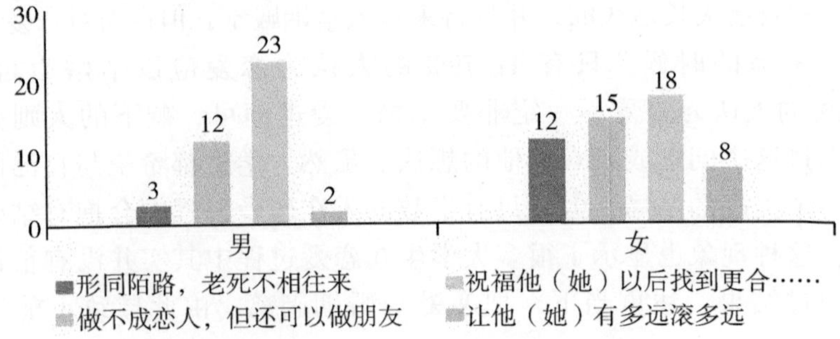

图 5　男女生在分手之后的不同态度

6. 恋爱过程中产生矛盾的原因及维持感情的因素

在恋爱过程中两个人产生矛盾在所难免，从图 6.1 来看，缺乏交流、想法不统一、三观有所不同和性格不合四个方面占据主导地位，分别占总人数的 54.84%、53.76%、47.31%、46.24%，极少人认为是由于金钱方面而产生矛盾。

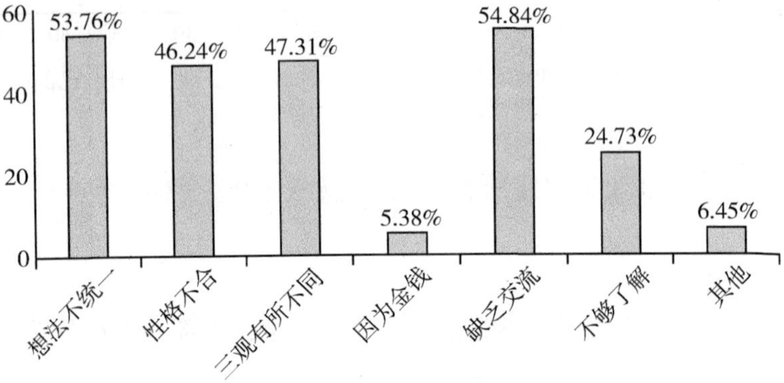

图 6.1　产生矛盾的原因

而对于如何长久的维持感情，56.99%的学生认为需要双方的相互理解和包容，23.66%的人认为需要双方的相互信任和忠诚，还有较少的人认为需要双方的相互交流、对方的关心和陪伴。另外，没有人认为维持恋情需要一定的物质基础，间接说明了大学生对于两个人是否能够长久的走下去的原因主要是因为恋爱双方之间的因素，外部因素比重很少。

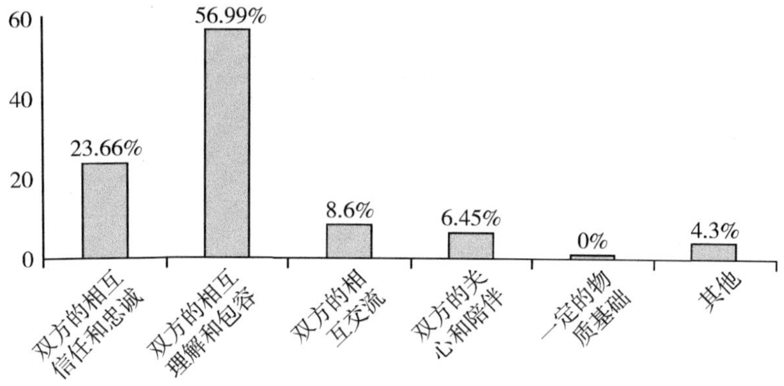

图 6.2　维持感情的因素

7. 恋爱对自身的影响

从图 7 分析可得，37.63%的同学认为恋爱对自身的影响因人而异，自己开心就好；32.26%的人认为是恋爱会给人一种动力，两个人可以相互学习和陪伴；15.05%的人认为在恋爱过程中有了自己更多的生活经验和阅历；少数人认为谈恋爱是一种浪费时间，浪费精力，浪费感情的事情，并且因为自己恋爱与周围同学关系逐渐变淡；极少数人人为谈恋爱对自己没有影响。由此可以看出，大部分的人认为谈恋爱会带给自己比较好的影响，其中也有不在乎它的影响，自己开心就好，整体呈现一种比较积极乐观的态度。

(二)采访分析

此次采访主要采访我校的在校大学生，从采访中可以看出恋爱对于大学生已经是再正常不过的事，也已经形成了自己的恋爱观念，谈及恋爱的对象，大部分同学都是更注重三观，思想，性格。对恋爱的影响，

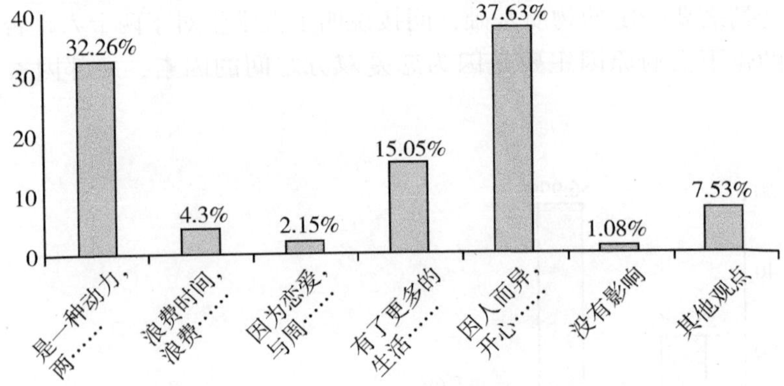

图 7　恋爱对自身的影响

同学们也都知道好处与坏处并存，还要看个人怎么处理，大部分人认为带来的好处比坏处更多。说到谈恋爱的原因，少部分人是觉得到年纪了应该谈，部分同学是出于对爱情的向往，还是有不少同学出于摆脱孤独，跟风的心态。对于恋爱的结果，大部分人都希望恋爱能够走到最后，也有人认为大学生恋爱分手很正常，没有长远的考虑。大部分同学也认识到恋爱需要双方去维护，吵架时除了发脾气，更需要的是去沟通，但也不会因为对方的过错而委屈自己。

四、本研究主要发现

（一）恋爱观念趋于理性，但仍需要引导

从问卷的反映情况来看，大部分学生的恋爱观还是比较理智的。在关于“大学生谈恋爱的原因”这项调查中，不管男生女生，超过半数的人是因为彼此有共同的话题、共同的理想、共同的追求，近半数的人是出于真心，认真相待，准备将来结婚的。虽然在现实生活中不一定都能做到说的那样，但是从思想这方面来看，大部分学生在谈恋爱的时候的动机还是十分正确的，这个对于处于爱情幻想期的大学生也是十分不易

的。但仍有部分学生是为了弥补内心空虚，寻找精神寄托、消磨时间、缓解寂寞的原因而选择谈恋爱，或者是因为受到身边人的影响，觉的自己不谈似乎“落伍”，这两种就是由于内心的孤独感和盲目的从众心理而导致的，这样的恋爱感情基础相对比较薄弱，持久度有待考察，虽然不能完全的否定，但还是应该尽力避免此类情况。大学生在恋爱之前要有一个理智的分析，正确的看待两个人之间的感情，尽量避免外来因素的影响。

(二)性格、感觉和人品成为选择对象最重要的标准

大多数学生在心中都对自己的另一半有一个大致的要求，也就是我们所说的“理想型”，然而“理想很丰满，现实很骨感”，每个人都会有自己的不完美。在关于“选择恋爱对象比较注重的方面”的调查研究中，性格、感觉和人品位居前三位，外貌和责任心次之。

在这个“颜值当道，有颜任性”的社会中，大学生在选择自己的对象的时候，仍然会更多地考虑对方的内在特点和与自己契合情况，看淡对方的颜值；并且在采访中也有不少同学表示对于对方的颜值不会过多的关注，只要自己觉得看着舒服，是真心地对待自己即可。“不求最帅，只求最合适”也成为了当代大学生最普遍采用的择偶观。

(三)需要正确对待恋爱带给自身的影响

任何事情都有它的两面性，恋爱也是如此，它在带给你愉悦的同时，也会影响着你。在对此进行调查的时候，近半成的的人认为恋爱是一种动力，会给自己带来更多的生活经验和阅历，采访中也有人提出恋爱能够减少自己的孤独感，有人陪伴自己是一件很幸福的事情，这部分人能保持一个理性的头脑，正确处理恋爱带给自身的影响，将恋爱的优势充分的发挥出来。还有近四成的人表示不在乎它的影响，自己开心就好，不会刻意的去考虑它能够带给自己好处和坏处，想多了反而是一种负担。只有不到一成的人认为恋爱是一种浪费时间、精力和感情的事情，也会影响自己与周围人的关系，占用太多自己的空闲时间。

恋爱是一把双刃剑，我们应该学着去中和它的双面影响，不能不去

考虑，也不能考虑过多，更多地去发挥出它的优势，淡化它的劣势。

（四）不能很好地认识到恋爱与婚姻的关系

从调查结果中发现，虽然有近七成的人希望能够与自己的恋爱对象走向婚姻的殿堂，但在真正面对恋爱与婚姻的关系的时候，却只有两成的人认为恋爱应该是以结婚为目的，超过一半的人认为恋爱不一定以结婚为目的，彼此之间爱过就好。这种结果从侧面反映出当代大学生虽然希望自己的恋情有一个美满的结果，但其实并没有仔细地考虑过它的最终结果，把恋爱和婚姻剥离出来，没有树立正确的恋爱动机，也没有正确的认识婚姻，对未来是一个比较迷茫的状态。

（五）面对失恋女生态度相对极端

恋爱有开始就有结束，当代大学生恋爱关系相对比较薄弱，感情基础相对比较浅薄，再加之正处于年轻气盛的阶段，这就造就了大学中恋爱的“高失恋率”。面对分手之后对待前任的态度，近三成的人认为即使做不了恋人但还是可以做朋友，超过四成的人会祝福对方以后找到更合适的人，这部分人能够正确地看待失恋，选择一种豁达的态度来祝福对方，失恋不失德，失恋不失志。

然而近一成半的人会选择与对方形同陌路，超过一成的人的态度则更加极端，持此类意见的人中女生相对男生较多，这说明女生在面对失恋的时候会更加偏激一点，由于男女生理和心理上的不同，女生相对会比较感性一点，但同时也使得她们会更难走出失恋的阴影，需要更多的陪伴和开导，避免走入失恋的“死胡同”。

（六）处理恋爱矛盾的方法较为理智

恋爱中产生的矛盾是每对情侣不可避免的，如果处理不好，感情就会出现裂缝并随着矛盾的积累而越来越大，最后导致分手。在数据中显示，大多数同学在面对恋爱中的矛盾时，不会选择吵架冷战，而是选择双方冷静思考对错，反思自己是否哪做得不对，有些人则会先认错，让对方冷静后，再去思考哪方是对是错，但也有部分同学是选择冷战，不理对方，让他自己想想哪错了，等对方来道歉。从这不难看出大部分同学能够理智的面对恋爱所产生的矛盾，会主动和对方交流解决矛盾，不会只找对方的过错，而不从自己身上找原因，但仍存在部分同学认为矛盾的产生是单方面的，错在哪方，哪方就找原因，不去交流，这是一种不正确的态度。

五、建议及对策

（一）学校应充分发挥对学生恋爱观教育的作用

大学生一年中有一半以上的时间是在学校度过的，可以说学校是大学生的半个家，是他们成长的重要场所，对大学生恋爱观的形成至关重要。

1. 设立恋爱观教育课堂

同学们对于恋爱的理解还是比较片面的，没有深入去想恋爱所带来的各方面影响，不考虑结果，而在大学生中存在着轻视恋爱结果的不正确思想。学校应该利用课堂教育，多开展与恋爱相关的知识讲堂，注重联系实际讲解恋爱中出现各种的现象与问题，引导同学们正确解决的方法，让学生正视恋爱，正确理解恋爱关系，树立正确的恋爱观。

2. 成立心理咨询室

谈恋爱是对学生心理素质和心理承受能力的锻炼。在恋爱过程中，同学们往往会因各种问题而与对方吵架，产生不和，导致分手等，严重还会对学生的身心健康产生影响。这时心理咨询就显得尤为重要，但是部分学生对于去心理咨询室还是存在一定的误解，认为心理咨询室室为有心理疾病的人准备的，也怕去心理咨询室被同学看见，所以学校应该加大对心理咨询室的宣传，让同学们正确认识心理咨询室的作用，同时也可以创办线上的心理咨询，方便更多同学来咨询，帮助同学正确处理恋爱矛盾带来的负面情绪。

3. 加强校园文化建设，开展多元化的校园活动

利用课余时间开展丰富的校园文化活动，可以弥补学生内心的空

虑。一方面，可以鼓励同学们创办相关社团，通过社团组织同学们对恋爱展开探讨，开展各类活动，如恋爱经验分享会、恋爱矛盾解决讨论会等，使同学们从中学到恋爱知识。为了避免同学间不良恋爱思想的传播，老师也应该积极对社团进行正确引导。另一方面，学生会定期组织与恋爱相关的辩论赛，演讲赛，话剧表演等赛事，让同学们参与恋爱的讨论，提高他们对恋爱知识的兴趣。此外，还可充分利用学校的宣传平台，如校园微信公众号，新闻网，宣传栏，新闻网等平台，弘扬正确的恋爱观。

(二)大学生应自主树立正确的恋爱观

1. 提高自我修养

有句话说的好"好看的皮囊千篇一律，有趣的灵魂万里挑一"，塑造一个独立自强自信的自己是获得幸福至关重要的一点。当代大学生应当加强自我管理和自我教育，在课余生活中多阅读有内涵的书籍报刊等，在阅读中提升自己的文化素养，树立正确的人生观、价值观和世界观，进而提升个人魅力。另外还可多涉猎与恋爱有关的书籍，从书籍不断了解理性地处理恋爱矛盾的方法、感悟属于自己的爱情应该是什么样子，提高自己对恋爱的认识，学会理性恋爱。除此之外，大学生应当提高自我管理的意识，主动提升自己的思想认识和道德水平，纠正错误观念，严格要求自己，防止不当行为的发生。

2. 培养恋爱的责任意识

许多大学生在谈恋爱时责任意识薄弱，认为不合适就分手，不需要考虑太多，责任感不强。实际上，恋爱者不仅要对自己负责，也要对对方负责，把握好恋爱行为的尺度，不要因一时冲动产生不良行为，对彼此造成伤害。处于恋爱的大学生，应该抱有与对方走得长远的负责任的态度，有为对方付出的意识。部分同学为了脱单而脱单的行为就是对自己和对方不负责任的行为。大学生树立认真对待恋爱的态度，关键在于具有一定的责任意识。

3. 做好积极解决矛盾的心理准备

恋爱过程不是一帆风顺的，两个人在一起时因为爱情，但要一直走下去是需要双方一起去努力经营，当出现感情危机时，大学生应积极与对方进行沟通交流，寻找解决问题的途径，而不是逃避或是因为出现矛盾就觉得双方不合适，提出分手。

4. 树立恋爱适度理念

首先，要懂得彼此间尊重，明白恋爱双方关系的平等性，没有说哪一方更加尊贵，应该处处被呵护，而另一方就要任劳任怨的付出。其次，学会理解、包容和体谅对方，每个人都有自己独特的一面，生活中出现的各种差异要学会去理解包容对方，而不是让对方按着自己的标准喜好去改。当双方意见不一时，懂得退一步海阔天空。当对方犯错时，若不触及原则，应积极交流让对方改正。最后，要互相信任，尊重对方的隐私，给双方留有自己的空间，不过分追问对方去向，偷看对方信息。

幸福的恋爱应该是两个人同舟共济，携手同行，相濡以沫，就像汉代才女卓文君在《白头吟》所说的“愿得一人心，白首不相离”。这才是人人都向往的爱情，当代大学生应该对此有足够且正确的认知。

六、总　　结

成员一：

爱情，是人这一生中非常重要的一种感情，而对于大学生来说，恋爱是一堂很重要的“课程”，它能够影响人的成长。树立正确的恋爱观应该注意摆正爱情的位置，现在我们还是学生，学生的首要任务是学习，大学生应该把学习事业放在首位，不能把宝贵的时间都用于谈情说爱而放松了学习。

成员二：

有人说没有谈过恋爱的大学是不完整的大学，其实不然，我们来到大学也不是非得要谈个轰轰烈烈的恋爱才行，恋爱并不是大学的必需品，只能算是调味品。你要相信你总会遇见真正适合你的那个人，你现在要做的就是在遇到他(她)之前不断地完善自己，将最好的自己展现给他(她)。我们大学生应该树立一个正确的恋爱观，不要为了脱单而脱单，就像采访中的一个同学说的，高质量的单身胜过低质量的恋爱！

成员三：

走过老师严加看管的学生恋爱的高中，终于迎来大学时代的自由恋爱，大学生恋爱越来越普遍。我们组以当代大学生恋爱观作为调查开展了一些活动，完成了社会实践报告。在此次活动中，我收获颇多，我抓住这次机会，锻炼了自己的实践能力，交际能力，更是深入了解关于恋爱的种种问题及正确的恋爱观，我相信这对于我培养正确的恋爱观具有较强的指导意义。

成员四：

随着科技的发展和时代的进步，我国高校大学生谈恋爱现象渐趋普遍，情感问题已成为当代大学生较为突出的问题。在当代大学校园里我们可以看见许多情侣，男女同学在一起的背影在校园里也是随处可见，可以说"谈恋爱"已经成为大学中一道风景线。我们通过此次调研建议当代大学生在受到外界环境影响的同时，必须加强自身道德责任感。

成员五：

大学生是国家的未来和民族的希望，大学生的思想政治教育也是高校教育的重点之一，对大学生恋爱观的教育也应放在比较重要的位置。同时，我们每一个大学生应该正确的理解爱情的定义，爱情是神圣的、伟大的，但它又是危险的、神秘的。我们要对自己的恋爱行为负责，不要把恋爱当游戏，不要任意妄为，要树立正确的恋爱观。

成员六：

大家都知道，恋爱中时常会遇到的"情人眼里出西施"的情况，会导致对自我和对对方的认知和评价上的误差，是导致单相思和失恋后严重的心理障碍的关键所在。在此次调查过程中，我了解到多与异性交往，积极参加有异性同学的活动，去了解和欣赏异性同学，能够更了解自我的恋爱期盼与心理期盼，调节好恋爱心理，矫正恋爱动机和恋爱价值。

成员七：

几经讨论，终于将主题定为《当代大学生恋爱观调查》，研究我校大学生的恋爱心理。由于我校大学生的人数不少，所以我组决定通过问卷以及随机采访的方式，让研究更具全面性。整个调查研究的过程分为两部分，一部分是问卷调查，另一部分是采访调查。调研过程中让我们了解到团结协作，积极交流的重要性，每个组员都是不可或缺的一部分。整个调研在组员的配合下井然有序地进行着，分工合作也让整个调研进展十分顺利。

成员八：

开展调研活动能够让我们加深对于树立正确的恋爱观的认识，从而能够更好地学习、生活、工作，对各方面都有一定的促进作用，收获颇多。

◎参考文献

[1]谌冬梅．大学生的恋爱观研究—以石河子大学为例[D]．石河子大学，2013.

[2]王山山，刘宗发．90后大学生恋爱观念与恋爱现状调查研究[J]．黑河学刊，2015，(12).

[3]周兴．当代大学生的恋爱心理探讨[J]．现代交际，2017，(17).

[4]刘时新．大学生心理健康教程[M]．北京：电子工业出版社，2016.

[5]何绍芳，李依潇，刘暎，等．大学生恋爱观的调查研究[J]．保健医学研究与实践，2015，(2).

[6]仁金香，陈丰琳．“90后”大学生婚恋观调查与分析—以江苏省南京市部分高校为例[J]．现代交际，2016，(2).

[7]李卫成，王永前．95后大学生恋爱心理引导研究[J]．山东商业职业技术学院学报，2017，(6).

[8]陆苏华．浅析如何引导大学生树立正确的恋爱观[J]．黑龙江科技信息，2010，(32).

附录：

附件一　本小组的调查问卷样表

由于大学生恋爱现已经成为一种普遍现象，恋爱观仍有所不同，对此我们特进行研究调查。希望各位小哥哥、小姐姐帮我们填写一下问卷，蟹蟹支持！

1. 您的性别［单选题］*
   ○ 男
   ○ 女
2. 您的年级［单选题］*
   ○ 大一
   ○ 大二
   ○ 大三
   ○ 大四
3. 您现在的情感状态［单选题］*
   ○ 单身（请跳至第 4 题）
   ○ 热恋中（请跳至第 5 题）
4. 您现在没有谈恋爱的原因是［单选题］*
   ○ 没有遇到合适的人
   ○ 有喜欢的人，但没有勇气去表白
   ○ 有喜欢的人，表白被拒绝了
   ○ 曾将受过伤，不想再谈恋爱了
   ○ 暂时对谈恋爱没有兴趣
   ○ 我爱学习
   ○ 其他 ____________________
5. 您谈恋爱的时间最长是多少？［单选题］*
   ○ 没有谈过恋爱
   ○ 三个月以内
   ○ 六个月以内

○ 一年以内
○ 两年以内
○ 两年以上

6. 您认为大学谈恋爱的原因是什么？[多选题]*
□ 受身边人的影响，别人都谈恋爱了，自己不谈似乎“落伍”
□ 弥补内心空虚，寻找精神寄托，消磨时间，缓解寂寞
□ 找个伴儿，对学习交往有所帮助
□ 出于真心，很认真，准备将来结婚
□ 与他/她有共同话题，共同理想，共同追求
□ 积累经验，体验人生
□ 满足生理需求
□ 其他 ____________

7. 您选择恋爱对象时着重哪些方面 [多选题]*
□ A 外貌　□ B 性格
□ C 感觉　□ D 经济能力
□ E 工作能力和未来潜力　□ F 学历学识
□ G 家庭背景　□ H 身体健康
□ I 责任心强　□ J 人品好
□ K 星座相符　□ L 智商高
□ M 有幽默感　□ N 贞操
□ O 有共同语言　□ P 其他 ____________

8. 您对恋爱的结果是怎样考虑的？[单选题]*
○ 希望自己能找到和我天长地久的伴侣，将来走入婚姻殿堂
○ 能有个长期一点的伴侣，但大学毕业后不打算结婚
○ 大学的伴侣，毕业后各奔东西
○ 即时享乐，找人填补自己的课余生活
○ 其他 ____________

9. 关于大学生恋爱对自身的影响，您是如何看待的？[单选题]*
○ 是一种动力，两个人相互学习和陪伴
○ 浪费时间，浪费精力，浪费感情

○ 因为恋爱，与周围同学关系逐渐变淡
○ 有了更多的生活经验和阅历
○ 因人而异，开心就好
○ 没有影响
○ 其他观点 ____________________

10. 您认为维持一段恋情最重要的因素是什么？[单选题]*
○ 双方的相互信任和忠诚
○ 双方的相互理解和包容
○ 双方的相互交流
○ 对方的关心和陪伴
○ 一定的物质基础
○ 其他 ____________________

11. 您认为恋爱的过程中会因为什么而与对方产生矛盾？[多选题]*
□ 想法不统一
□ 性格不合
□ 三观有所不同
□ 因为金钱
□ 缺乏交流
□ 不够了解
□ 其他 ____________________

12. 如果您和您的对象分手，您会选择［单选题］*
○ 形同陌路，老死不相往来
○ 做不成恋人，但还可以做朋友
○ 祝福他(她)以后找到更合适的人
○ 让他(她)有多远滚多远

13. 您认为恋爱与婚姻的关系是［单选题］*
○ 恋爱应以结婚为目的
○ 恋爱不一定非要结婚，爱过即可
○ 恋爱只是游戏
○ 没考虑过

○ 其他 ____________________

14. 当您与您的对象吵架时，您会采取什么解决办法？[填空题]

____

新时代下大学生幸福感现状探析
——以武汉高校为例

成员：唐楚童　李博俊　于虎成　张士飞　张孝宇
指导老师：郑琼梅

一、引　　言

（一）研究背景

“追求幸福，是存在于每个人意识或感觉中颠扑不破的原理和原则，也是整个历史发展的结果”①。大学生群体作为现代化建设的接班人、实现“中国梦”的主力军，在中国特色社会主义新时代、实现“中国梦”新阶段中发挥着重要作用。大学生的幸福感成为“人民幸福感”的重要组成因素，受到社会广泛关注。

（二）研究意义及目的

1. 理论意义

“中国梦是历史的、现实的，也是未来的；是我们这一代的，更是青年一代的。中华民族伟大复兴的中国梦终将在一代代青年的接力奋斗

① 《马克思恩格斯选集》[M]. 第42卷. 北京：人民出版社. 1979：373.

中变为现实。”①大学生的幸福感直接反映他们的心理状态、对事物的认识判断能力及对个人价值实现的满意程度，将对他们的成长产生重要影响。探索新时代下大学生幸福感的现状及未来趋势，有益于完善大学生的心理教育，促进大学生身心健康成长和综合素质提高。能引导大学生正确看待自己的历史使命，鼓励大学生自主奋斗，为实现“中国梦”注入动力。

2. 研究目的

第一，了解大学生幸福感的现状，发现阻碍大学生提升幸福感的问题所在。

第二，寻找大学生幸福感与新时代之间的相互联系及幸福感其根源。

第三，提出提升大学生幸福感的解决措施，助推新时代顺利发展。

二、简　介

（一）调查时间

问卷发放时间：2018 年 4 月 13 日-5 月 5 日

（二）调查对象

以武汉市 23 所高校在读大学生为样本抽样调查，访谈武汉科技大学教师 2 人、学生 2 人，外教 1 人。

（三）研究方法

1. 文献研究法

梳理近年有关大学生幸福感的研究论文及报告。

① 习近平．决胜全面建成小康社会夺取新时代中国特色社会主义伟大胜利——在中国共产党第十九次全国代表大会上的报告[N]．人民日报，2017-10-28(1-5)．

2. 社会调查法

随机抽样，线上发送为主、线下发放为辅。同时增加访谈调查，进行细节补充和完善。

三、研究过程及分析

(一)文献研究及概念定义

1. 幸福感

人类追寻幸福的脚步从未停止。自古希腊时期开始，大多数思想家、哲学家都对“幸福”有所阐释，古希腊哲学家伊壁鸠鲁认为“肉体的健康和精神的安宁乃是幸福生活的目的。”功利主义代表人物穆勒认为“幸福是指快乐与免除痛苦，不幸福是指痛苦和丧失愉快。”

1.1　中西方的幸福感

英语中的“幸福”主要由 happiness 和 joy 表示。从词意上看，happiness 更倾向于一种主观感受和心理状态；joy 除了表示感受，也包括其获得方式。

中国最早的“幸福”定义，分为“福”和“幸”两个方面。“福”的本意是“用美酒祭神，祈求富足安康”，表达人们对美好生活的向往和追求。“幸”的甲骨文引申为“好运的，快乐的”。表示一种已经或即将实现的、愉悦高兴的状态，赋予“幸福”能被实现的意义。

1.2　哲学角度的幸福感

哲学传统上，关于“幸福”的内涵可以分为两大派别：快乐论(hedonic) 和实现论 (eudemonism)。

1.2.1　基于快乐论的主观幸福感模型

形成可追溯至古希腊时期的德莫克利特，由伊壁鸠鲁继承、发展形成学派，其核心理论为“快乐就是幸福”。快乐论的观念可理解为“幸福是人们感官和精神上获得的愉悦。”以快乐论为起点的主观幸福感模型(简称 SWB)用于研究人们对其生活状况的心理评价。

1.2.2 基于实现论的心理幸福感模型

实现论来源于亚里士多德的"自我实现论"，它是指"幸福是通过自身努力和实践所获得自我价值和情感需要的满足"。Ryff 和 Signer 将亚里士多德等前人的理论进行引申，将心理幸福感(简称 PWB）确定为六个维度。

1.3 大学生幸福感的定义

我们认为，"幸福"可作两种解释：一是体验上的快乐和满足，二是向某一目标努力获得的自我实现和被认可度，分别源于 SWB 和 PWB。两者有所区别，但也相互联系。

基于"个人需求层次在同一背景环境下具有一致性"的假设，我们结合"马斯洛需求理论"将大学生的全部需求作为研究对象。基于 PWB 六个维度的特点，我们把生活目的、情境把握等归入自主需求，将自我接受、个人成长归入认可需要，将良好关系归入关系需要。

因此，大学生幸福感的详细定义是：大学生通过生活或实践而获得的满足感和愉悦感，外在体现于不同需求层次的总体实现程度，且实现需求的过程能为他们持续提供正能量。

(二)调查分析

1. 调查结果

此次问卷调查，共计发放问卷 630 份，有效问卷 597 份，有效率 94.76%。其中，线上问卷 480 份，线下问卷 150 份，有效问卷分别为 451 份和 146 份，有效率分别为 93.96%和 97.33%，均超过 90%，调查结果具有意义。

有效调查对象中：男女生占比为 53.77%和 46.23%。大一至大四学生占比分别为 32.66%、59.8%、6.53%和 0.5%，研究生占 0.5%。共青团员、预备共产党员和共产党员分别占 86.39%、6.03%和 4.02%。

第 4 题　您在过去的一个月中是否能稳定情绪并自我控制？[单选题]

	选择人数	比例
A 非常稳定	105	17. 59%
B 有一定波动，但不影响生活质量	366	61. 31%
C 波动较大，产生过一定困扰	108	18. 09%
D 非常不稳定	18	3. 02%

◇情绪的稳定程度反映了大学生自我心理调节的能力，是幸福感的直观体现。大学生的自我调节能力普遍较好，能够获得较高的幸福感或达到幸福感平均水平。

第 5 题　如果有人称赞您今天的穿着打扮很时尚、觉得您颜值很高或身材更好了，您会？

	选择人数	比例
A 心花怒放，一天都保持好心情和自信心	192	32. 16%
B 一瞬间会感到开心，但不会持续很久	327	54. 77%
C 没什么感觉，不会影响自己的心情	78	13. 07%

◇他人的好评能让大学生感到愉悦，提升幸福感，但对一半以上大学生来说较短暂。

第 6 题　您一天的时间中，有多少是被您感兴趣的事情充满的？

	选择人数	比例
A 几乎所有时间都充满	33	
B 大部分时间都充满，且没有忙碌感	75	12. 56%
C 大部分时间都充满，但是会感到忙碌	258	43. 22%
D 偶尔会有感兴趣的事	210	35. 18%
E 几乎没有感兴趣的事	21	3. 52%

◇大学生大部分时间会感到忙碌。生活中缺乏兴趣，会对大学生自我实现需求的满足造成阻碍，降低幸福感。但因为感兴趣的事情过多而感到忙碌，也使幸福感降低。培养大学生发现个人兴趣力并使他们学会劳逸结合能够使大学生幸福感增强。

第7题　您的主要经济来源是？

	选择人数	比例
A 家长提供	531	88.94%
B 兼职或自主创业	36	6.03%
C 奖学金	18	3.02%
D 其他	12	2.01%

第8题　当您从家长手中取得生活费的时候，会？

	选择人数	比例
A 感到内疚，但不知道如何自己挣钱	237	39.7%
B 感到内疚，但有自己挣钱的渠道，可以减少家庭的负担	159	26.63%
C 没什么感觉，反正工作后会回报给父母	129	21.61%
D 没什么感觉，走一步看一步	72	12.06%

第9题　您对自己每月的经济状况感觉如何？

	选择人数	比例
A 十分宽裕	63	10.55%
B 比较富余	228	38.19%
C 刚刚满足需求	264	44.22%
D 不够用	42	7.04%

◇大学生的经济状况普遍满足他们的生活需要，但基本来源家庭，六成以上大学生会感到内疚。内疚会降低大学生的幸福感，使他们独立自主、体现自我价值的需求无法满足。

◇42 名经济紧张的调查对象详情汇总如图表 1 所示。可以看出，大学生经济紧张的主要原因是消费过高，且消费存在一定盲目性。

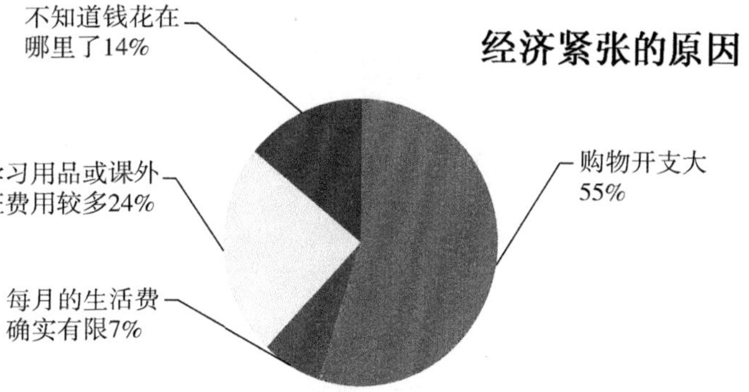

图表 1　大学生经济紧张的原因

第 10 题　您的大学生活是否经常感到疲惫、过劳和无力？

	选择人数	比例
A 经常疲劳，精力不足	249	41.71%
B 很少感到疲劳，精力充足	132	22.11%
C 偶尔才感到疲劳，精力充沛	198	33.17%
D 基本上不会感觉疲劳，精力充沛	18	3.02%

◇疲惫会阻碍大学生生理需要的满足，对他们感受幸福产生负面影响。近半数大学生精力不足、易疲惫，总体幸福感处于中等偏下水平。

◇249 名疲惫感较强烈的调查对象在自我规划和时间安排上存在问题，多方面的压力也降低了他们休息调整、补充精力的效果(图表 2)。

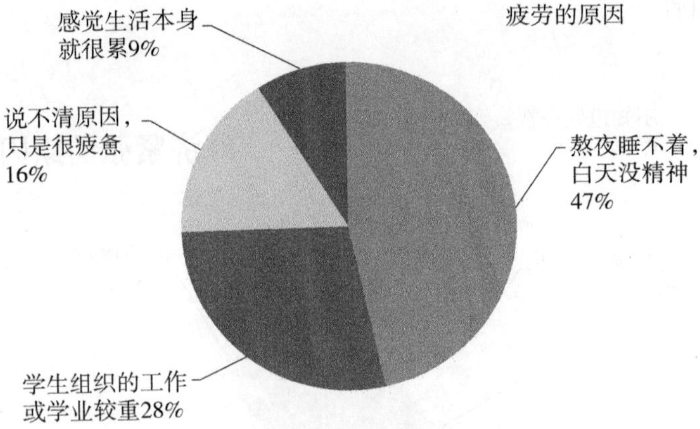

图表 2　大学生感到疲劳的原因

第 11 题　您现在所学的专业是?

	选择人数	比例
A 自己选择的，很喜欢	216	36. 18%
B 家长选择的，但是学习后感觉很有意思	84	14. 07%
C 家长选择的，学习后依旧不喜欢	24	4. 02%
D 已经不在意是谁选择的了，学的非常痛苦	96	16. 08%
E 无所谓兴趣	177	29. 65%

◇专业与兴趣的契合程度影响大学生学习的自主性，不合适的专业会降低他们学习的自信心，阻碍大学生对独立自主需求的满足，降低幸福感。大学生在这方面普遍感觉较好，幸福感整体较高。

第 12 题　您觉得自己专业的就业前景，基本不用担心？

	选择人数	比例
A 非常认同	171	28. 64%
B 不太认同	348	58. 29%
C 非常不认同	39	6. 53%
D 没考虑过	39	6. 53%

◇大学生对就业前景的期望反映其自信程度、受压力程度和对未来的预判，是对生活稳定、内在尊重、独立自主等多方面需求的综合体现。如有忧虑或潜在忧虑，幸福感可能降低。

◇对存在忧虑的 387 名调查对象详情汇总(图表 3)。可发现，除缺乏自信、感到未来的迷茫和专业本身就业难外，较大的竞争压力，带给了他们负面情绪，阻碍了幸福感提升。

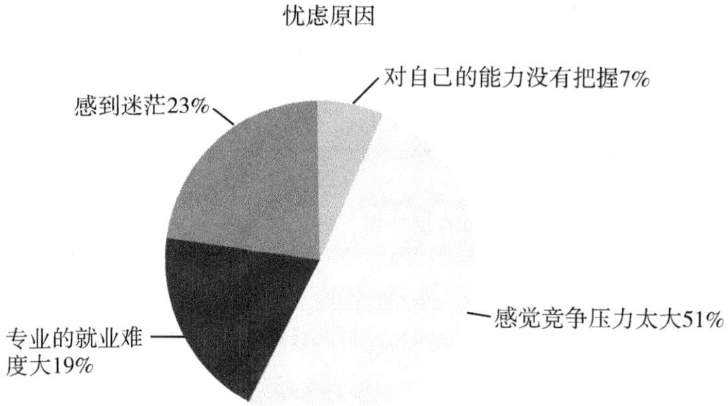

图表 3　大学生对未来就业前景忧虑的原因

第 13 题　家庭对您的期望给您带来的压力程度是？（0~5 压力依次递增）

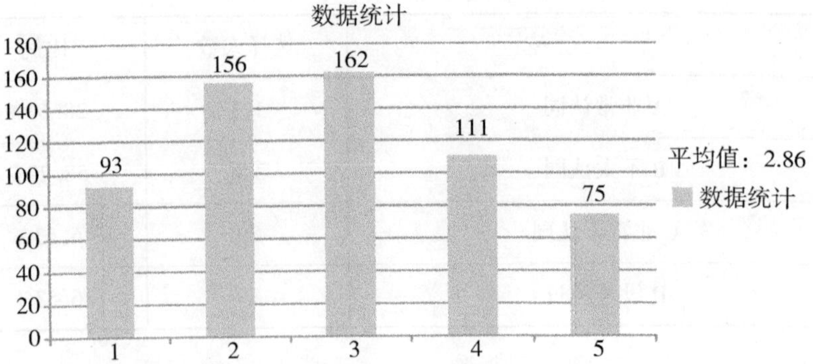

◇家庭长辈对大学生的期望会给他们带来动力或者增加压力。当来自家庭的期望使大学生感到压力时，会阻碍他们独立自主需求的满足，降低幸福感。大学生受到家庭期望的压力程度较低，幸福感的获得不会因此而受到较大影响。

第 14 题　您与朋友、同学、部门中“同事”的联系频繁吗？

	选择人数	比例
A 非常频繁，几乎每天都联系	117	14. 57%
B 较频繁，有的时候会联系	243	40. 7%
C 较不频繁，偶尔联系一下	231	38. 69%
D 基本不怎么联系	36	6. 03%

第 15 题　您与老师的相处中，会给您带来压力和苦恼吗？

	选择人数	比例
A 和老师像朋友一样，可以交心，没什么压力	66	11. 06%
B 普通的师生关系，但相处和谐，压力小或无	336	56. 28%
C 普通的师生关系，但不太熟悉，感觉老师比较严肃	90	15. 08%
D 基本不熟悉，没什么压力	87	14. 57%

第 16 题　您觉得与舍友的关系会对您产生影响吗？

	选择人数	比例
A 会，比较在意与他们的关系	279	46.73%
B 会，他(她)们的认可会让我有存在感和满足感	222	37.19%
C 不会，对他(她)们的看法感到无所谓	94	16.08%

第 17 题　您在与他人交往中最看重彼此的哪一个方面？(多选)

	选择人数	比例
A 兴趣爱好	177	29.65%
B 性格特征	426	71.36%
C 行事方式	357	59.8%
D 思维习惯	162	27.14%
E 生活环境	33	5.53%
F 其他	6	1.01%

◇人际关系反映了大学生情感、归属的需要。大学生看重性格特征、行事方式、兴趣爱好这三个主要方面，对同辈之间的人际关系较为重视并会想办法维持其稳定和发展，而与长辈之间的交往会限于和睦。较好的人际关系会使大学生的被认同感和自信心增加，从而增加幸福感。

第 19 题　您在社团中的最高任职是？

	选择人数	比例
A 核心骨干	129	21.61%
B 基层管理者	102	17.09%
C 部员或委员	195	32.66%
D 没有任职	171	28.64%

第 20 题　您认为任职期间，哪个方面最容易产生满足感？

	选择人数	比例
A 能分配好部员的工作或与其他部员合作顺利	135	22.61%
B 能圆满完成各项任务	207	34.67%
C 在社交圈中有一定地位和荣誉	87	14.57%
D 让自己的特长得以施展	93	15.58%

◇大学生会积极参与到各个学生组织，以此收获人脉、锻炼机会、荣誉等来提升幸福感、满足感。当他们能够圆满完成任务时满足感程度最高，反映了大学生对于自我实现和自我肯定的需求有所增加，且这种需求创造幸福感的能力有所提升。

第 21 题　您觉得在校园生活中能够自主表达个人意见吗？
（0~5 程度依次递增）

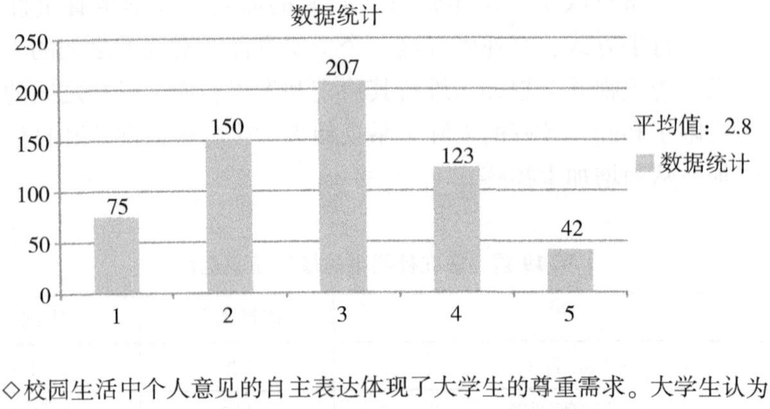

◇校园生活中个人意见的自主表达体现了大学生的尊重需求。大学生认为现在的个人意见表达还不够自主，或者表达之后未见成效从而认为没有被重视，幸福感程度会因此降低。

第 22 题　大学四年的目标，您觉得现在实现情况如何？

	选择人数	比例
A 还遥不可及	126	21. 11%
B 感觉就快实现了，已经看到希望	75	12. 56%
C 还差的较远，需要更长时间的努力	363	60. 8%
D 没什么目标	33	5. 53%

◇目标的实现情况反映了大学生对自己的评价和肯定程度，也是自我实现需求的满足程度。当认为距离目标的距离太过遥远或仍处于迷茫时，会阻碍大学生幸福感的提升。虽然大学生普遍认为距离大学目标的实现还需存在差距，但存在希望，因此如产生内在动力可帮助他们逐渐达成目标，幸福感整体趋向提升。

第 23 题　您认为现在的校园环境哪些方面的问题会降低您的生活质量？（多选）

	选择人数	比例
A 环境质量(绿化、空气等)	237	39. 7%
B 硬件设施(包括住宿条件)	387	64. 82%
C 人际关系	267	44. 72%
D 教学质量	186	31. 16%
E 其他	15	2. 51%

◇对于大学生而言，学校的硬件设施条件(学生自身无法改变)是影响其生活质量的关键因素，直接决定大学生在校幸福水平。人际关系是第二大影响因素，决定了学生归属感和存在感所带来的幸福水平。

第 24 题　您感觉哪一方面的文化资源还不能满足您的需要？

	选择人数	比例
A 传统文化	288	48.24%
B 新产生的流行文化	261	43.72%
C 世界上其他国家的外来文化	309	51.76%
D 小众文化	213	35.68%
E 其他	27	4.52%

◇大学生对不同文化资源的需要，代表了他们对于丰富知识和开拓眼界的需要。随着全球化的发展进程，大学生愈发渴望拥有世界眼光和多元化思维，希望接触更为广泛的世界。

第 25 题　您觉得哪些方面更能提高您的幸福程度？（多选）

	选择人数	比例
A 学习成绩	354	59.3%
B 人际关系	348	58.29%
C 任职情况	54	9.05%
D 荣誉及成就	183	30.65%
E 物质条件	81	13.57%
F 情感顺利	153	25.63%
G 自由、自主程度	126	21.11%
H 健康状况	147	24.62%
I 经济宽裕	90	15.08%
J 兴趣爱好	93	15.58%

◇大学生认为幸福主要来源于优异的成绩及和谐广泛的人际关系，体现了大学生越来越看重情感归属和自我实现，意味着这两个因素将对大学生的幸福水平产生决定性的影响。

第 26 题　您对自己现在整体幸福感的评价是？（0~5 程度依次递增）

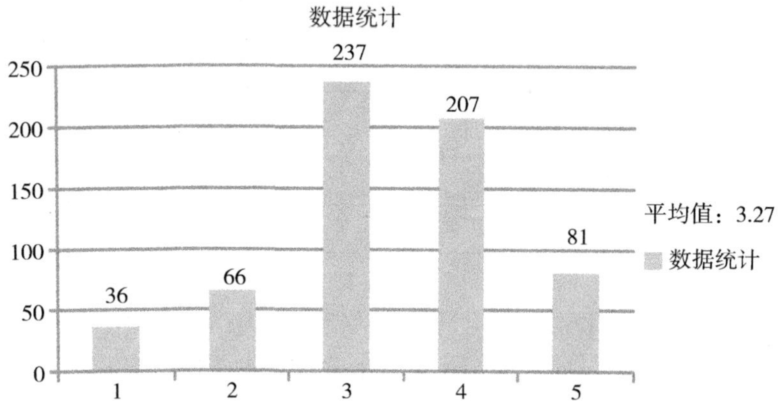

◇尽管存在大大小小的困难和问题，但大学生的幸福水平整体较高，大学生在校园内普遍感到生活幸福。心态较为积极乐观。

第 27 题　您对未来幸福程度的展望如何？（0~5 程度依次递增）

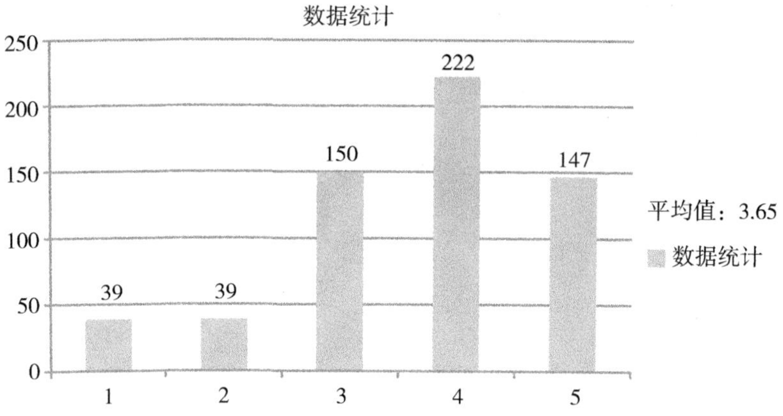

◇大学生对自己未来的幸福程度抱有很大的期望和强烈的信心，反映出大学生热爱生活，向往更美好的未来，拥有拼搏的动力，后劲十足。

第 28 题　为了追求幸福感，您会选择怎样的生活？

	选择人数	比例
A 富有挑战的	138	23. 12%
B 安逸舒适的	99	16. 58%
C 轻松自在的	102	17. 09%
D 只要自己喜欢就好	192	32. 16%
E 无论喜欢与否，人生中想要完成的	66	11. 06%

◇选择自己追求幸福的生活方式，反映了大学生对人生具有一定的思考和规划，同时说明让大学生进行自主选择是提升幸福感的最佳途径，也能为其不懈奋斗提供内在支持。

2. 对比分析

数据反映了大学生的整体幸福感，为提出帮助提升大学生幸福感更有效的措施，对以下问题进行了性别对比：

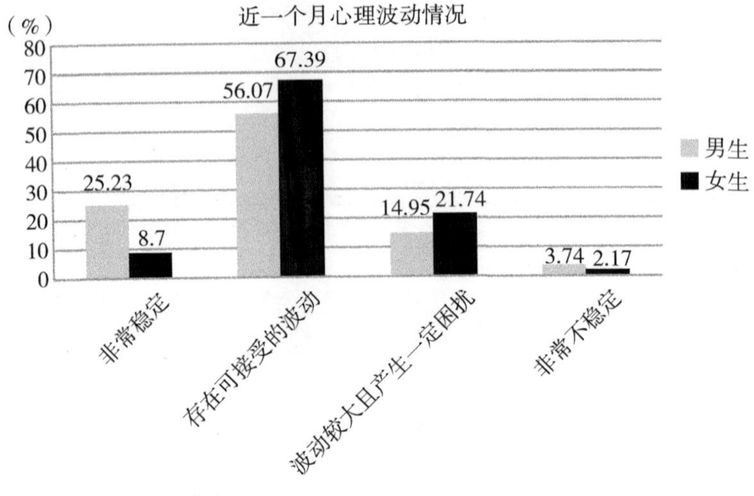

图表 4　男女生在心理调节问题上的差异

男生的心理调节能力普遍强于女生，心态的稳定程度也较好，但极不稳定的比例略高。因为男女生之间天然的性格不同，在解决大学生心理问题时，应当根据性格特点采取针对性措施。

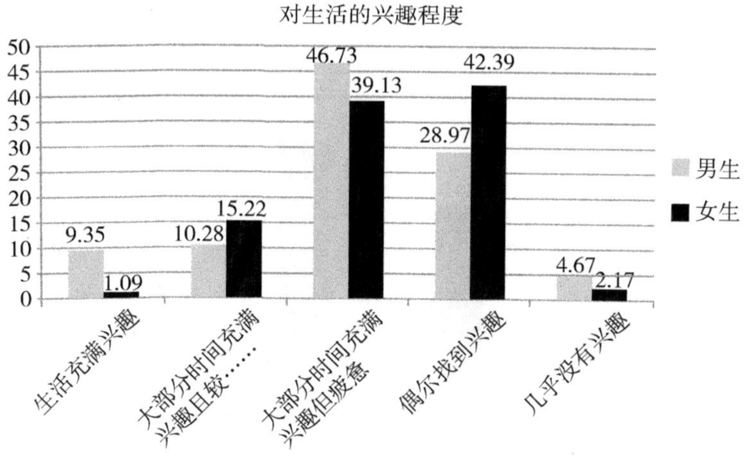

图表5　男女生在生活中获取兴趣程度的差异

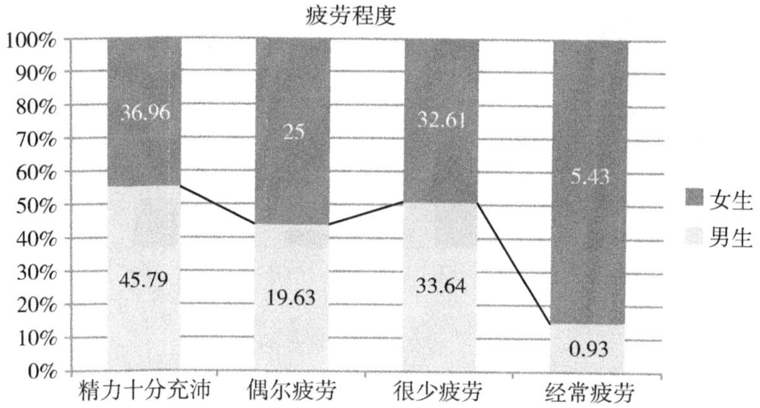

图表6　男女生在疲劳程度上的差异

男生相比于女生更能在生活中发现乐趣并获得较高的幸福感，但也易感到忙碌；女生呈两极分化，生活中相对缺乏兴趣的能获得一定时间满足休息的需要。由于男女生的兴趣趋向不同，在鼓励拓展兴趣同时，也要引适当控制兴趣以免影响正常学习生活，以此提升大学生整体幸福感。

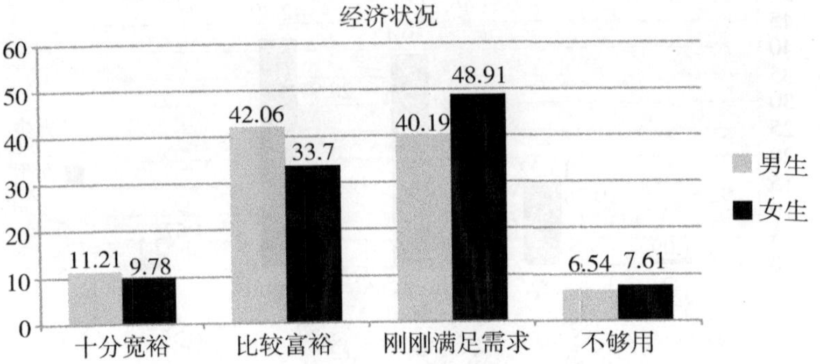

图表 7　男女生经济状况上的差异

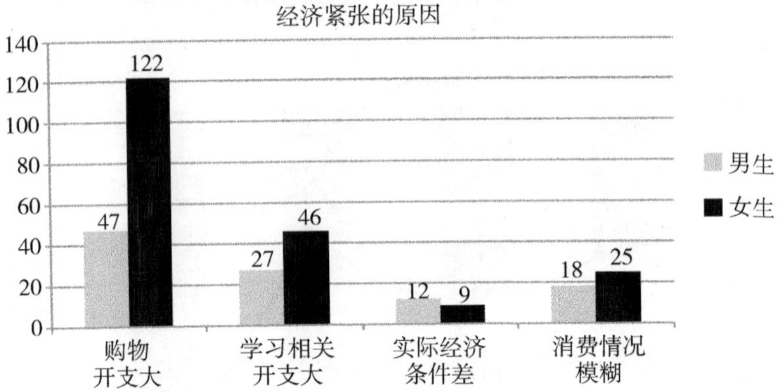

图表 8　男女生经济紧张的原因

女生的经济状况更拮据。同样存在消费盲目性情况下，女生由于爱美、生活精致等更易经济紧张，导致在同等经济情况下，女生的幸福水平没有男生的幸福水平高。

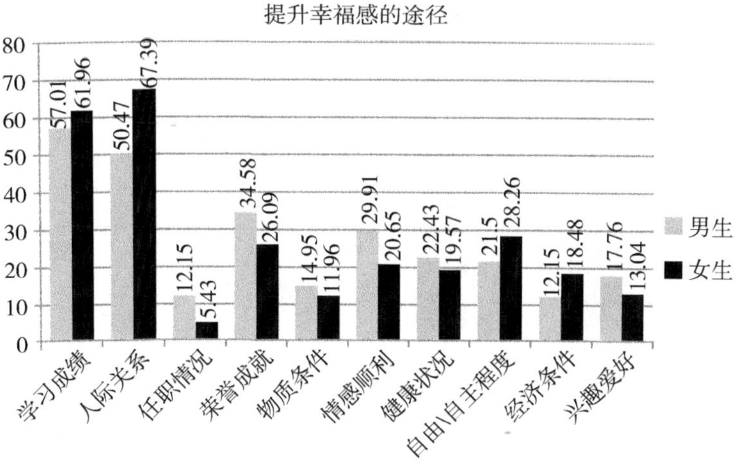

图表 9　男女生提升幸福感的途径差异

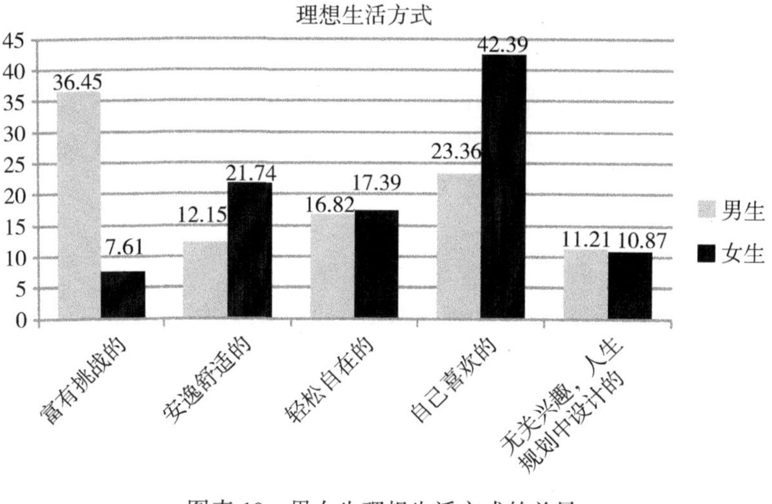

图表 10　男女生理想生活方式的差异

男女生对自我价值的期望和实现途径有所不同。对于男生，荣誉成就、任职情况等更易获得外界肯定的方面，以及足够的自由自主能给他们带来幸福感，向往富有挑战的生活；而女生则较关注当下的成绩和工作、健康状况等享受生活的方面，更向往舒适、理想的生活。

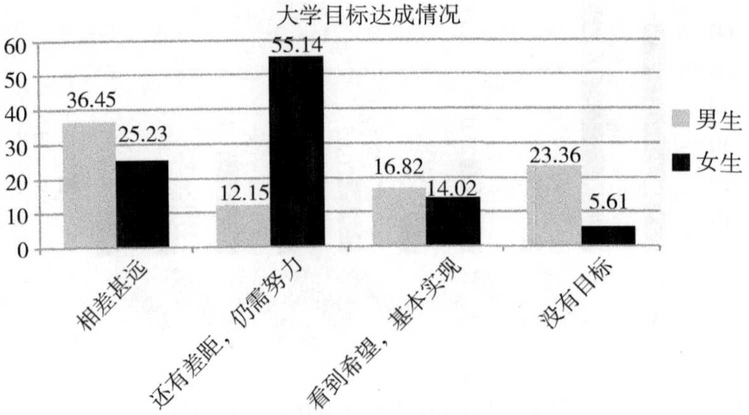

图表 11　男女生对自我实现现状的认知差异

女生对于大学目标的实现程度整体优于男生，从而通过自我实现获得的幸福感强于男生。联系上文，我们认为男生自我实现程度低是因为他们自我价值的定位较高，追求各方面的完善，因此相比于女生追求自我认同的定位，较难达到理想水平。

3. 总结

从整体来看，我们针对大学生幸福感的现状，得出如下几点结论：

3.1　大学生幸福水平的现状较好，但还存在较大的提升空间，

由第 26、27 两题分析发现，大学生感觉现在的生活比较幸福，整体幸福感超出中值水平；而预期整体幸福感提升了约 0.4 个单位值，在难以估计的情况下，已经能够体现大学生对未来生活存在较高的期望和信心，表现出大学生的幸福水平还能够有所上升。

第 22 题的数据则表明，大学生现阶段存在未能实现的目标。这会降低大学生的自我实现感和认同感，从而降低大学生的幸福感。但随着人生规划的逐步实现，幸福感会逐渐提升。

3.2　大学生认为自己的生活是享受的，幸福感便会增强，目标也

会清晰

第 20、25、28 题数据间的对比能够说明，对于女生，她们做出的选择或向往的生活往往以自我意愿为主要参考，没有男生那么在意挑战和成就。反映在 22 题上则体现为女生的自我实现程度高于男生。因此大学生的幸福程度主要取决于生活是否享受，不给他们带去超出心理调节范围的约束和压力，不激发他们过多的负面情绪。大学生自主选择的道路也会比被迫的选择更能为他们提供拼搏的动力。

3.3　影响大学生幸福感的主要因素从物质向情感、精神和自我实现方向转移，但物质需求仍然是幸福的基础

由 25 题的数据可以发现，在众多影响幸福感的因素中，物质条件和经济条件分别只有 13.57%和 15.08%的大学生关注，而学习成绩和人际关系的关注比例则分别为 59.3%和 58.27，代表了大学生对展现自我、寻找归属的需求转移。

但根据 23 题，降低大学生在校生活的硬件设施条件，会对 64.82%的大学生的幸福感造成影响，使整体幸福感严重降低。因此物质需求依旧是大学生感到幸福的基础条件。

3.4　大学生在许多方面还存在陷入迷茫和误入歧途的风险，需要得到指导帮助

从 9、10、12 这三道题中，均能反映出大学生在消费观、时间规划、职业生涯规划方面存在困惑，并难以自主把握正确的方向。此时需要学校及社会对他们进行一定的教育指导。

24 题中明确表达了新时代下大学生对外来文化的需求。但他们阅历有限，且文化间的碰撞本身会带来不同程度的困惑，难以分辨出好劣，对大学生的观念形成有潜在风险。所以让大学生在适当的指导下广泛了解世界上不同的文化，避免盲从，是很有必要的。

3.5　在激励方式上，男生应以“激将法”为先，女生则应以鼓励为先

25、28 两道题反映出，男生对于生活具有更多的兴趣，不甘于平淡，愿意接受挑战并以取得成绩和荣誉为目标；而女生则更在意自主性和自愿性，希望得到稳定、合意的生活，对风险和挑战较规避。所以给

男生一定的挑战能够达到激励的目的；对女生则应通过鼓励增强她们的自信，使她们自愿追逐更高目标、层层递进。

3.6　在引导方式上，男生应以稳定为先，女生则应以开导为先

由4、12、22、26、27题可以发现，虽然男生自我调节能力较强、自信心较充足，但面对较为严重的心理挫折时便不易保持良好的心态，幸福感会明显降低；而女生面对挫折的能力不强，容易被生活中的问题影响情绪，同时缺乏一定自信心，对未来忧虑较多，但她们的生活自主性较强，且易满足。所以要让男生找准自我定位后适当提升目标高度；对女生则要使她们学会忽略或弱化生活中的不如意，保持坚强。

3.7　在教育方式上，男生应以"时间规划"为先，女生应以"生活理念"为先

9、10、11题反映出男生易被生活中多样的兴趣点吸引，使精力过于分散，忽略了任务的主次，；而女生对生活质量的要求较高，增加了经济负担，也容易造成冲动消费。所以应引导男生学会在兴趣间取舍，并合理安排时间；而应该让女生保持正确的生活观、消费观。

（三）访谈结果

1. 学生访谈：

访谈对象：

武汉科技大学外国语学院英语1501班陆晓敏、恒大管理学院财务管理1601班王婧琳

访谈总结：

学校通过各种形式帮助学生提升幸福感，但效果可进一步增强。新时代赋予大学生的重要历史使命会给大学生带来一定的压力和责任感，会通过对自尊心的刺激给他们奋斗的动力，促使他们为自身价值的实现和内在自尊的满足而勤奋努力，在追求幸福中发挥自己的最大能量。

2. 教师访谈

访谈对象：

武汉科技大学恒大管理学院2016级辅导员黄中海老师、马克思主义学院尹宁波老师

访谈总结：

黄中海老师认为增强大学生心理素质有助于提升他们的幸福感。学校在这些方面的引导教育还可加强，由此帮助大学生提升幸福感。

尹宁波老师认为大学生对外来文化的需求增加表现了他们对传统文化进一步认识后希望取长补短的意识，体现了大学生对于传统文化的自信和对外来文化的思考，有助于他们思想的丰富更新，学校和社会要正确引导、鼓励。

3. 外教访谈

访谈对象：

澳门 Princeton in Asia 高级教员 Jake Speirs

访谈总结：

Jake 认为，中国大学生受到的巨大压力会给他们带去动力，但这种动力并不稳定，过重时甚至会打消他们的自信，降低他们对未来的希望，约束和固化他们的思想。另一方面，老师对大学生的肯定和关注会使他们产生自信，满足大学生对于外界尊重的需要，能够增强他们的幸福感。

四、研究结果

(一) 发现问题

研究发现，整体来看大学生有较高的幸福感，且预期还有较大的提升空间，但不代表大学生现在获取幸福感的过程是十分顺利的。新时代的条件下，社会环境迅速变化，国际局势不断转变，大学生对幸福感的判断也会随之而变。

1. 大学生在生活中受到较大压力

“从外打破是压力”。适当的压力可以转化为拼搏的动力，但当压力过大时，不仅会带来不良的心理负担，也会影响他们激发内在动力。

2. 学校对于大学生获取幸福感的引导还需完善

学校是大学生接受教育的地方。调查发现，学校通过开设心理辅导课、职业生涯规划课等帮助大学生提升幸福感，但方式还可以进一步改进完善，以求更好的引导效果。

3. 大学生幸福感的获得存在大量诱导，面临“偏航”风险

研究分析表明，大学生在消费观、就业观、个人价值观等方面还存在一定的问题。这些问题或多或少影响了大学生对于幸福感的判断。多元文化的影响渗透也会影响大学生幸福感。

首先，大学生对物质的需要不再以“满足”为标准，而是追求更精致的生活质量。经济全球化带来了西方的消费主义、拜金主义等思想，一定程度地影响了大学生的基本消费观念，使他们对消费失去了理性判断。

其次，大学生在就业方面较为迷茫，缺少目标和方向。这使得他们容易将竞争压力放大，进而给自己带来负面情绪，同时也会毫无目的的参加各项活动，过于分散精力，不仅疲惫不堪，也没有得到有价值的收获。

(二)解决方案

针对以上的几点问题我们提出如下解决方案：

1. 学校加强对大学生的心理疏导，提升心理承受力和自我调节力

学校作为大学生日常生活学习的场所，应当避免大量枯燥的理论知识、通过实践及运用帮助大学生建立强大的内心，让大学生真正学会化解压力为动力，并勇敢地向困难发起挑战。

2. 学校和社会开放资源，在满足大学生对于多元文化需求的基础上，进行正确引导

新时代的发展要求使大学生对拥有世界眼光、掌握多元文化的需求增加。学校和社会应当鼓励大学生积极钻研不同的文化，鼓励大学生全面发展，为提出新时代发展的新创意提供资源。

3. 为大学生提供更多的实践机会，协助他们做出理想职业规划

现在社会给予大学生的实践机会较少，而职业规划对大一学生已经具有一定重要意义。只有当他们实际体验过之后，判断才是准确、可靠和高效的。

五、总结

1. 唐楚童

这是自己思考过程最完整、构架最庞大、经历最丰富的一次实践。

选题的时候，我们认为能够引用越多的理论越好，因此将“幸福感”定义的太过全面。结果却使得研究主题过于庞大，问卷的问题缺少重点，题目繁多且毫无联系，很难将所获数据进行对比、提取有效信息。后来将研究对象的范围缩小到武汉市内，将“幸福感”定义为“对校园生活各方面的满意度”，才找到了突破口。

此次得到最大锻炼的还是统筹规划、协调团队的领导能力。作为组长，我必须学会发现每个人的长处，安排合适的工作，既能提升团队的整体效率，也使资源、人才和时间得到合理的分配。

最后，对于新时代下大学生幸福感的研究，让我更进一步理解了肩负的新使命和新责任。我们现在对幸福感的评判标准，决定了十年、二十年的价值追求和人生目标，反映了核心价值观的趋向和社会发展的方向，也是中国梦得以实现的重要条件。

2. 李博俊

遇到困难和坎坷，我们要迎难而上，学会思考，寻找解决办法，而不是退缩和逃避。我也学到了交际的技巧，认识到实践的重要性和团队协作的珍贵，以及做事要保持一个积极仔细的态度和善于思考的习惯，做到善始善终。

3. 张孝宇

这次有关新时代下大学生幸福感现状探析调查，我明白了做任何事需要有热情，而且很多事情需要多去实践，才可能找到想要的答案。我也体会到需要做事情先调查，实践是解决问题的唯一标准。

4. 于虎成

影响大学生校园幸福感的因素有很多，各个方面都有可能影响你的幸福感。我觉得，当主观上认定幸福的时候，客观因素就显得不是很重要了。重点是在心态。心态好的人，物质的匮乏不会影响他幸福的生活。

5. 张士飞

经过努力得来的成果总是动人的，通过这次实践调查，我得到了明显的提高，如团队协作能力、分析问题和解决问题的能力。经过这次的经历，我迈出了走向社会的小小的一步，也锻炼了我各个方面的技能。

◎参考文献

[1]《马克思恩格斯选集》[M]. 第42卷 . 北京：人民出版社，1979.

[2]习近平 . 决胜全面建成小康社会夺取新时代中国特色社会主义伟大胜利 —— 在中国共产党第十九次全国代表大会上的报告[N]. 人民日报，2017-10-28.

[3]周辅成编 . 西方伦理学名著选辑(上卷)[M]. 商务印书馆，1987.

[4]孙玲 . 费尔巴哈的幸福论与美学关系研究[D]. 重庆：西南大学，2014.

[5]苗元江 . 心理学视野中的幸福——幸福感理论与测评研究[J]. 南京：南京师范大学，2003.

[6]宛燕，郑雪，余欣欣 . SWB 和 PWB：两种幸福感取向的整合研究[J]. 心理与行为研究 . 2010，8(3).

[7]姚新华，郑云恒 . 90 后大学生幸福感的影响因素及教育策略[J]. 黑龙江高教研究，2016(6)：85-87.

[8]徐嘉敏 . 中国梦视域下的大学生幸福观问题研究——基于中北大学的调查[D]. 太原：中北大学研究生院，2017.

附录：

调查问卷样表

新时代下大学生校园幸福感调查

1. 您的性别？[单选]

A. 男　　　　B. 女

2. 您的年级？[单选]
   A. 大一　B. 大二
   C. 大三　D. 大四
   E. 研究生
3. 您的政治面貌？[单选]
   A. 共产党员　B. 预备共产党员
   C. 共青团员　D. 群众
   E. 其他
4. 您在过去的一个月中是否能稳定情绪并自我控制？[单选]
   A. 非常稳定
   B. 有一定波动，但不影响生活质量
   C. 波动较大，产生过一定困扰
   D. 非常不稳定
5. 如果有人称赞您今天打扮很时尚、颜值很高或身材更好了，您会？[单选]
   A. 心花怒放，一天都保持好心情和自信心
   B. 一瞬间会感到开心，但不会持续很久
   C. 没什么感觉，不会影响自己的心情
6. 您一天的时间中，有多少是被您感兴趣的事情充满的？[单选]
   A. 几乎所有时间都充满
   B. 大部分时间都充满，且没有忙碌感
   C. 大部分时间都充满，但是会感到忙碌
   D. 偶尔会有感兴趣的事
   E. 几乎没有感兴趣的事
7. 您的主要经济来源是？[单选]
   A. 家长提供　B. 兼职或自主创业
   C. 奖学金　D. 其他(填空)
8. 当您从家长手中取得生活费的时候，会？[单选]
   A. 感到内疚，但不知道如何自己挣钱
   B. 感到内疚，但有自己挣钱的渠道，可以减少家庭的负担

C. 没什么感觉，反正工作后会回报给父母

D. 没什么感觉，走一步看一步

9. 您对自己每月的经济状况感觉如何？[单选]

A. 十分宽裕　　B. 比较富余

C. 刚刚满足需求　　D. 不够用

10. 您的大学生活是否经常感到疲惫、过劳和无力？[单选]

A. 经常疲劳，精力不足

B. 很少感到疲劳，精力充足

C. 偶尔才感到疲劳，精力充沛

D. 基本上不会感觉疲劳，精力充沛

11. 您现在所学的专业是？[单选]

A. 自己选择的，很喜欢

B. 家长选择的，但是学习后感觉很有意思

C. 家长选择的，学习后依旧不喜欢

D. 已经不在意是谁选择的了，学的非常痛苦

E. 无所谓兴趣

12. 您觉得自己专业的就业前景，基本不用担心？[单选]

A. 非常认同　　B. 不太认同

C. 非常不认同　　D. 没考虑过

13. 家庭对您的期望给您带来的压力程度是？(0~5 压力依次递增)

14. 您与朋友、同学、部门中“同事”的联系频繁吗？[单选]

A. 非常频繁，几乎每天都联系

B. 较频繁，有事的时候才会联系

C. 较不频繁，偶尔联系一下

D. 基本不怎么联系

15. 您觉得与舍友的关系会对您产生影响吗？[单选]

A. 会，比较在意与他们的关系

B. 会，他(她)们的认可会让我有存在感和满足感

C. 不会，对他(她)们的看法感到无所谓

16. 您与老师的相处中，会给您带来压力和苦恼吗？[单选]

A. 和老师像朋友一样，可以交心，没什么压力
B. 普通的师生关系，但相处和谐，压力小或无
C. 普通的师生关系，但不太熟悉，感觉老师比较严肃
D. 基本不熟悉，没什么压力
E. 基本不熟悉，老师较严肃，压力较大

17. 您在与他人交往中最看重彼此的哪一个方面？[多选]
A. 兴趣爱好　　B. 性格特征
C. 行事方式　　D. 思维习惯
E. 生活环境　　F. 其他

18. 您会经常觉得到自己受到了不公平待遇吗？[单选]
A. 非常认同　　B. 基本认同
C. 会有感觉，但不明显　　D. 非常不认同

19. 您在社团中的最高任职是？[单选]
A. 核心骨干　　B. 基层管理者
C. 部员或委员　　D. 没有任职

20. 您认为任职期间，哪个方面最容易让您产生满足感？[单选]
A. 能分配好部员的工作或与其他部员合作顺利
B. 能圆满完成各项任务
C. 在社交圈中有一定地位和荣誉
D. 让自己的特长得以施展
E. 其他

21. 您觉得在校园生活中能够自主表达个人意见吗？(0~5 自由程度依次递增)

22. 大学四年的目标，您觉得现在实现情况如何？[单选]
A. 还遥不可及
B. 感觉就快实现了，已经看到希望
C. 还差的较远，需要更长时间的努力
D. 没什么目标

23. 您认为现在的校园环境哪些方面的问题会降低您的生活质量？[多选]
A. 环境质量(绿化、空气等)　　B. 硬件设施(包括住宿条件)

C. 人际关系　　D. 教学质量

E. 其他

24. 您的哪一种文化需求还未被满足？[多选]

A. 传统文化　　B. 新产生的流行文化

C. 世界上其他国家的外来文化　　D. 小众文化

E. 其他

25. 您觉得哪些方面更能提高您的幸福程度？[多选]

A. 学习成绩　　B. 人际关系

C. 任职情况　　D. 荣誉及成就

E. 物质条件　　F. 情感顺利

G. 自由、自主程度　　H. 健康状况

I. 经济宽裕　　J. 兴趣爱好

26. 您对自己现在整体幸福感的评价是？（0~5 程度依次递增）

27. 您对未来幸福程度的展望如何？（0~5 程度依次递增）

后　记

《新时代高校思想政治理论课实践教学创新研究》一书，是依托教育部高校示范马克思主义学院和优秀教学科研团队建设项目(重点选题)(2017JDSZK042)“习近平总书记系列重要讲话精神和治国理政新理念新思想新战略进思想政治理论课有效机制研究”、湖北省教育科学规划重点课题(2018GA025)“新时代高校思想政治理论课实践教学创新研究”而撰写。李敏、卢佐冬、唐忠义任主编，唐建军、郑琼梅、李玉姣为副主编，尹宁波、肖震、张齐武、黄兰、曹蓉、王晓曦、刘勇、李琨、柳雨春、李淼、向艳等参加了撰写论文、指导学生撰写社会实践报告等工作。中国化系全体教师在实践教学的开展及创新研究、成果汇聚出版等方面，给予了全力支撑。感谢 2020 年武汉科技大学本科教研项目“新文科建设背景下全面提升人文社科类大学生数字素养研究(2020X55)”和武汉科技大学 2020 年研究生教育教学改革研究项目“研究生科技安全教育教学研究(YJG202012)”支持。

武汉大学出版社连续两年对武汉科技大学社会实践创新成果的出版给予了大力支持，黄金涛编辑细致周到付出了大量辛勤劳动，在此衷心感谢！

二〇二〇年七月

后　记

[illegible]

[illegible]